乡村知识分子与
乡村文化建设

雷家军 著

中国社会科学出版社

图书在版编目(CIP)数据

乡村知识分子与乡村文化建设/雷家军著.—北京：中国社会科学出版社，2018.6

ISBN 978-7-5203-2696-4

Ⅰ.①乡… Ⅱ.①雷… Ⅲ.①农村文化-文化事业-建设-中国 Ⅳ.①G127

中国版本图书馆CIP数据核字(2018)第133429号

出 版 人	赵剑英
责任编辑	宫京蕾
责任校对	秦 婵
责任印制	李寡寡

出　　版	中国社会科学出版社
社　　址	北京鼓楼西大街甲158号
邮　　编	100720
网　　址	http://www.csspw.cn
发 行 部	010-84083685
门 市 部	010-84029450
经　　销	新华书店及其他书店
印刷装订	北京君升印刷有限公司
版　　次	2018年6月第1版
印　　次	2018年6月第1次印刷
开　　本	710×1000　1/16
印　　张	15.75
插　　页	2
字　　数	230千字
定　　价	69.00元

凡购买中国社会科学出版社图书，如有质量问题请与本社营销中心联系调换
电话：010-84083683
版权所有　侵权必究

前　言

　　进入新世纪，社会主义新农村的文化事业开始加速发展，文化人才开始快速成长，文化在乡村社会进步中的地位和作用更加突出，文化人与文化之间的关系更加密切。如何认识新时期乡村知识分子和乡村文化建设及其关系，成为农村和农民问题研究中不可忽视的重要内容。我们试图以马克思主义中国化研究学科的思想、理论和方法，结合近些年来乡村文化建设研究课题组的调研，就新时期乡村知识分子和乡村文化建设及其关系问题展开较为系统的偏于宏观层面的专题式研究。

　　十几个相对独立的专题，按其讨论的主题和内容，可以在逻辑上分为五部分。

　　第一部分的两个专题，《关于新时期中国乡村知识分子问题的几点思考》和《20世纪中国乡村文化中坚力量变迁问题论纲》，讨论的是新时期乡村知识分子发展中所面临的多种基本问题，以及以乡村知识分子为核心的乡村文化中坚力量在百年历史进程中的变迁。这主要是从内涵和演变两个角度展开的关于乡村知识分子问题的研究。

　　第二部分的三个专题，《关于新时期中国乡村文化建设问题的几点思考》《新时期中国乡村文化建设的历史进程》和《当代中国乡村文化建设十大关系论纲》，讨论的是新时期乡村文化建设所面对的各种主要问题，乡村文化建设在改革开放四十年里的变化历程，新世纪以来乡村文化建设内部复杂的理论和逻辑关系。这主要是从内涵、迁变和内部关系三个视角展开的关于乡村文化建设问题的研究。

　　第三部分的两个专题，《关于新时期乡村知识分子与乡村文化建设的关系》和《乡村知识分子与社会主义新农村建设问题论纲》，一个是直接讨论新时期乡村知识分子与乡村文化建设所应有和实有的关系，并提出了二者关系的未来方向；一个是在更为广阔的社会主义新农村建设的大背景下，来讨论乡村知识分子的地位、作用、困境和前景问题。这是在前两部分单独讨论乡村知识分子与乡村文化建设的基础上，集中分析二者的关系问题。

第四部分的三个专题，《习近平农村文化建设思想论析》《关于尊重劳动与实现中国梦的几点思考》和《文化自信：历史、理论与逻辑》，一是讨论习近平总书记系列讲话精神中关于农村文化及人才建设的新理念新思想新战略；二是讨论马克思主义及中国化马克思主义关于尊重劳动和实现民族复兴关系的论述；三是讨论新世纪中华文化自信的若干基本认识问题。这是我们分析乡村知识分子和乡村文化建设问题的思想理论根基，并试图以马克思主义中国化的最新理论成果指导问题的研究。

第五部分的四个专题，《建设文化礼堂构筑农民群众精神家园——浙江临安市村级文化礼堂建设的实践与思考》《农村文化礼堂在乡村治理中的地位和作用——以慈溪市农村文化礼堂建设为重心的调查与思考》《"四自"：从经验到目标——以浙江临安村级文化礼堂建设为重心的调查与思考》和《从"送文化""种文化"到"孵文化"——从浙江农村文化建设历史和现实中引发的思考》，是我们参与浙江省农村文化礼堂建设，尤其是重点调研的临安市和慈溪市的观察和思考的成果，也可谓是我们在乡村知识分子与乡村文化建设问题理论研究基础上的实际应用。最后附了一篇《马克思恩格斯文化理论对当代农村文化建设的启示》，作为我们思考问题的根本理论指导。

关于乡村知识分子与乡村文化建设的研究，在笔者这里，还大体属于知识分子与先进文化和革命文化问题研究的延伸，材料和思想的积累不够，观察和思考的深度也不够，如果从较为宽泛的创新的意义上说，借助于马克思主义中国化的理论力量，主要探讨了这样几个层面的问题。

第一，初步绘就三张图谱。试图在历史变迁和现实呈现这样纵横交织的意义上，描绘出新时期乡村知识分子、乡村文化建设及其二者关系的三张宏观的文化"图谱",为乡村文化繁荣发展和乡村文化人才培育问题的深入研究,提供一些基础性的参照。

第二,重点强调两个表述。一是激活"乡村知识分子"概念,我们认为,在城乡差别依旧存在、乡村文化社会建设任务繁重的背景下,乡村知识分子仍有重要的历史和现实价值;二是看重"孵文化"的实际蕴含,我们认为,以乡村知识分子为核心的文化孵育活动,是联结农民群众的"种文化"和政府部门的"送文化"的枢纽。

第三,积极倡导一个理念。经过认真的研究和思考,我们觉得,未来的中国,需要努力建设人文乡村。相对于现代科技支撑的城市,根植深厚的历史文化传统,基于良好生态和自然休闲的美丽乡村,人文乡村建设也许更加符合中国社会未来发展的需要。

书中的很多观点和见解,都有乡村文化研究课题组成员集体研讨的思想贡献,都有浙江农林大学中国农民发展研究中心的专家和资料的有力支撑。书中存在的材料不足、分析不深、观点不准的问题,则是作者自身的水平能力不及所致。

2017 年 3 月 30 日

目　录

关于新时期乡村知识分子问题的几点基本认识 …………………（1）
　一　关于乡村知识分子的概念问题 ……………………………（2）
　二　关于乡村知识分子的演变问题 ……………………………（4）
　三　关于乡村知识分子的特点问题 ……………………………（6）
　四　关于乡村知识分子的地位问题 ……………………………（9）
　五　关于正视乡村知识分子的困境问题 ………………………（12）
　六　关于发挥乡村知识分子的作用问题 ………………………（16）

20世纪中国乡村文化中坚力量变迁问题论纲 ……………………（20）
　一　20世纪中国乡村文化中坚力量变迁的历史背景 …………（21）
　二　20世纪中国乡村文化中坚力量变迁的历史轨迹 …………（25）
　三　20世纪中国乡村文化中坚力量变迁的历史特点 …………（30）
　四　20世纪中国乡村文化中坚力量变迁的历史启示 …………（34）

关于新时期中国乡村文化建设问题的几点思考 …………………（39）
　一　新时期乡村文化建设的地位作用 …………………………（40）
　二　新时期乡村文化建设的基本特点 …………………………（42）
　三　新时期乡村文化建设的突出问题 …………………………（45）
　四　新时期乡村文化建设的发展前景 …………………………（48）

新时期中国乡村文化建设的历史进程 ……………………………（53）
　一　乡村文化建设的历史转折阶段（1978—1986） ……………（53）
　二　乡村文化建设的艰难探索阶段（1986—1996） ……………（57）
　三　乡村文化建设走向成熟阶段（1996—2005） ………………（59）
　四　乡村文化建设进一步繁荣阶段（2005—　） ………………（63）

当代中国乡村文化建设十大关系论纲 ……………………………（69）
　一　传统文化、革命文化与先进文化 …………………………（70）

- 二 农耕文化、工业文化与信息文化 …………………… (73)
- 三 输送文化、播种文化与孵育文化 …………………… (76)
- 四 民俗文化、时尚文化与高雅文化 …………………… (80)
- 五 家族文化、村庄文化与地域文化 …………………… (84)
- 六 生存文化、生态文化与美丽文化 …………………… (87)
- 七 文化自觉、文化自信与文化自强 …………………… (89)
- 八 本来文化、外来文化与返乡文化 …………………… (92)
- 九 文化设施、文化队伍与文化组织 …………………… (95)
- 十 文化事业、文化产业与文化机制 …………………… (98)

关于新时期乡村知识分子与乡村文化建设的关系 …………… (102)
- 一 乡村知识分子在乡村文化建设中承继的历史传统 ……… (103)
- 二 乡村文化建设对乡村知识分子产生的内在需求 ………… (107)
- 三 乡村知识分子与乡村文化建设关系出现的偏颇 ………… (109)
- 四 新阶段乡村知识分子发挥作用的有效途径 ……………… (112)

乡村知识分子与社会主义新农村建设问题论纲 ……………… (116)
- 一 社会主义新农村建设富含科技文化的时代特点 ………… (117)
- 二 社会主义新农村建设对乡村知识分子的内在需要 ……… (119)
- 三 发挥乡村知识分子作用需要解决的问题 ………………… (123)

关于尊重劳动与实现中国梦的几点思考 ……………………… (127)
- 一 尊重劳动价值是实现中国梦的重要文化导向 …………… (127)
- 二 尊重劳动者地位人格是实现中国梦的有力政治保障 …… (130)
- 三 尊重劳动多样性是实现中国梦的和谐社会环境 ………… (134)
- 四 尊重劳动创造是实现中国梦的强大时代动力 …………… (136)

文化自信：历史、理论与逻辑 ………………………………… (141)
- 一 文化自信的历史根基 ……………………………………… (142)
- 二 文化自信的理论支撑 ……………………………………… (147)
- 三 文化自信的逻辑结构 ……………………………………… (153)

建设文化礼堂构筑农民群众精神家园
——浙江临安市村级文化礼堂建设的实践与思考 ……… (159)
- 一 建设文化礼堂构筑农民群众精神家园的历史背景 ……… (160)

二　建设文化礼堂构筑农民群众精神家园的实施进程……………（164）
　三　建设文化礼堂构筑农民群众精神家园的功能成效……………（168）
　四　建设文化礼堂构筑农民群众精神家园的主要特点……………（171）
　五　建设文化礼堂构筑农民群众精神家园的基本经验……………（174）
　六　建设文化礼堂构筑农民群众精神家园的若干思考……………（180）

农村文化礼堂在乡村治理中的地位和作用
　　——以慈溪市农村文化礼堂建设为重心的调查与思考……（183）
　一　文化礼堂引领乡村治理的政治方向………………………………（184）
　二　文化礼堂支撑乡村治理的人才队伍………………………………（186）
　三　文化礼堂汇聚乡村治理的多重力量………………………………（188）
　四　文化礼堂展现乡村治理的先进典型………………………………（191）

"四自"：从经验到目标
　　——以浙江临安村级文化礼堂建设为重心的调查与思考……（196）
　一　重视挖掘乡村文化历史，促进农民文化自觉……………………（197）
　二　着力展现乡村文化特色，提升农民文化自信……………………（199）
　三　强调独立乡村文化活动，推动农民文化自主……………………（202）
　四　科学制订乡村文化规划，实现农民文化自强……………………（204）

从"送文化""种文化"到"孵文化"
　　——从浙江农村文化建设历史和现实中引发的思考…………（208）
　一　从"送文化"和"种文化"说起……………………………………（208）
　二　"孵文化"的可能性和必要性………………………………………（211）
　三　以"孵文化"为枢纽完善乡村文化动力体系………………………（213）
　四　以"人文乡村"为思路建设未来美好乡村社会……………………（217）

马克思恩格斯文化理论对当代农村文化建设的启示……………（219）
　一　马克思恩格斯文化理论的基本内容………………………………（219）
　二　农村文化建设存在的问题及其成因………………………………（224）
　三　马克思恩格斯文化理论的当代价值………………………………（228）

参考文献………………………………………………………………（231）

后记……………………………………………………………………（240）

关于新时期乡村知识分子问题的几点基本认识

在中国城乡二元的社会背景下，知识分子也在工作地点、生活环境、社会使命和文化志趣的意义上，区分为城市知识分子和乡村知识分子，这种区分是在近代以来中国的历史文化变迁中形成的。在改革开放的新时期，乡村知识分子发生了深刻的变化，呈现出文化的先进性与兼容性、知识的实用性与多向性、道德的示范性与开放性、人格的独立性与复合性相结合的新特点。乡村知识分子在社会主义新农村建设中是推动经济进步的支柱、加速政治民主的灵魂、发展文化事业的基石、促进乡村和谐的中坚。乡村知识分子也存在知识视野的局限性、乡村情感的矛盾性、社会声望的迁变性和经济条件的脆弱性问题。发挥乡村知识分子作用需要增强使命意识，提高科学知识水平，完善社会参与机制，形成政策激励环境。在全面深化改革的新阶段，认真思考乡村知识分子的基本理论认识问题，具有重要的历史和现实意义。

伴随着近现代中国社会的城乡二元分化，知识分子队伍也在工作地点、生活环境、社会使命和文化志趣等多层面上随之产生城市知识分子和乡村知识分子的区分。在改革开放的新时期，农村社会快速发展，城乡关系不断变动，乡村知识分子队伍的数量和结构出现许多新变化，与乡村社会和乡村文化的关系也在发生一系列新变化，乡村知识分子问题形成相对独立的时代背景及其内涵和特点。党的十八大，特别是党的十八届三中全会以来，中国进入全面深化改革的历史新阶段。面对当前乡村文化繁荣发展的艰巨任务与乡村知识分子文化支撑力不足的突出矛盾，站在新的历史起点上，研究思考乡村知识分子问题，尝试进行一些基础性的理论分析，对于深化思想认识、促进乡村文化发展，无疑会有一定的启示意义。

一　关于乡村知识分子的概念问题

关于"乡村知识分子"这一概念，现在似乎有些模糊甚至"尴尬"，在理论宣传甚至学术研究中，人们常常按照内部的教育、卫生、农技等部门分别叙说，而少有统一表达，在报纸杂志和网络媒体上也都是如此。在今天的"知识分子"概念体系中，"乡村知识分子"被严重弱化或虚化了，这种现象本身就已经构成了一个值得关注的问题。

从历史积淀看，知识分子是中国近现代一个独立且异常重要的社会阶层。在马克思主义中国化的理论发展中，知识分子一直是一个内涵明确、使用稳定的概念，在中国城乡二元结构尚未消除的社会背景下，自然可区分为城市知识分子和乡村知识分子。乡村知识分子在城乡文化交流，在乡村文化发展和社会建设中都发挥着相对独立而重要的作用。

从社会使命看，乡村知识分子的概念中包含着丰富的历史文化内涵，既有传统历史文化背景中的社会整合与道德承当意义，也有革命历史文化背景中的思想先锋和进步桥梁意义，还有当代历史文化背景下的先进生产力的开拓者和先进文化的推动者之意。这是乡村知识分子自身和乡村社会其他阶层都认可的社会使命。在社会学、政治学等学科所使用的"乡村知识群体"或单独职业行业的写实性概念，一般不具有这种丰富的社会使命蕴意。

从实际情况看，据统计，目前工作生活在广大农村的乡村教师有五百多万，乡村医生有二百多万，还有乡村农技推广人员、乡村文化工作者、大学生村官，加之退休人员，总计有近千万人，活跃在乡村的教育、卫生、科技、文化领域。这与全国现有大专以上学历的一亿多知识分子总量相比，尽管人数并不"庞大"[①]，但他们都是有一定

---

① 2013年9月10日，时任教育部部长袁贵仁在《人民日报》发表的《高度重视知识分子工作》一文中认为，全国现有大专以上学历的人员1.2亿。李克强总理在2017年3月15日"两会"闭幕后的记者招待会上说，目前全国受过高等教育的人员共计1.7亿。

科学文化知识的脑力劳动者，是当代中国社会的知识分子。

从未来需求看，社会主义新农村建设及其城乡一体化发展中，面临的最为紧迫的问题就是社会创新驱动、科技人才支撑、思想文化引领、道德人格示范，解决这些问题，不是乡村教师、乡村医生和乡村技术人员各自所能担当的，需要的是这些不同岗位的科技文化人才协同发挥作用，需要他们在自己的专业知识技术之上形成共同的奋斗目标和价值追求，因此，只有"乡村知识分子"的概念可以产生这样的思想观念上的凝聚力量。

按照这种"理性"的思考，"乡村知识分子"的概念是"理所当然"地存在并会广泛运用，因为无论从理论逻辑还是从历史演变的逻辑看，都应如此。但实事并非完全这样，理论和现实之间产生很大的反差，似乎是概念本身出现了"问题"。如何理解这一"问题"，可能还是需要我们在新时期中国社会纷繁复杂的变迁中去探寻。社会急速"发展"，人们往往只关心经济这个"中心"。文化快速"繁荣"，人们往往只注意文化精英们的这些"亮点"，而对于普通的乡村知识分子关注不多，"概念"的使用自然也就减少了、弱化了。

当文化大发展大繁荣的任务历史性地出现在我们面前，乡村文化建设和研究的任务现实性地摆在我们的面前，我们还能无视"乡村知识分子"这一概念吗？著名学者冯天瑜先生谈道："科学的认识成果，有待形成各种概念来加以总结与概括，故而各概念群的形成是诸学科建立的前提。""探讨概念的古今演绎与中外对接，寻觅厘定概念的正途，是诸学科健康成长的题中应有之义，也是思想史、文化史研究的一项基础性工作。"[①] 我们要展开乡村文化问题的研究，就离不开乡村文化建设中坚力量——乡村知识分子。我们认为，从历史文化语义的视野看，在马克思主义理论学科，以及以此为理论基础的大众传播领域，还是"乡村知识分子"的概念更为确切，它内涵丰富、外延明确，历史和现实结合紧密，是典型的马克思主义中国化的

---

① 冯天瑜：《"历史文化语义学"刍议》，《冯天瑜文集》，武汉大学出版社2009年版，第686页。

概念。

二 关于乡村知识分子的演变问题

虽然我们直接讨论的是新时期的乡村知识分子问题，但新时期的乡村知识分子是从近代以来中国乡村社会的历史文化变迁中逐步走过来的，清晰描绘、深刻把握乡村知识分子的演变历程，是我们准确理解当代乡村知识分子的基础性问题。我们站在中国文化变迁的宏观立场，将乡村知识分子作为文化人的重要组成部分进行梳理，大体可以看到几个不同的发展阶段。

1. 乡村知识分子的"借光"萌芽时期

从洋务运动到新文化运动，是现代意义上的乡村知识分子的"借光"萌芽时期。在传统的中国乡村，生活着大批耕读求仕、修习求道和崇佛传经的各类文化人，他们以乡村为根基，从事文化活动。尤其是士绅和塾师，更是乡村文化人的核心，是乡村文化的中坚力量，他们以传统的儒家经典为立世之本，广泛吸收各种思想理论，引领乡村文化的方向。洋务运动开始"师夷长技"，培养现代科技人才，而后，赴欧美的留学生开始出现且不断增多，国内的新式学堂也不断设立。这些人才虽然大部分集聚于城市，但也有工作或活动于乡村者。1905年，科举制度的废除，使传统的乡村文化人失去了社会阶层结构转换的制度化依托，新文化运动则让乡村知识分子在文化内涵、文化性质和文化地位方面都发生了根本变化，现代性急剧增强。但直到五四运动前，现代意义上的乡村知识分子，无论是数量和水平上，都是借重城市知识分子及精英知识分子的光和热，在乡村的土壤中萌芽和生长。

2. 乡村知识分子的艰难成长时期

从五四运动到新中国建立，是乡村知识分子艰难成长的时期。自五四运动起，一批掌握科学知识、追求民主自由的现代意义上的知识分子开始抱着不同的奋斗目标，在不同的思想理论背景下，进入中国的乡村（如叶圣陶先生就曾在家乡用直做乡村教师）。大革命时期，一批革命知识分子为"唤起工农千百万"走入农村;"一二·九"运动中,一批青年学生,深入农村宣传抗日救国;延安时期,更是有大量城市知识分子和青年学生走进抗日根据地;还有梁漱溟、晏阳初等人进行的乡村教育乡村改造运动,也将一部分知识分子带入乡村。在民族觉醒、文化进步的时代环境下,走入乡村的知识分子,带动和培育了大批乡村青年成为具有新思想新志趣的乡村精英,部分乡村"旧文人"也一定程度获得了新知识新观念。在乡村,革命与启蒙兼具,传统与现代并行,乡村知识分子依据多元文化,在民族救亡和社会巨变中艰难成长。尤其是在无产阶级领导的革命文化实践中,一大批边缘性的乡村知识分子走上革命道路,接受新民主主义革命理论,锻炼成长为无产阶级革命的坚强战士甚至杰出的领导人。[1]

3. 乡村知识分子曲折发展时期

从新中国成立到十一届三中全会,是乡村知识分子曲折发展的时期。新中国建立后,中国共产党人高度重视培养劳动人民自己的知识分子队伍。农村的基础教育、技术教育、干部教育、短期培训等多种形式的人才培养均得以展开,伴随当时人们对知识的强烈渴望,在农村中成长起一批知识人才。生活于乡村的传统文人,受新环境新知识的影响,也开始向新文化迈进。从1957年开始,一批城市的右派分子(多为有一技之长的知识分子)被下放到农村,接受思想改造,他们虽然被剥夺了大部分的政治权利,但在劳动生活中,却以不同的方式带给农民以知识和技术,甚至点燃了部分乡村青年的求知欲望。"文化大革命"前后进入农村(包括兵团和农场)的约1800万城镇知识青年及农村回乡知识青年[2]成为特殊历史时期特殊的乡村知识分子。在新中国成立后的30年中,虽然受到长期"左"倾错误的影响,乡村知识分子的社会政治地位不高,但数量却又快速增长,他们的思想观念高度一元,知识理论的政治化倾向明显。

---

[1] 参见罗志田《近代中国社会权势的转移——知识分子的边缘化与边缘知识分子的兴起》,许纪霖主编《20世纪中国知识分子史论》,新星出版社2005年版,第127—162页。

[2] 参见当代中国研究所《中华人民共和国史稿》第3卷,人民出版社、当代中国出版社2012年版,第88—89页。

4. 乡村知识分子的快速进步时期

从十一届三中全会至今，是乡村知识分子的快速进步时期。改革开放初期，乡村知识分子队伍出现了新变化。一方面，大批城镇下乡知识青年快速返城，乡村中的右派分子，经过拨乱反正，大部分回城工作；另一方面，在调整落实知识分子政策、重视科技教育的过程中，乡村知识分子的社会地位迅速提高，乡村知识分子的数量得到补充（如通过招收民办教师等方式）。随着改革的深入，城镇化进程的加快，城乡差距的扩大，出现了两种趋势：一是大批乡村知识精英脱离农村，进入城市（通过高考分配、调转工作、入城务工经商等），造成乡村知识分子队伍的弱化；二是在职乡村知识分子通过日益多样化的途径得到知识的更新和学历的提升，高等和中等学校的毕业生开始越来越多地进入乡村工作，国家通过"三下乡"等多种方式的扶持政策，促进了乡村知识分子的发展。尤其值得一提的是，在日益宽松的文化社会环境下，类似于城市中的自由文化人，乡村中也出现一大批体制外的民间艺人、文化能人以及各种类型的农民文化骨干（包括从事文化产业的文化能人），他们有的获得各级政府部门的命名或嘉奖。这些自由活跃于乡村文化生产生活中的有着浓厚文化情结和文化知识技能的人群，我们可以将他们称为"准乡村知识分子"，这也是一个值得研究和关注的重要群体。此外，还有乡村各类企业（乡镇企业及个体私营企业）中的大量科技研发人员，他们是乡村城镇化、农业现代化进程中具有特殊意义的乡村知识分子。新时期，乡村知识分子在乡村社会阶层新变动中的地位和作用也在发生新变化，发展的新机遇在增多，遇到的新问题也在增多。

三　关于乡村知识分子的特点问题

改革开放新时期的乡村知识分子，承继历史，面对变革，展现出许多特殊的内涵，使他们呈现出与西方和其他社会主义国家的乡村文化人才不同的，与城市知识分子及留学知识分子相区别（实际上，百年来的中国知识分子，从知识经历、生活环境和工作职责看，城市知识分子、留学知识分子、乡村知识分子的差异还是明显的,尽管三者之间有包容和交叉)的时代特点。了解乡村知识分子的特点,是理解中国特色社会主义道路、中国特色社会主义文化发展的重要依据。

1. 文化的先进性与兼容性的统一

与什么性质的文化相联系,决定知识分子的地位和前景。[①] 新时期的乡村知识分子,绝大多数都受过规范的高等(或中等)学校的教育,系统学习过马克思主义理论,对近现代中国的历史发展和马克思主义中国化的历史进程有完整的认识。乡村知识分子有社会发展所需的系统的专业知识、理论和技术,有知识精英阶层关心世界进步、关心民族发展和文化繁荣的浓厚情怀,是乡村先进文化建设的中坚力量,这是乡村知识分子最本质的特征。同时,乡村知识分子直接面对的是农民群众和农村文化,不能不受到传统农业文明的经验主义文化模式的浸染,被迫遵循经验、常识、习惯、天然情感等自在文化的传统习俗。在全球化和信息化的时代背景下,乡村知识分子又会接受现代工业文明理性主义文化模式的教化,主动依据技术理性和人文精神的自觉文化原则行事,甚至还会一定程度地受到力图颠覆现代文化精神、消解人的主体性的后现代文化的冲击。新时期的乡村知识分子基本的特点是坚持社会主义先进文化与兼蓄融合乡村传统文化和现代西方文化的统一。

2. 知识的实用性与多向性的统一

在人类的知识体系中,有面向精神思想的纯思辨性的形而上的知识,有面向生产生活的形而下的实用性的知识。新时期,仍处在社会主义初级阶段的乡村知识分子,其知识的实用性方面居于基础甚至核心地位。乡村知识分子所从事的工作,大多数还是基础教育培训、基本农业技术指导、基本医疗服务、基本文化艺术服务,要解决的一般是生存和发展中基础的现实的迫切的问题,知识的实用性特征鲜明。同时,追求知识的精神价值,提高人生的精神品位,是所有知识分子

---

① 参见雷家军《关于知识分子与先进文化问题的再思考》,《浙江社会科学》2006年第6期。

共同的内在需要。对农民群众而言,随着生活的改善,在文化知识的需求上,层面也逐步提高,重视生存的知识,也关注发展的知识,重视日常生活的知识,也关注幸福休闲的知识,这就需要乡村知识分子提供越来越多的高层次的文化知识。随着新时期科学文化研究的快速发展,部分乡村知识分子也纷纷加入学术活动中,开始接触和参与一些精深的学术工作。还有的乡村知识分子以挖掘、整理、传播地方文化为己任,多年努力,矢志不渝,目前的许多历史文化名村中都有乡村知识分子的独特贡献。乡村知识分子的知识,既立于务实应用之基,又向思想、艺术、科研多向度延伸,展现出知识的实用性和多向性的结合与统一,这是新时期乡村知识分子的显著特点。

3. 道德的示范性与开放性的统一

"中国文化精神的指向,主要是在成就道德而不在成就知识。因此,中国知识分子的成就,也是在行为而不在知识。换言之,中国读书人,不是为了知识,知识也不是衡量中国知识分子的尺度,这在二千年的历史中是表现得很明白的。"[①] 在传统的中国乡村,在"万般皆下品,惟有读书高"的思想氛围中,乡村民众自然将文人儒士视为正人君子,而追求"修齐治平"的读书人自己也会自觉地按照儒家(或道家释家)的精神,追求圣贤的境界,因而,传统乡村士人道德的示范性是明确的,甚至唯一的,难有其他乡村社会群体可以超越和替代。但在五四新文化运动时期,劳工神圣的声音日渐高涨,人们呼吁:"凡是劳作的人,都是高尚的,都是神圣的,都比你们这些吃人血不做人事的绅士、贤人、政客们强得多"[②]。再经过延安整风和新中国成立后的思想教育运动的洗礼,乡村知识分子与农民群众在道德层面的关系发生了复杂甚至曲折的变化。进入新时期,在尊重知识、尊重人才,知识分子是工人阶级一部分的政策推动下,承继历史的传统,乡村知识分子的道德影响力迅速提高,道德的示范性再度呈现于

---

① 参见徐复观《中国知识分子的历史性格及其历史的命运》,许纪霖编《20世纪中国知识分子史论》,新星出版社2005年版,第63页。

② 李大钊:《低级劳动者》,1920年1月18日,《新生活》第22期。参见中国李大钊研究会编注《李大钊全集》第3卷,人民出版社2006年版,第170页。

乡村，成为乡村青少年心目中知识和道德的典范。但随着农村社会的发展和变迁，乡村知识分子的道德示范性已不再具有唯一性和封闭性。乡村干部、乡村致富能人、乡村个体私营企业主、乡村文化艺术人才，基于各自的优势、特长和贡献，也在不同层面产生道德影响力。新时期的乡村知识分子，道德示范性依旧历史地现实地保持着，但已经具有开放的心态和趋向，道德的示范性与开放性初步走向统一。

4. 人格的独立性与复合性的统一

中国知识分子有春秋战国时代元典文化人重道崇德和独立豪迈的传统，有五四知识分子自由理性和民主科学的传统，强调自由之思想、独立之精神的内核一以贯之，这在乡村知识分子群体中同样有深厚的积淀。在新时期思想文化多元、价值观念多样的乡村中，乡村知识分子大都保持着精神人格的相对独立，对乡村的生活方式、政治活动、发展路径保持着独立的分析、判断和言说。同时，在乡村的熟人社会里，在人情浓郁的氛围中，知识分子也不能不与现实的环境保持和谐的关系。一是对乡村干部的支持和尊重，二是对乡村经济精英（尤其在沿海发达地区，乡村中的个体私营企业主不仅数量大，且地位独特）的理解和关注，三是对乡村体制外文化艺术人才的关心和帮助，四是对广大普通村民的依赖和影响。这些不同类型群体的思想和行为，与乡村知识分子的人格追求都会有不同意义上的差别，乡村知识分子在保持自身独立性的同时，也会去吸收或包容其他群体的人格习惯，形成乡村知识分子与城市知识分子的"特立独行"不完全相同的复合性状态。

四 关于乡村知识分子的地位问题

在改革开放新时期，乡村社会面貌深刻变化，社会阶层深度分化，但乡村知识分子却始终是最具核心意义的文化群体。在城乡差距依旧存在、乡村经济社会文化还不够发达的背景下，乡村知识分子在乡村经济进步、政治民主、文化繁荣、社会和谐中都居于重要和特殊的地位。

1. 乡村知识分子是推动乡村经济进步的支柱

新时期中国农村经济的快速进步主要依靠的是科技和政策的驱动。站在"科学技术是第一生产力"的高度,邓小平早就明确指出:"将来农业问题的出路,最终要由生物工程来解决,要靠尖端技术。"① 胡锦涛认为,"要开辟我国农业发展的广阔前景,关键在于农业科技进步。"② 党的十八大开始实施创新驱动发展战略,认为科技创新是提高社会生产力和综合国力的战略支撑,必须摆在国家发展全局的核心位置。近几年党中央的几个"一号文件"都要求强化科技创新驱动,引领现代农业加快发展,鼓励地方建立农科教产学研一体化农业技术推广联盟,支持农技推广人员与家庭农场、农民合作社、龙头企业开展技术合作。在农业生产实践中,大量先进农业科技成果和技术装备,需要乡村知识分子作为中介进行积极宣传指导和推广应用;大量农业科学技术研究,需要乡村农业技术工作者(包括乡村农业职业技术学校的教师)与高等院校、科研机构研究人员密切合作,提供基础研究资料;在农村的乡镇企业,尤其是一些科技含量高的企业中,很多科技研发人员居于企业发展的至关重要的地位;农民科技文化素质的提高,更是离不开乡村知识分子的长期教育培养。我们可以肯定地说,乡村知识分子是推动乡村经济进步的重要支柱,其地位不可动摇和替代。

2. 乡村知识分子是加速乡村政治民主的灵魂

"扩大农村基层民主,保证农民直接行使民主权利,是社会主义民主在农村最广泛的实践,也是充分发挥农民积极性、促进农村两个文明建设、确保农村长治久安的一件根本性的大事。"③ 在社会主义新农村建设中,农民群众的政治使命、民主意识、法制观念不断增强,农村民主管理的内容更加丰富,形式更加多样,理论内涵更加充实。农村的民主政治建设,从思想认识来看,需要乡村知识分子提供

---

① 《邓小平文选》第3卷,人民出版社1993年版,第275页。
② 胡锦涛:《扎扎实实促进粮食增产农民增收》,《人民日报》2004年4月14日第1版。
③ 江泽民:《论有中国特色的社会主义(专题摘编)》,中央文献出版社2002年版,第716页。

基本的政治知识和法律常识，以奠定乡村居民民主思想认识的基础；从技术层面来看，需要乡村知识分子以不同方式为农民提供政治参与的信息资料和技术支持；从理论层面来看，当农民的重大政治实践活动结束后，需要乡村知识分子进行必要的理论提升（重要典型事件和人物甚至需要进行艺术的塑造。在我们的调研中，看到乡村文化活动尤其是在农村文化礼堂建设中，很多鲜活的故事和人物，都是乡村知识分子进行提炼加工，搬上乡村文艺舞台的）以使乡村的民主政治建设在更高的水准上继续推进。乡村知识分子在加速乡村政治民主建设中居于灵魂的地位，他们的政治热情、政治立场、政治水准、政治实践，对乡村政治有着深层的影响和持久的浸润作用。

3. 乡村知识分子是发展乡村文化事业的基石

中国历代文人儒士，有在乡村中设立书院，营建藏书楼阁，倡导士人居乡、传道于民的传统。① 古代多数文人都是在乡耕读，然后进城为官。而做官之人或候缺或丁忧或告老，多半仍要还乡。在中国近现代革命史上，革命知识分子也长时间在乡村致力于革命文化的宣传，并取得了重大成就，既教育了革命群众，也锻炼了自己的革命意志。在新时期乡村文化的快速发展中，乡村知识分子的地位越来越重要。培养社会主义新农村建设所需要的有文化、懂技术、会经营的现代农民，需要从事农村基础教育的乡村知识分子奠定基础；推动日益活跃的农村文化大院、文化礼堂、农家书屋建设，需要乡村知识分子的参与和指导；繁荣丰富农民的日常文化生活，离不开乡村知识分子的带动和帮助；部分历史文化名村的挖掘、申报、维护和建设需要优秀乡村知识分子的不懈努力。乡村知识分子是推动乡村各项文化事业快速发展的基石，是乡村文化现代化的重要支撑。甚至可以说，乡村知识分子的数量和质量，是城乡文化统筹的关键所在，也是城乡文化统筹能力水平的核心标志。

---

① 参见孔妮妮《居乡状态中的南宋理学士人——以朱熹为辐射中心的群体探讨》，《学术月刊》2012年第2期。

4. 乡村知识分子是促进乡村社会和谐的中坚

"和合是中国文化人文精神的精髓和首要价值"。① 乡村知识分子自然是中国乡村和合精神价值首要的传播和信奉者。近代以来，乡村贫困加剧，阶级矛盾加深，和谐环境不断受到冲击，新中国成立后又长期受到阶级斗争扩大化的影响。在改革开放的新时期，乡村重新获得了安稳的生产生活环境，但随着乡村阶层、职业、利益的多样化多元化，乡村的社会和谐受到各种新的制约。没有乡村和谐的社会环境，就没有农民的幸福和发展。当乡村中出现亲友邻里之间的矛盾纠纷，一般都需要乡村知识分子参与调解，他们与乡村干部的密切配合，常常是化解矛盾的重要条件；当乡村中出现潜在的矛盾纷争的思想倾向，乡村知识分子也会借助自己的工作条件，利用自己的知识理论优势，进行教育和疏导（这种无形的工作有着特殊的意义，又常常被人们忽视）。乡村知识分子与农民群众有亲情、友情、乡情等多种感情联系，有知识、道义、人格等多种影响力，这是乡村其他阶层和外部因素根本无法替代的。在乡村和谐社会建设中，乡村知识分子居于中坚的地位。充分认识乡村知识分子在乡村和谐社会建设中的特殊地位，是乡村治理中的一个重要问题。

五 关于正视乡村知识分子的困境问题

改革开放新时期，乡村知识分子社会地位有了明显提高，能力素质有了根本性改变，人员数量有了显著增长。但处在城乡二元与社会转型的乡村之中的乡村知识分子，仍然面临一系列的矛盾和困境，从一定意义上，我们甚至可以说，出现了知识分子"问题"乡村化的情况，需要我们给予充分的重视和深入的思考。

1. 知识视野的局限性

中国乡村社会，专业化分工与城市仍有很大差距。这就意味着，大多从各类单科性院校毕业、专业色彩鲜明的乡村知识分子，

---

① 张立文：《和合学》上卷，中国人民大学出版社2006年版，第11页。

面对乡村社会比较宽泛的知识需要,具有先天的局限性,即"专才"的根底与"全才"的需求的矛盾,这与城市知识分子对精深专业的要求有明显不同。另一方面,新时期的中国乡村又处在社会历史的巨变之中,乡村生产生活中的新技术大量应用,新知识大量传播,新思想大量涌入,特别是电视和网络技术的普及,使广大农民尤其是青年农民也可以身在农村,眼观世界,耳听八方,他们想同乡村知识分子沟通交流的问题多元而庞杂。乡村知识分子每天有繁重的专业性工作任务,补充各类社会知识的时间精力有限,一些在职培训一般也集中于专业知识技能方面,少有面向所有乡村知识分子的针对广大农民需要的知识培训和参观考察,这也在一定程度上造成乡村知识分子的知识进步跟不上农民群众的知识扩展需求。还有一个值得注意的问题,在年轻一代乡村知识分子队伍中,有的生长在城镇,对农村的生产生活知识缺乏了解,即使是生长在乡村的青年人,有的也是"一心只读圣贤书",不懂乡村农耕事。知识视野的局限性与乡村社会需求的广泛性之间的矛盾,是乡村知识分子面临的首要问题。

2. 乡村情感的矛盾性

长期工作生活在乡村的知识分子,亲情、友情、恋情大多汇聚于乡村,工作岗位、文化事业、业绩成就甚至青春年华大多展现于乡村,他们会对乡村有真挚的感情,这是毋庸置疑的。但在新时期,乡村知识分子的乡村情感又有复杂性和矛盾性,这也是不可忽视的事实。从历史的根源看,近代以来中国社会长期城乡关系失调、城乡差别严重,使乡村人才外流成为一种惯性力量,跳出农门成为一种不可抗拒的发展愿望,从而形成身在乡村、情在乡村,心在城市、梦在城市的分裂状态,这是由中国现代化的阶段性决定的。[①] 从队伍构成看,新时期的乡村知识分子中,土生土长,不思(或少思)离乡者的比

---

① 一般认为,漫长的现代化过程可以分成几个大的阶段,比如工业化初期,对应人口大规模地向城市集中;工业化中期,对应城市的郊区化扩展;工业化后期,对应所谓"逆城市化"等。参见李培林《我国社会结构转型进入新阶段》,《北京日报》2017年3月6日。

例不高；来自城镇或外地农村，过渡性心理较强者的比例偏高。在城市接受高等教育的青年知识分子，工作于乡村总有失落感。部分大学生村官，适时回城的心理也一定程度上存在。从现实生活看，乡村知识分子的工资待遇大多低于当地的城镇知识分子，这是比较普遍的现象。从社会公平的意义上说，工作条件艰苦，工资待遇应该更高。①知识分子渴望的文化生活条件、子女教育条件、职称晋升条件，乡村与城市也有明显差别。在这样的背景下，乡村知识分子对乡村社会的情感就会出现留恋与摆脱、居乡与进城的矛盾与困惑。

3. 社会声望的迁变性

知识分子是一种文化的存在，社会声望在他们的生活中占有举足轻重的地位。在传统的中国社会，乡村士绅是拥有丰富知识的文人，拥有道德修养的君子，拥有地方影响的贤达，在"皇权不下县"的背景下，他们是乡村中社会声望最高的人。五四新文化运动以来，知识分子一方面引领着社会思想的潮流，探索着中国历史发展的道路，另一方面又受到各种批判、质疑和讽刺。鲁迅就曾写道：文人"标榜超然，实为群丑"。"老百姓虽然不读诗书，不明史法，不解在瑜中求瑕，屎里觅道，但能从大概上看，明黑白，辨是非，往往有绝非清高通达的士大夫所可几及之处。"②在激烈的暴力革命斗争中，知识分子的社会声望更是受到多种"挤压"。新中国成立后，毛泽东虽然尖锐地批评"不要他们（指知识分子）也行"的错误思想，强调进行技术革命、文化革命，"没有他们就不行"。③但毛泽东的"知识分子往往是最没有文化的"等政治性判断依旧影响很大，以至于到"文革"时期，知识分子的社会声望降到"冰点"。改革初期，在知识分子政策调整的过程中，华罗庚、陈景润、钱学森等科学家成为新

---

① 在2017年3月的全国"两会"期间，乡村教师问题依旧是人大和政协代表委员以及社会各界关注的焦点之一。

② 鲁迅：《且介亭杂文二集·"题未定"草（六至九）》，《鲁迅全集》第6卷，人民文学出版社2005年版，第447、449页。

③ 中国中央文献研究室编：《毛泽东年谱》（1949—1956）第2卷，中央文献出版社2013年版，第513、515页。

的社会楷模，乡村知识分子的社会声望也随之迅速提升。进入20世纪90年代，受到初期无序化的市场经济和工资待遇偏低（甚至无保障）的"夹击"，乡村知识分子文化形象和声望有所下降。进入新世纪，大批农民企业家成长起来，成为乡村中的经济精英，形成对文化精英的压倒性优势。在部分乡村中，集企业家和村干部于一身的"精英人物"更是有着"集大成"的社会影响力，而为一般乡村知识分子所难以企及。近些年来，媒体频频曝光的乡村教师猥亵学生、乡村医生违纪牟利事件，造成人们对乡村知识分子社会道德声望的质疑。新时期乡村知识分子社会声望的不断迁变与传统的文化积淀和现实的文化发展存在一定的矛盾，甚至对乡村的社会风尚产生一定的影响。

4. 经济条件的脆弱性

文化的健康发展需要建立在坚实的经济基础之上。作为文化人的乡村知识分子也需要工作生活在比较宽裕和富裕的经济条件之下，才能安心投入文化的传承和创造工作，才能热心参与社会事业。新时期乡村知识分子的经济收入虽然已经发生了可谓"翻天覆地"的变化，出现十几倍甚至几十倍的增长，很多乡村知识分子也充分认可。但同时我们也看到，相对于中国经济社会的进步速度，相对于乡村文化建设的内在需求，相对于乡村知识分子的发展成长要求，乡村知识分子的经济条件仍然是比较脆弱的，这既有发展中大国的客观条件限制，也有思想认识和政策措施不到位的制约。新时期，中国社会发展的任务繁重，在强调经济建设这一中心工作的过程中，农村科技教育卫生的投入相对不足，长期面临穷国办大教育、大科技、大卫生的窘境，乡村知识分子的工作生活环境一般都比较艰苦，尤其是在中西部地区更是如此。很多乡村知识分子的家庭经济负担较重，一个人的工资收入要维持一家人的生活，有时要被迫去承包部分土地，或者要分出一部分业余时间和精力去辅助家人的经营活动，以补贴家庭生活，用于个人专业发展和素质提升的条件十分有限。乡村知识分子脆弱的经济条件，已经影响到他们自身的成长进步，也影响到乡村文化建设事业。

六　关于发挥乡村知识分子的作用问题

在新世纪乡村文化建设开始真正全面展开的过程中，广大干部群众都切实感受到发挥乡村知识分子的作用，对于加速社会主义新农村建设、繁荣发展乡村文化、推进城乡一体化进程具有非常重要的意义。人们也开始在多种层面上探讨发挥乡村知识分子作用的途径和方法。

1. 增强乡村知识分子的社会使命意识

随着乡村现代化的加速推进，乡村知识分子内部的专业分工也越来越细，在不同工作领域和工作岗位的人，都归属于城镇的相关上级部门领导，在乡村内部，他们缺乏统一的组织管理，缺少共同的活动空间，也少有统一的社会目标任务。作为乡村社会中一个相对独立的阶层，乡村知识分子共同的社会使命意识明显出现淡化的状况。要真正发挥乡村知识分子这一文化阶层的作用，一是需要学术理论界进一步深化对乡村知识分子的整体性综合性研究，探讨新形势下乡村知识分子的新变化、新问题、新使命，为乡村知识分子问题提供有力的学术支撑，尤其是要确定"乡村知识分子"概念的社会意义和学理价值；二是党和国家及其相关部门也需要进一步深化对乡村知识分子的认识，形成适应乡村社会文化建设新需求的更加完善的思想理论，制订统一的发展规划，设立统一的指导（或协调）部门。三是需要乡村知识分子群体自身，继承优秀的历史文化传统，担当农村建设的应有道德文化责任，满足乡村农民群众的期待，承担乡村发展的应有使命，同时不断加强内部的联系和交流，主动增强阶层使命意识。通过自上而下和自下而上的不懈努力，使乡村知识分子的社会使命感落到实处，推动形成乡村知识分子服务和奉献社会主义新农村建设的强烈愿望。

2. 提高乡村知识分子的科学知识水平

在新时期城市化不断加速的过程中，也许乡村知识分子的"城市化"速度是最快的。自农村成长起来的高校毕业生大部分进入城市，乡村知识分子中的业绩突出者很多被城市吸纳进去。近些年来，乡村知识分子"城居化"也已十分普遍。这种"城市化"的结果是乡村知识分子和城市知识分子，不再仅仅是空间地域性的概念划分，而更多的是知识层次和专业能力差别的蕴含。如果说城乡差别的本质是人的问题，那么，社会主义新农村建设的关键，就应该站在城乡一体化的高度，加大对乡村文化素质提升负有根本责任的乡村知识分子培养培训的力度。一是继续推进各类专业性的培训，这方面虽然已经有了比较完善的体制机制，但还不能完全满足乡村知识分子快速进步和全面发展的需求；二是迫切需要对乡村知识分子进行共同的乡村社会、村镇历史、区域文化等方面的知识教育，进行乡村建设责任使命的宣传教育。还要重视城乡知识分子的交流、交换，形成平等的经济政治社会地位。当然，乡村知识分子自身也要不断奋斗，发展自己，担当使命，形成服务乡村、推动发展的水平和能力。

3. 完善乡村知识分子的社会参与机制

乡村知识分子拥有自己的专业知识和确定的工作岗位。借助于自己的专业知识，他们对农村的生产、技术和未来发展有着更为独到的认识。借助于自己特定的工作，他们对农民群众的生活、思想、习俗和愿望有着更加深入的了解。从科学发展的意义上看，乡村各项事业的进步，与乡村知识分子的参与程度有密切的关系。在农民群众对自身全面发展的要求不断增强、协商民主制度不断推进的今天，农村各项社会事业的进步，都更加需要乡村知识分子的广泛参与。这就需要在实践中探索和完善乡村知识分子参与乡村各项社会活动切实可行的机制。一是在乡村知识分子工作单位内部，可以将参与乡村社会工作列入本单位本部门的工作任务之中，将乡村知识分子为此付出的劳动计入本单位的正常报酬之中，甚至需要给予更多的物质和精神上的鼓励；二是政府部门也可以考虑在新形势下，加大对乡村知识分子参与乡村社会活动的扶持力度，甚至建立相关的责任部门（可以是附属性的），让乡村知识分子更充分地发挥其社会作用。新时期以来，全国有很多乡村的学校、医院等在积极探索社会参与机制问题，积累了丰富的经验。①

4. 形成对乡村知识分子的激励政策环境

作为知识分子队伍重要组成部分的乡村知识分子,具有一般知识分子的爱国、民主、科学、进步的优良传统,同时还具有乡村生活磨炼出来的吃苦、耐劳、坚韧、朴实的作风。他们有社会责任感,有创新能力,渴望农村社会繁荣,如果能够充分调动乡村知识分子的积极性、主动性和创造性,就能够为乡村发展提供重要的现实的人才支撑,为国家的文化、科技、卫生"三下乡"等"送文化"活动,提供一支担当承转接续任务的文化队伍。这就需要我们针对乡村知识分子,制定一套完备的激励政策,并在此基础上形成良好的环境。一是继续充实完善乡村教育、卫生、科技、文化体制内部的表彰奖励政策,推动乡村知识分子专业水平的提高,服务社会能力的提升;二是在体制外更宽的范围内,制定鼓励乡村知识分子参与社会经济、政治、文化活动的政策(中央电视台的"寻找最美乡村医生""寻找最美乡村教师"节目,已经产生了广泛影响),给予乡村知识分子物质、精神或社会声望等方面的激励;三是对制约乡村知识分子作用发挥的各种消极做法或倾向给予政策性纠正(在我们的调查了解中发现,部分乡村干部仍存在排斥或轻视乡村知识分子的心态,部分乡村个体私营企业主仍有重视城市"大专家"、轻视身边"小专家"的倾向。当然,部分乡村知识分子也存在不同程度地排斥乡村干部、傲视农民群众的做法)。

我们这里仅仅是从乡村知识分子的几个基础性问题,并且是偏于一般的理论层面所作的思考。在我们的调查了解(以及浙江农林大学农民发展研究中心几年来的思想学术积累)中深切感到,乡村知识分子确是乡村发展中的一支重要力量,发挥作用的空间还很大,但目前人们对乡村知识分子的社会历史定位还不够明确,对乡村知识分子的

---

① 黑龙江省讷河市的老来中学,几十年来一直在积极探索服务乡村的有效机制,并取得重要成绩。浙江省诸暨市的枫桥镇,也将乡村知识分子作为乡村政治建设和社会管理的重要依靠力量。

总体性关注还不够深入（针对农村教师、医生、农艺人员的具体研究不少），对乡村知识分子面临的"城居化"新趋势、社会声望新变化、价值观念新走向、未来前景新预测的研究还不够到位，需要包括乡村知识分子在内的各方面人士的共同思考和探索。

20世纪中国乡村文化中坚力量变迁问题论纲

在传统的中国乡村社会，文化及其中坚力量原本是长期稳定的，但在20世纪，乡村文化中坚力量却发生了速度很快、幅度很大的变迁，这是我们认识乡村文化历史必须面对的一个重要问题。我们试图从乡村文化与城市文化的非常状态、大众文化与精英文化的长期失衡、文化人才与文化制度的反复波动等角度，揭示乡村文化中坚力量变迁的历史背景；梳理20世纪前半期、社会主义革命和建设时期、改革开放新时期乡村文化中坚力量变迁的历史轨迹；概括与古代相比的复杂性、与城市相比的传统性、与他国相比的革命性，这几方面乡村文化中坚力量变迁的历史特点；提出将增强乡村文化中坚力量置于乡村文化建设的突出地位、使乡村文化中坚力量与乡村其他文化力量协同发挥作用、让乡村文化中坚力量的发展保持相对的稳定性和连续性，这样几点乡村文化中坚力量变迁的历史启示，以期在比较宏观的意义上为当代乡村文化繁荣发展提供一些思想理论借鉴。

从比较宏观的意义上说，推动近现代中国乡村的文化发展，有来自广大农民群众自身的基础力量，有来自城市相关部门的外部援助力量，有来自乡村内部文化教育科技人员的引领和推动力量。乡村文化进步的速度和程度，取决于这三种力量的大小及其协同的状况，而以乡村知识分子为骨干的内部文化力量的数量、质量、结构、性质和方向，具有核心的地位和关键性的作用，是一支最稳定可靠的中坚力量。我们试图对20世纪中国乡村文化中坚力量历史变迁的背景、轨迹和特点进行分析和梳理，探寻内在的规律和重要的启示，以期为我们今天的乡村文化发展繁荣提供有益的借鉴。

一 20世纪中国乡村文化中坚力量变迁的历史背景

金冲及先生在《二十世纪中国史纲》一书的引言中写道："二十世纪，是一个充满动荡和巨变的不平凡的世纪。""对中国来说，这是决定我们民族生死存亡的一百年。"① 在这一百年里，乡村文化中坚力量的变迁，深受大时代的影响，直接面对的是乡村文化与城市文化、大众文化与精英文化、文化制度与文化人才之间关系剧烈而持久变动的历史文化背景。

1. 乡村文化与城市文化关系的非常状态

20世纪的中国，是由传统农业文明走向现代工业文明的国家，城市化伴随这一进程的始终，城乡差别成为社会问题形成的重要背景。乡村文化人才是联结城乡文化的纽带，以乡村文化人才为基础汇聚起来的乡村文化中坚力量的变化，常会受到乡村文化与城市文化之间关系的直接影响。近代中国的半殖民地半封建社会性质，致使现代城市不是在封建社会内部伴随商品经济自然发展起来的，而是在西方列强的炮舰逼迫和资本驱使下生长出来的，城市文化自然具有外源性和畸变性。乡村及其文化，尤其是广大内陆及边缘地区，依旧在原有的传统文化根基上运行，受到外部的影响相对较小。城市文化和乡村文化之间长期处在不同的理论基础、思想观念、价值取向和体制机制之中，而城市文化的发展势头、影响力量及其人才吸纳水平较乡村文化展现出越来越大的优势，城乡文化之间的关系则是在非常规的状态中演进。在这种历史前提下建立的社会主义，能迅速"改天"，却无法立刻"换地"，加之国防及工业化的压力巨大，城乡及其文化关系依旧长期不能转为"正常"状态。乡村文化中坚力量的变迁，也只能在这样的社会条件下展开。

如果具体分析这种非常状态及其内在变化，可以看到，20世纪

---

① 金冲及：《二十世纪中国史纲》第1卷，社会科学文献出版社2009年版，第1页。

初期，伴随西方在华投资设厂的增多和民族资本的发展，城市开始大量出现于沿海、沿江、沿铁路线地区，但城市的文化性质尚无根本改变，城市文化对乡村文化和乡村文化人才还没有构成很大的冲击，乡村文化的中坚力量依旧是那些拥有传统文化的地方士绅。科举制度废除后，新文化运动尤其是五四运动使中国文化的现代性迅速提升并广泛拓展，"新文化"对乡村的传统文化产生巨大冲击。城市的文化不仅更新了内容，而且各类学会、高校、研究所、出版社、杂志社等组织机构也建立起来，对乡村文化人才产生巨大吸引力，大量乡村文化人才开始进入城市。晚清政府、北洋政府和国民党政府都无力协调城乡文化"一边倒"的关系。中国共产党人在新民主主义革命进程中，虽然努力在农村革命根据地发展乡村文化，培育革命的文化力量，但还只能局限于"红色区域"内。在"一穷二白"的基础上建立的新中国，虽然重视乡村文化，但也不得不为推进工业化而将大量乡村文化人才纳入城市文化体系中来。进入新时期，中国的城市化进程加速，在市场经济的自发调节和城乡差别的双重作用下，乡村文化中坚力量流向城市的速度也在加快。乡村文化与城市文化之间的非常状态几乎贯穿于20世纪，成为乡村文化中坚力量变迁的一个最为重要的背景和条件。

2. 大众文化与精英文化关系的长期失衡

大众文化与精英文化之间的关系是一个民族文化影响力的重要依据，也是制约文化人才力量形成和作用发挥的重要条件。20世纪中国的乡村文化人，正是处在大众文化与精英文化中间的一个群体，受大众文化与精英文化关系的影响更大。在传统的中国社会，虽然从政治地位和社会身份的意义上，"士"与农、工、商的地位有很大差别，但在小农经济环境中，他们又同处"一个'熟悉'的社会，没有陌生人的社会"[①]，在长期的生产生活中会形成亲情、友情、乡情等多种文化联系，而且还有借助科举制度建立的规范化的上下沟通渠

[①] 参见费孝通《乡土本色》，费孝通：《乡土中国 生育制度 乡土重建》，商务印书馆2011年版，第9页。

道，因此，大众文化与精英文化之间的关系处于相对稳定和协调的状态，乡村文化中坚力量有充分的文化自信和很大的活动空间。进入20世纪以来，在中国社会及其文化的激变中，大众文化与精英文化之间的关系也在随之不断"翻腾"，乡村文化人才常常难以确定自己的位置，找不到自己力量的依托。

五四运动之前，那些到西方"取经"，师取"长技"的"海归"学人，那些在新式学堂获得新思想的新式知识分子，都抱定救国救民之志，以"启蒙"的心态、"精英"的宏愿，对大众进行新文化的宣传和教育，试图造就"新民"，乡村中思想趋新的文化人也追随其后，"启蒙"于乡里。在20世纪20年代，文化精英们开始认识到民众的力量，不仅李大钊等马克思主义（或初步接受马克思主义）知识分子们倡导凡是劳作的人都是高尚和神圣的，就连一些埋头学问的人也开始转变对工农的看法。1927年顾颉刚在《文学周报》发表文章说，学术研究工作应该像"做工"一样，"我们应该造成一种风气，把学者脱离士大夫阶级而归入工人阶级"。他强调，人们不必认为会写文章的人有什么神圣，必定要做官，必定要被社会"捧作民众的领袖"，学问和做官是两回事，知识分子应该和民众在一起。① 这种推崇工农的观念，在革命文化尤其是新民主主义革命文化氛围中不断得以强化。新中国成立初期对知识分子团结、教育、改造，后来出现了"左"的倾向，以至于到"文化大革命"时期，精英文化已经"威风扫地"。毛泽东在特定历史时期所讲到的对文化人的批评和贬斥的话，成了一些人对知识分子进行一般性判断的依据。直到十一届三中全会以后，大众文化与精英文化的关系开始走向正常，但又受到初期市场经济的许多消极影响。大众文化与精英文化无论畸轻畸重于哪一方面，乡村文化中坚力量都不能充分发挥出来。大众文化与精英文化之间的这种长期失衡，构成乡村文化中坚力量变迁的一个潜在而又重要的背景。

---

① 顾颉刚：《悼王静安先生》，《王观堂先生全集》第16册，文华出版公司印行1968年版，第7134—7135页。

3. 文化人才与文化制度关系的急剧变动

文化人才及其文化力量要想持续稳定地服务于社会，就需要持久有力的制度及其机制予以保障，只有文化人才与文化制度形成良性互动关系，才能形成可靠的文化力量。乡村文化中坚力量的展现，不能离开文化人才与文化制度的运行所营建出来的社会环境。中国作为一个文化底蕴深厚的文明古国，重要内涵之一就是文化人才与文化制度之间卓有成效的相互支撑的关系，尤其是科举制度，建立起国家、社会和文化精英之间的有机联系，形成士大夫阶层作为社会中心的可靠的制度化依托和渊源。"宋明以后由于佛教和理学的内在转向，士大夫从单一的上行路线转而下行，注重民间的教化职能，从士大夫变为士绅。"① "农村经济之淡泊安定，又是中国传统知识分子最后一退步。"② 在"皇权不下县"的传统社会，有制度化的道统和功名支撑的乡村文化人，在乡村社会的地位和作用越来越突出，有宁静淡泊的生活环境和富足宽裕的生活条件（各个朝代几乎都为士人制定了比较优越的政治经济"政策"），在乡村社会的文化人大多能够怡然自得。近代以来，主要向政治人文伸展而忽视科学技术价值的科举制度的弊端暴露得越来越充分，面对科技支撑的西方列强的不断进攻，社会精英阶层开始依据西方的理论和观念，对科举制度大加挞伐，文化人才与文化制度之间的传统纽带开始"断裂"，乡村文化人赖以存在的制度基础出现新变化。

进入20世纪，文化人才与文化制度之间关系开始出现剧烈的多重的变动。1905年，科举制度彻底废除，包括乡村文化人在内的社会知识阶层失去了获取"功名"的传统文化的制度基础。面对沉重的民族和社会危机，清末和民初的政府及其知识精英们，都未能充分考虑到科举制废弃后产生的文化、人才、观念，以及政治、社会、思想等诸多层面的变化，没有制定系统的应对策略。辛亥革命后，在长

---

① 许纪霖：《从知识分子研究的视野看近代士绅》，许纪霖：《读书人站起来》，中国人民大学出版社2011年版，第123页。

② 参见钱穆《中国知识分子》1951年，钱穆：《国史新论》，广西师范大学出版社2005年版，第154页。

期的军阀混战中，根本无法形成完备的文化制度并推进到乡村，乡村文化人呈现明显的"散乱"或"漂浮"状态，有的开始沦落为如孔乙己一样"站着喝酒而穿长衫"的人，"没有他，别人也便这么过"。① 到大革命、抗日战争及解放战争时期，处于不同性质的政权之下的中国社会，文化制度及其体制更是大不一样，文化人才与文化制度已经难以形成稳定和统一的相互支撑关系。在20世纪的后半期，社会主义的文化制度处在艰辛的探索之中，给文化人才的成长创造了广阔的空间，激发了无限的豪情，但也经受了曲折，付出了代价，乡村文化人的兴衰荣辱似乎没有城市文化精英那样受到广泛关注，但他们也同样是身在其中。文化人才与文化制度之间关系的急剧变动，成为乡村文化中坚力量变迁的一个直接而重要的背景。

二　20世纪中国乡村文化中坚力量变迁的历史轨迹

20世纪的中国，乡村文化中坚力量变迁的速度和幅度，都是世界历史上罕见的。从20世纪初期的以传统士绅为重心，实施"乡村治理"，到20世纪中期以现代革命知识分子为先锋，多种知识背景和政治倾向的知识分子在不同区域分别发挥核心作用，再到20世纪末，以科技知识分子为骨干，不同专业和领域的知识分子共同担当使命，一百年中乡村文化中坚力量变迁的轨迹曲折而复杂。

1. 20世纪前半期中国乡村文化中坚力量的变迁

中国的20世纪前半期，是民主革命迅速兴起、不断高涨、性质转变和走向胜利的时期，是中国的现代化在战乱中艰辛探索、艰难行进的时期，是中国乡村文化在多元文化影响下代价昂贵、曲折发展的时期。乡村文化中坚力量的制度基础、结构成分、文化性质、发展路径都在发生巨变，与乡村传统文化和国家主流文化的关系也在发生

---

① 鲁迅：《孔乙己》（1919年3月），《鲁迅全集》第1卷，人民文学出版社2005年版，第459—460页。

巨变。

在19世纪与20世纪之交，面对"西力"与"西学"的双重外部压力，改良与革命的双重内部动力，中国的社会与文化在发生着深刻的变化。晚清政府在1895年设立北洋大学堂，1896年设立南洋公学，1898年设立京师大学堂，出现近代高等教育机构。1904年1月，清政府颁布"奏定学堂章程"，史称《癸卯学制》，把学堂教育分为高等、中等、初等三大类，分成7个级别。中国文化人才培养的制度和环境都在发生重大变化。从容闳（1847年留学美国）、詹天佑（1872年赴美留学）等留学欧美开始，中国赴海外留学的人员不断增多。1901年以后清廷又制定了一系列"政策"，促进青年学子出洋深造。① 这使中国文化人才培养的方式和途径发生了重大变化，文化自信和自尊的理论依据也发生了重大变化。尽管这些留学海外及国内新式学堂的青年学子数量有限，基本都活动于城市及政府机构和近代企业里（也有少数人少量活动于乡村），但他们的思想观念和价值取向已开始影响到乡村文化和文化人。

20世纪初期，尽管中国城市文化尤其是沿海地区的城市文化，中坚力量已经发生了部分的质变，但绝大部分乡村文化的中坚力量，依旧是那些在传统文化体制下获得功名，以传统思想理论为根基，并活跃于传统的伦理本位的乡村社会传统文化人，新思想在乡村中还难以形成现实的力量。科举制度的废除，使"旧文化人"的"生产"失去了制度前提，新文化运动则培养造就了一大批新文化人才，乡村中开始出现新文化的气象和新文化的力量。五四运动中，一大批新文化人以其强烈的爱国热情和爱国行动，向社会各界证明，新文化及其人才已经成为中国历史文化的主导力量，乡村文化的依靠力量也随之从"旧文化人"向"新文化人"转变。随着中国共产党的建立和"大革命"潮流的兴起，工农运动迅速扩展，"新文化人"也随之大量革命化。部分城市的革命文化人开始走入乡村，乡村的文化人也大量接受革命思想，加入革命者的行列，"革命文化人"逐步成为乡村

---

① 参见李喜所《中国留学史论稿》，中华书局2006年版，第1—2页。

社会（尤其是革命区域内）的核心力量。在"大革命"失败后，抱定不同革命理想的"革命文化人"开始分化，他们在不同性质的政权范围内各自发挥着骨干作用。新民主主义革命不断走向胜利的过程，也是新民主主义文化人不断赢得城市和乡村文化领导权的过程。

2. 社会主义革命和建设时期乡村文化中坚力量的变迁

中华人民共和国成立，乡村文化建设迎来了历史新时代。借助新民主主义革命伟大胜利的声威，在共产党领导下，掌握了马克思主义的知识分子，集政治力量和文化力量于一身，在乡村文化生活中成为地位突出的领导者；立足于旧文化知识基础上的知识分子，大多数也开始接受新思想新环境，在进行自我思想改造的同时，也在乡村文化活动中发挥一定作用；党和政府高度重视文化人才的培养，建立了各级各类的教育培训机构，培养出一大批乡村文化新人，他们成为乡村文化建设的生力军。这三类乡村文化人才共同构成新中国成立初期乡村文化事业的中坚力量，当然，在老解放区和新解放区，内陆和边疆少数民族地区，乡村知识分子内部的结构和数量是不同的。同时，中国共产党（共产主义青年团）强有力的基层组织建设和干部队伍建设，使革命干部在乡村居于领导与核心的地位，这与传统的"乡绅治理"已经完全不同了。

1957年以后，乡村文化人才出现了历史上的许多"奇观"，除原有的正常工作生活于乡村的知识分子外（全面社会主义建设开始后，大批乡村文化人才逐步走入城市），还有一些"特殊"知识分子走入乡村社会。一是"反右"斗争中的50多万"右派分子"很大一部分被下放到乡村，他们在政治上是被改造的对象，而在文化上却为乡村发挥了现实的"历史补偿"作用。二是大批城市"知青"进入乡村。早在1955年团中央就制定了《关于组织青年参加边疆建设问题的一些意见》，党和国家发出知识青年到农村去安家落户的号召，全国各省市的志愿垦荒队纷纷组建并进入乡村和边疆。[①] 从1962年到1966

---

① 参见定宜庄《中国知青史·初澜（1953—1968）》，当代中国出版社2009年版，第26—45页。

年，共有 129 万城镇知识青年来到农村。1968 年 12 月，《人民日报》发表毛泽东的指示："知识青年到农村去，接受贫下中农的再教育，很有必要。"此后，全国掀起知识青年上山下乡运动的高潮。从 1967 年到 1976 年，共有 1640 多万知识青年上山下乡，他们在一些不发达地区传播了先进文化，普及了科学知识，在中国历史和青年运动史上作出了特有的贡献。① 面对乡村文化人才严重困乏的状况，党和国家在鼓励大中专毕业生到农村广阔天地锻炼成长的同时，还探索培养"赤脚医生"和"五七大学"的学生，以补充乡村文化人才之需（虽然留下"左"倾印记，但仍发挥了作用）。这些不同类型的乡村文化人才，在社会主义建设时期，共同汇聚成为推动乡村文化发展的巨大力量（对此，目前学术界的评价已经趋于客观理性，但仍有否定偏多的印记）。

3. 改革开放新时期乡村文化中坚力量的变迁

进入改革开放新时期，乡村文化中坚力量在现代化和城市化加速推进、城乡人才加速流动的背景下，也出现了新的局面。改革开放初期，一方面是大批"知青"和"右派"等"居乡"的文化人才纷纷返城，形成乡村文化力量的急剧弱化；另一方面，在党的知识分子政策拨乱反正、大幅调整，知识分子社会地位迅速提高的环境下，乡村学校、医院和基层组织大量吸纳各类新的文化人才②，并以灵活多样的体制（如民办教师或"以工代干"等形式）完成"过渡"时期的文化建设任务。这些新的文化人才，在乡村中快速成长，与原有的乡村文化人一起，担当起乡村文化事业"新启蒙"的重任，形成乡村文化人的新辉煌。

进入 20 世纪 80 年代末 90 年代初，在市场经济、城乡差距和

---

① 参见当代中国研究所《中华人民共和国史稿》第 3 卷，人民出版社、当代中国出版社 2012 年版，第 89 页。

② 以高中毕业生为主，包括部分中专毕业生。在科技文化热中，大量乡村文化青年进入广播电视大学、函授大学或参加自学考试，获得大中专学历后纷纷进入乡村文化体制内工作。参见顾益康、金佩华等《改革开放 35 年中国农民文化发展报告》，中国农业出版社 2013 年版，第 221—230 页。

"脑体倒挂"等多种因素的作用下，部分乡村文化人才开始"跳槽"和"下海"，离开乡村，进入都市，造成乡村经济力量和文化力量的失衡，知识分子暂短的"中心"地位和"精英"心态，很快受到强力挤压，农村文化人才和文化建设出现严重的"滑坡"现象。对此，党和政府提出："搞好农村文化建设，发展农村文化事业，对于丰富农民的文化生活，提高农民的思想道德素质和科学文化素质，对于促进农村经济发展和社会全面进步，具有重要的作用。"① 于是，在世纪之交，在党中央的统一部署和乡村群众的共同努力下，乡村文化建设形成几种新的力量。一是源自外部的科技、文化、卫生"三下乡"及"四进社区"活动，为乡村文化"输送"进来新知识、新思想、新观念；二是坚持在乡村工作的内部的乡村文化人才，克服困难（世纪之交，部分地区一度出现拖欠乡村教师和乡村医生工资的现象），继续发挥骨干作用；三是在乡村文化变革中成长起来的，看似是"外围性"的民间艺人、文化能人等开始发挥重要作用。但是，这多种力量的关系不很清晰，"文化中坚"的地位和作用不突出、不显著、不稳固，且城乡文化差距没有根本改变。

在20世纪乡村文化中坚力量变迁的基础上，21世纪初，党中央又有了一系列新举措。2003年1月，胡锦涛在中央农村工作会议上的讲话中指出："要注重解决农村教育、科技和文化发展水平明显低于城市，农村社会事业建设明显滞后的问题。如果这个问题长期得不到解决，将会影响全面建设小康社会的进程，影响全民族素质的提高。"② 2005年11月，中共中央办公厅、国务院办公厅制定的《关于进一步加强农村文化建设的意见》提出"高校毕业生到农村服务计划"，鼓励应届大学毕业生深入广大农村从事文化信息传播、活动组织、人员培训等活动，并强调充分发挥农村中小学在开展农村文化活动方面的作用，提倡中小学图书室、电子阅览室定时就近向农民群众

---

① 文化部：《关于进一步加强农村文化建设的意见》，1998年11月26日。
② 胡锦涛：《在中央农村工作会议上的讲话》（2003年1月8日），中央文献研究室编：《十六大以来重要文献选编》（上），中央文献出版社2005年版，第123—124页。

开放,把中小学校建成宣传、文化、信息中心。此后,大学生村官计划开始实施,乡村知识分子队伍得到充实,乡村文化中坚力量开始得到加强。

三 20世纪中国乡村文化中坚力量变迁的历史特点

20世纪中国乡村文化中坚力量的变迁,既是中国社会历史巨变的一个缩影,又有许多不同于政治和经济中坚力量变迁的特殊之处,无论是与中国古代文化中坚力量的相对稳定性相比,同城市文化中坚力量迅捷时尚的变迁相比,还是与西方发达国家的文化中坚力量较为简单缓慢的变迁相比,都具有自己的特点,值得我们认真概括和总结。

1. 与古代相比的复杂性特点突出

如果我们将20世纪中国乡村文化中坚力量的变迁,放到中国的大历史中去分析,就会看到,与古代中国乡村文化中坚力量的变化相比,这一百年,在纵向的多变和横向的多元方面,都表现出非常复杂的历史特点。在秦汉以后漫长的封建社会,"文化是稳定的,很少新的问题,生活是一套传统的办法"。① 乡村大部分是由儒士主导、佛家和道家的文人参与配合构成的相对稳定的文化中坚力量在引领和推动乡村文化事业。20世纪,乡村文化中坚力量变迁的速度远远超过以往的数千年。20世纪初,乡村士绅还是乡村中几乎唯一的中坚力量。十几年以后,具有资产阶级民主思想的新派文人已经开始在部分地区引领乡村文化的潮流。再过十几年,在大革命中,主导乡村文化的核心力量,已经是掌握马克思主义理论的更新的革命文化人了。而后,新中国培育起来的社会主义革命文化人,开始质疑"民主革命文化人",成为乡村中更为"先进"的文化力量。改革开放中,具有世

---

① 参见费孝通《长老统治》,费孝通:《乡土中国 生育制度 乡土重建》,商务印书馆2011年版,第71页。

界视野和市场意识的文化人才逐步占据先机。在文化复兴和弘扬传统的浪潮中,儒学再度受到重视,"乡村儒学"人才又开始走上历史的舞台并发挥重要作用,成为一种重要力量。① 乡村文化中坚力量在一百年里,似乎发生了"周转",这种纵向的变化似乎很复杂。

从横向的角度看,20世纪乡村文化中坚力量的多元性也展现得异常明显。在不同的历史时期和不同的区域内,几乎都有不同性质的文化力量存在于乡村,"中坚力量"的结构几乎都不是单一的和纯粹的,而是复合的多样的。北洋政府统治下的乡村,传统文人(尤其是尊崇儒学的文人)的力量最强,但自由主义和激进主义的文化人也有影响力。在国民政府统治下的乡村,坚持资产阶级民主主义的文化人居于主导地位,但坚持封建专制主义的文化人却有很强大的力量,得到国民党一部分官僚的认可,自由主义文人也有一定的活动空间,尽管带有一定的虚幻性。在共产党领导的新民主主义政权之下,是所有主张民族民主革命的文化人共同发挥作用,而以无产阶级革命文化人为领导核心。在帝国主义统治下的殖民地和租借地,是"汉奸"文人和买办文人主宰乡村文化,但在表面上也会有自由和民主的宣传。在社会主义制度下,从根本意义上说,是在马克思主义指导下,所有坚持民主的、科学的、大众的文化人共同成为乡村文化的中坚力量。当然,这种结构及其变化,在不同发展阶段和中、东、西部地区又会有一定差别。每个地区都有自己的区域文化及其区域精神,这也会影响到文化人及文化力量的发挥。可见,乡村文化中坚力量在横向的结构与变化方面同样呈现出复杂性特点。

2. 与城市相比的传统性特点鲜明

20世纪中国乡村文化的中坚力量尽管变化多端,似乎纷繁复杂得难以把握,但有一个最为鲜明的特点,那就是传统性始终占据重要地位。原因很简单,乡村的广大农民群众,传统文化的思想观念根深蒂固。乡村的生产和生活,还很大程度上处在传统农业的层次上,进

---

① 参见《乡村儒学:重建温情的乡土中国——"山东乡村儒学现象"座谈会纪要》,《光明日报》2014年7月8日第15—16版。

步相对比较缓慢，无论多么"先进"的文化，如果不能借助传统的语言形式（甚至思想内容），就很难被农民群众愉快地接受，也就不会产生什么真正的力量。在乡村相对独立的一个个熟人社会里，传统文化自然自在地传播，其影响作用常常超过各种理论化系统化的文化传播。这一点与城市大不一样，建立在现代工业、商业、管理和服务基础上的城市文化，与世界（尤其是与发达国家及其文化）的联系紧密，对传统文化的依存度不高，城市文化中坚力量的变迁可以适度"超然"于传统。因此，20世纪中国社会各个阶级和政党的杰出领导者，都在不同程度上认识到乡村文化人在自己的文化活动中，要与传统的思想理论相结合，与农民群众传统的思维习惯相结合。资产阶级革命及其文化运动，从内容到形式，都有浓厚的传统文化色彩，只是由于阶级和历史的局限，使之在乡村未能产生重要的文化影响力。

中国的马克思主义者很早就认识到"主义"与"实境"的关系。1919年8月，李大钊就指出："我们只要把这个那个的主义，拿来作工具，用以为实际的运动，他会因时、因所、因事的性质情形生一种适应环境的变化。""一个社会主义者，为使他的主义在世界上发生一些影响，必须要研究怎么可以把他的理想尽量应用于环绕着他的实境。"① 但后来受到"左"倾思想的影响，中国共产党的革命理论和革命宣传一度出现过脱离乡村实际的情况（包括"苏维埃政权"和"列宁小学"等诸多苏俄式的名称），造成其文化影响力量受到局限。毛泽东提出："马克思主义的'本本'是要学习的，但是必须同我国的实际情况相结合。""中国革命斗争的胜利要靠中国同志了解中国情况"。② 到延安时期，毛泽东明确提出"马克思主义中国化"的命题，一大批掌握马列主义毛泽东思想的乡村文化人才，运用农民群众喜闻乐见的语言和艺术形式宣传革命思想，并逐步成为乡村文化的中坚力量，长期引领乡村文化发展的方向。新中国成立以来的中国乡村

---

① 李大钊：《再论问题与主义》（1920年8月17日），中国李大钊研究会编注：《李大钊全集》第3卷，人民出版社2006年版，第3页。

② 毛泽东：《反对本本主义》（1930年5月），《毛泽东选集》第1卷，人民出版社1991年版，第111—112、115页。

文化中坚力量，尽管有过"左"倾错误的影响，但在理论尤其是实践层面上，还是非常重视与传统文化的结合。当我们深入分析20世纪后半期乡村文化的各类成果，从歌曲、小说到戏剧，都有浓厚的传统文化色彩与格调，其实，乡土性的背后是传统性。乡村是中国传统文化最基本的载体，乡村文明是中华文明史的主体，乡村文化中坚力量离开传统乡土文化的根基很难发挥作用。可以说，与城市文化相比，乡村文化中坚力量的形成和持续都具有鲜明的传统性特点。

3. 与他国相比的革命性特点清晰

如果说，把中国近现代的历史作为一篇文章，它的第一个关键词非"革命"莫属。① 法国革命、俄国革命和中国革命被公认为是世界革命历史上最具影响力的三大革命，而中国革命又是持续时间最长、引起社会变革最为剧烈的革命。20世纪中国乡村文化中坚力量的变迁，从一定意义看，就是在革命中展开的，革命的蕴含、革命的色彩、革命的痕迹充斥其中。在世界近现代史上，大多数国家，是从封建制度转变为资本主义制度，"革命"主要是在政治层面上进行，经济则是在"旧制度"内部生长，并通过市场经济去推动的。一些东欧国家是在资本主义的基础上进入社会主义的。而中国是从殖民地、半殖民地和半封建国家，经过繁重的民族民主革命和社会主义革命，才进入社会主义，由于经济文化基础落后，体制僵化，又被迫进行改革开放新的伟大革命。因此，中国革命的性质及其跨度之大，涉及的范围之广，是世界历史上极为少见的。乡村文化虽是中国历史文化变迁中的"底端"和"末端"，但中国革命的彻底性，也让乡村文化具有完整的革命性，乡村文化中坚力量的变迁无法脱开革命文化的影响。

乡村文化中坚力量变迁的革命性，既体现在文化革命上，也体现

---

① 王富仁在《鲁迅与革命——丸山昇〈鲁迅·革命·历史〉读后》中以文学的语言表达了"革命"概念在近现代中国历史上的突出地位，国内学者张海鹏、罗志田、王奇生、国外学者裴毅理、詹隼等都以不同的方式表达过类似的观点。胡锦涛《在纪念党的十一届三中全会召开30周年大会上的讲话》中，也以"三次伟大革命"作为近一个世纪以来中国历史的主线。

在革命文化上，是在这两方面的互动中发挥作用的。自新文化运动开始，乡村文化人才追随文化革命精英的脚步，也不断在乡村中推进文化的革命性变革。乡村文化人的语言形式逐步从农民群众"半懂不懂"的文言文，转化到老百姓们听得懂的白话文。宣传新思想的"武器"，也由传统的诗词歌赋，转变到他们曾经"不屑一顾"的小说、杂文、快板、墙报、民歌、街头剧等。而且，乡村文化人在不同的历史阶段，还不断进行着乡村文化新的"革命"。自辛亥革命尤其是五四运动开始，乡村文化人配合乡村的各种革命斗争，持续进行着革命文化的创作宣传活动。从旧民主主义革命、新民主主义革命、社会主义革命到改革开放的"革命"，乡村文化人几乎是不停顿地进行着革命的文化宣传。乡村文化人只有将文化革命与革命文化恰当而有效地统一到乡村的革命实践中，才能体现出文化中坚力量的价值。他们不仅要思考乡村文化革命的问题，思考乡村革命文化的问题，还要探索二者的结合问题。我们可以肯定地说，中国乡村文化中坚力量的变迁有着清晰的革命性特点。

四 20世纪中国乡村文化中坚力量变迁的历史启示

20世纪中国乡村文化的中坚力量，伴随着社会的急剧变革，也在发生多层面的重大变化。乡村文化中坚力量与乡村内部的农民文化力量和乡村外部政府及社会文化力量的关系也在发生重大变化，这些变化是在近现代中国历史基础和国情条件下发生的，经历了艰难曲折的过程，积累了众多的经验和教训，也给我们留下一些宝贵的历史启示，可以作为未来乡村文化发展的重要借鉴。

1. 将增强乡村文化中坚力量置于乡村文化建设的突出地位

乡村文化发展的速度、力度和高度，与乡村文化中坚力量的大小和强弱关系密切。20世纪中国乡村文化建设的历史证明，资产阶级根本就没有培养并形成乡村文化建设的中坚力量，他们的文化力量主要还是活动于城市，推进到乡村的只能是其文化力量的余波，所以，资产阶级革命的成功与失败,都没有乡村知识分子的有效响应,自然就不能得到中国最广大的农民群众的积极呼应。无产阶级的新民主主义革命之所以能够历经艰辛,走出一条农村包围城市、不断走向胜利的道路,除了正确的土地革命政策外,重要经验之一,就是中国共产党培养造就了一批忠于革命事业、接受党的领导、熟悉乡村生活、热爱乡村文化的乡村文化人才。他们将各种进步的文化人团结在自己的周围,形成乡村文化建设的强大力量,让党在乡村的各项革命活动获得思想、理论甚至艺术化的解读和宣传(长期的广泛的农村包围城市的革命、乡村传统士绅的"劣化"、现代乡村文化人的离乡,给乡村革命文化人以很大的社会文化空间)。社会主义革命和建设时期,乡村文化事业虽有重大发展,也出现重大失误,内在原因之一也是乡村中多种文化人才不能有效凝结成为稳定的中坚力量,文化和文化人被过度政治化和阶级化,真正投入乡村文化建设的时间和精力都远远不足。新时期,乡村文化明显滞后于乡村经济,除社会发展的阶段性制约外,还有乡村文化人才外流、在乡文化人的心思和热情大量向非文化领域转移、乡村文化中坚力量地位不巩固等原因。

历史的经验教训启示我们,要促进乡村文化的快速发展,就应将乡村文化中坚力量放到突出的地位上。文化运动有其内在的规律,先进文化是需要通过文化人的宣传、示范和带动才能产生实际效果的。如果乡村文化的中坚力量不能占据比较突出的地位,其"光亮"就不能散射出去,其"声音"就不易传扬出去。这就要求我们在乡村文化的设计和规划中,要把文化人才的培养作为核心,给文化中坚力量的发挥留有足够的位置和空间,并且要防止和警惕其他非文化的力量,假借文化的名义挤占文化中坚力量的地位。对此,乡村文化人自身需要有更加强烈的文化使命感,勇于担当责任;乡村的群众需要有对文化的景仰和对文化人的尊重,营造有利于文化中坚力量提升的环境;地方政府及乡村基层组织需要在充分的文化自觉基础上进行文化战略性思考,制定有效的维护文化中坚力量地位的政策,当然更需要国家的顶层设计。

2. 使乡村文化中坚力量与乡村其他文化力量协同发挥作用

乡村文化的繁荣与发展,需要与乡村文化有关的多种文化力量相互协调,共同推动。在乡村社会中,有农民群众自发的文化力量。作为一个文明古国,中国农民文化生活是丰富的,农民是有文化创造能力的(无论是物质、制度、精神还是艺术层面的文化,农民群众都有重要贡献,很多精英和经典的文化成果,都来源于农民群众的创造),这种力量虽然在一般情况下只是散在的状态,但它却是一种基础的力量。早在大革命时期,中国共产党人就批判过那种"忽视那'睡觉'的农人阶级以为不能成为一个革命的要素"[①]的错误思想。在城乡差别普遍存在的前提下,来自党和政府及社会相关单位的外部的引导、扶持和帮助的力量同样不可或缺,在有的地方有的情况下还会发挥异常重要的作用。从历史的经验来看,乡村文化每一个顺利而持续发展的时期,每一个文化发展成绩显著的乡村,都是以乡村知识分子为核心主体,包括各类文化人才构成的文化中坚力量,与农民群众自身的文化力量和外部的帮扶力量协调一致为必要前提的。[②]相反,乡村文化的多种力量不能相互协调,各行其是、各为其为或相互排斥,就会留下阻碍发展的教训。"文革"时期,乡村文化发展的昂贵代价与实际收效的巨大反差,就与这几种力量的方向不一、地位错置有直接关系。

　　历史的经验教训启示我们,要推动乡村文化的健康发展,就应使乡村文化的不同力量协调起来,目标一致。外在的"送文化",要了解服务对象的文化基础、地域特点和需求方向,不能仅凭自己的主观偏好盲目地"送"来,更不能只为博取"声望",劳民伤财地"送"去。最要紧的,就是"送文化者"要与乡村文化人相互联系,得到"迎文化者"的配合,送来的文化才容易"落地"(文化的转接与传

[①] 《中国共产党第四次全国代表大会"对于农民运动之议决案"》(1925年1月),《第一次国内革命战争时期的农民运动资料》,人民出版社1982年版,第18页。

[②] 梁漱溟在山东从事乡村建设运动时就曾提出"社会学校化"的主张。他将乡农学校构成成分区分为三种人:一是乡村领袖;二是成年农民;三是乡村运动者。他认为:"我们的教员(乡村运动者)要设法从中吸引的功夫、撮合的功夫,使他们聚合。""大家聚合""讨论问题""想出办法""发生作用"。参见梁漱溟《乡农学校的办法及其意义》(1934年8月),《梁漱溟全集》第5卷,山东人民出版社2005年版,第347—348页。

递,一般是需要在文化人之间去进行。从我们调查了解的部分情况看,现在往往是送来的文化由乡村管理人员去承接,结果是接不稳、接不准甚至根本就接不到)。农民群众的"种文化",一方面自己要"整好地",另一方面要请外来的文化专家学者和乡村内部的"土专家"们帮助"选好种",如果结出了"好果实",还要请他们帮助"卖出去"。乡村知识分子及乡村文化能人则要承担起"孵文化"的重任,他们是培育乡村文化的"母鸡",乡村政府和基层组织有责任为他们筑好"巢",农民群众也有义务为他们填进"蛋"。这三组"发动机"只有各安其位、各司其职才能组织成为一架有效运行的"机器"。外部的文化力量虽然重要,却不可也不能越俎代庖、鸠占鹊巢;农民群众自身的文化力量,虽居基础地位,却不可故步自封,盲目排外;乡村知识分子处在关键之所,却不能自以为是,而要沟通内外,发挥纽带和桥梁作用。当然,这几种力量的协调,更需要党和政府部门予以指导和关注。

3. 让乡村文化中坚力量的发展保持相对的稳定性和连续性

文化和文化人的发展都具有连续性和传承性的特点,它需要长久的积淀,缓慢的浸润,最怕的是"折腾"和"断裂"。在一定的社会层面和生活区域中,文化中坚力量持续稳定地发挥作用,文化建设的效果才容易呈现出来。传统的中国乡村文化建设,地方绅士发挥了稳定的支配作用。费正清认为:"拥有功名的地方绅士则被授予社会和政治特权,以使他们能够管理福利、公共工程、防务和维持秩序等方面的地方事务。"① 20世纪的中国文化名村,共同的经验之一就是他们都为内部文化中坚力量营建出比较和谐的文化氛围,保持了发展条件的稳定和连续。土地革命时期,在毛泽东号召"每个乡苏维埃都要学习长冈乡的文化教育工作"的长冈乡,列宁小学的教员就得到乡村群众的"优待":"教员尽义务,但劳动互助社帮他耕田,等于一个

---

① [美] 费正清编:《剑桥中华人民共和国史》上卷,中国社会科学出版社1990年版,第37页。

脱离生产的工作人员。教员自己不肯说，代表会议决定优待。"① 很多乡村的文化发展迟滞，重要的教训正是文化中坚力量时强时弱、时断时续，不能恒久维持。②

　　历史的经验教训启示我们，要形成乡村文化蓬勃向上的良好态势，就务必让乡村文化中坚力量的发展保持自己相对的稳定性和连续性。地方政府和乡村基层组织需要有发展乡村文化的"恒心"，不能忽冷忽热，还要有培育乡村文化中坚力量的"专心"，不能将文化力量简单置于从属地位，使文化总是扮演"搭台"的角色，要看到文化既是"软实力"，也可转化为"硬实力"。乡村文化单位内部，需要以长远的眼光，持续地培育真正为农民服务、为乡村文化着想的完备的队伍，尤其是培育那些留得下、用得上的乡村文化的骨干和带头人，要有稳定的鼓励或激励政策。在乡村文化设施建设和文化运行机制的构建中，需要为乡村文化中坚力量留出足够的空间，保障他们能够与农民群众有可靠、可行、可持续的条件及平台进行交流和沟通。

　　进入新世纪新阶段，中国乡村经济已经发生了根本变化，乡村政治建设和社会建设也有了巨大进步，乡村文化建设开始受到更高程度的重视、更大力度的支持。未来乡村文化的繁荣发展，必然需要乡村文化中坚力量的不断加强，未来中国乡村改革与发展攻坚任务的完成，也有赖于乡村文化精神力量的不断增强。20 世纪乡村文化中坚力量变迁的背景、轨迹、特点和启示，是乡村文化顺畅走向未来的必要思想资源，需要我们不断去作进一步的思考和研究。

---

　　① 毛泽东：《长冈乡调查》（1931 年 11 月），中国中央文献研究室编：《毛泽东农村调查文集》，人民出版社 1982 年版，第 317—320 页。
　　② 前些年，乡村中小学大量合并，有降低办学成本和提高教学效果意义上的合理性甚至必要性，但一所中小学在十几年、几十年的办学中，已经成为所在地乡村的文化中心，教师已经成为所在地农民的文化支撑力量，这种文化的损失，有时是难以用经济指标去衡量的。在我们的调查走访中，部分乡村正面临这方面的困扰。

关于新时期中国乡村文化建设问题的几点思考

　　乡村是中国传统文化的重要传承之地，也是近代以来革命文化的重要传承之地。乡村中朴厚的爱国情结、深厚的生态观念、浓厚的人情趣味，都是社会在市场化、工业化和城市化进程中缺少的宝贵文化元素。新时期乡村文化建设，留下改革开放的时代印记和丰富的历史经验；新时期的乡村文化在中国特色社会主义文化建设中居于重要地位，在新农村建设和农民发展中发挥了重要作用；新时期的乡村文化呈现出政治的主导性与价值的多元性相结合、历史的连续性与现实的多变性相结合、外在的帮扶性与内在的自主性相结合的特点；乡村文化在发展中存在思想认识的相对滞后性、性质结构的相对失调性、社会主体的相对被动性等问题；新时期乡村文化的发展已初步展现出农民文化与市民文化协调推进、"请进来"与"走出去"并行、文化事业与文化产业相互促进的前景。

　　进入新世纪以来，中国文化大繁荣大发展的需要与乡村文化建设不能完全适应，与乡村知识分子的文化支撑力不足的矛盾，已经比较尖锐地摆在我们面前。研究解决这一重大问题，化解这一突出矛盾，需要我们从一些具体的问题和领域去深入探索，也需要我们站在全面深化改革的历史新阶段，从宏观的视野，对新时期乡村文化问题进行一些总体性的分析和思考。基于这样的认识，结合中国农民发展研究中心几年来的学术积累，结合课题组成员多年的思想和资料积累，将我们对新时期乡村文化建设几个基本问题的思考进行初步总结，以求教于专家学者。

一　新时期乡村文化建设的地位作用

在以经济建设为中心的改革开放的历史进程中，在城乡关系从差距不断扩大到走向一体化的发展过程中，如何认识和评价乡村文化的地位和作用，是一个重大的带有根本性的问题。对乡村文化地位和作用的分析，既涉及文化和政治、经济的关系，涉及乡村文化和城市文化的关系，还深层次地关涉传统文化与现代文化的关系问题。

1. 乡村文化是中国特色社会主义文化的要素和体现

中国特色社会主义文化赖以形成的重要根基是中华民族悠久文明积淀的历史文化成果。中华民族传统文化成果主要是在农业文明时代形成的，中国社会步入工业文明的历程很短，优秀民族文化传统大量存在于乡村，珍贵文化遗产大量保存于乡村，特色文化人才大量生活于乡村。新中国成立以来，借助社会主义制度的优势，借助改革开放的政策推动，借助知识经济时代信息资源共享的环境，快速地跨入（甚至跨越）工业文明，又疾速地奔向生态文明，在这种特定的历史背景下，在工业文明时代，将乡村文化一概定位于落后保守的观念受到挑战，农业生产生活方式下的宁静、淡泊、亲情、友善等文化观念产生了新的时代价值。中国作为"后现代"国家，在追赶"前现代"国家的进程中，城市文化的现代性因素很多，留下文化的"现代病"自然也就更多。中华文化有自己厚重独特的内涵，有的学者认为："和合是中国文化人文精神的精髓和首要价值。"[①] 西方学者也看到："中国至高无上的伦理品质中的一些东西，现代世界极为需要。这些品质中我认为和气是第一位的，以公理为基础而不是以武力去解决争端。"[②] 今天看来，在与西方资本主义，或其他社会主义的比较中，与这些优秀传统文化结合，是中国特色社会主义文化发展繁荣重要的

---

① 张立文：《和合学》上卷，中国人民大学出版社 2006 年版，第 11 页。
② [英] 罗素著，秦悦译：《中国人的性格》，《中国问题》，学林出版社 1996 年版，第 166—167 页。

依据,而这些优秀传统文化在中国农民及其乡村生活中保留最为完整。如果说社会主义文化大发展,可能主要依靠城市文化、精英文化,那么社会主义文化大繁荣可能更需要乡村文化、大众文化。繁荣和发展需要相互支撑,大繁荣大发展需要城市文化和乡村文化的双轮驱动。如果我们能够在马克思主义指导下,充分挖掘和运用乡村丰富的传统文化资源,就更有希望在文化发展中实现马克思的东方社会理论蓝图,同时也让中国乡村文化"不必自杀就可以获得新的生命。"①新时期的中国乡村文化形成了新的活力,并成为中国特色社会主义文化的重要元素和体现。

2. 乡村文化是社会主义新农村建设的先导和灵魂

新时期的社会主义新农村建设,虽然有部分农民群众实践探索先行的特点,但总体来说,农村的改革开放还是在党和政府的领导下有计划稳步推进的。这就产生了三种文化先导力量:一是少数先行探索者的实践凝聚成一种精神力量,影响广大农民的思想观念,如安徽小岗村的大包干行动,浙江温州的"八大王事件",就转化为一种不惧风险、勇于探索、开拓前行的精神文化力量。二是党和政府部门及理论学术工作者将农民群众的实践探索经验上升到政策和理论,广泛地引导农民群众的实践,如党中央的一系列"一号文件",对农民来说,已经具有了浓厚的理论指导和思想引领的精神文化韵味,既是"定心丸",又是"兴奋剂"。费孝通、吴敬琏、厉以宁等学者的理论观点,让农民增强了改革与发展的信心。三是城乡文艺工作者创作的大量乡村题材的文艺作品,也在社会主义新农村建设中发挥了重要思想观念上的引领作用。这些源自基层的典型探索精神,源自领导层的文化理论,源自学者的思想观点,源自文艺工作者的艺术成果,汇聚到乡村,转化为农民的思维方式和价值取向,并成为社会主义新农村建设的灵魂,它规定着社会主义新农村建设的品质和格调。

---

① 马克思:《给维·伊·查苏利奇的复信》,《马克思恩格斯文集》第3卷,人民出版社2009年版,第580页。

3. 乡村文化是新时期中国农民发展的根基和动力

在改革开放初期，著名"三农"问题专家杜润生先生说："农民经过几十年的实践，他们的眼界比以前开阔多了，已经不同于那种个体经济的小天地所局限的农民，不同于马列主义经典作家所描写的被自然经济封闭起来的农民。"① 新时期的中国农民，是在不断走入现代化和全球化，不断走入知识经济时代和信息时代的新农民，乡村农民的发展与乡村文化发展的联系更加密切。农民必须在乡村文化发展中获得必要的教育基础、道德素质、知识技能、市场分析能力和社会适应能力，即使是传统的从事农业生产的农民也要从乡村文化中获取这些能力。走出乡村、走向城市、走向世界的农民更要从乡村文化中获取更为丰富更为全面的能力，这是新时期农民发展的重要根基。乡村文化中不断传播的马克思主义中国化最新理论，乡村文化中不断树立的各类勤劳致富事例和思想道德先进典型，乡村文化中不断创造的丰富多彩的文学艺术形象，都会成为农民发展进步的不同意义上的推动力量。乡村文化是新时期中国农民发展的精神家园和精神动力。伴随着中国的进步和乡村的发展，乡村文化的地位和作用越来越突出，越来越重要，这是历史的必然结果，是农村现代化的内在要求，是现实的强烈呼唤。

二 新时期乡村文化建设的基本特点

新时期中国的乡村文化，是在改革开放和社会主义现代化建设的进程中不断丰富和发展的，与新民主主义革命时期和新中国成立后前三十年相比，已经展示出相对的独立性，尽管各地区各民族的差别很大，但还是呈现出新时期的一些基本特点，我们试图从文化的关联性中来把握这些特点。

1. 政治的主导性与价值的多元性相结合

在中国改革开放的进程中，四项基本原则始终作为根本要求，贯

---

① 杜润生：《中国农村经济改革》，中国社会科学出版社1985年版，第100页。

穿于国家政治生活的各个方面,也主导着乡村文化建设的方向。邓小平指出:"所谓精神文明,不但是指教育、科学、文化(这是完全必要的),而且是指共产主义的思想、理想、信念、道德、纪律、革命的立场和原则,人与人的同志式关系,等等。"① 1982 年的全国农村思想政治工作会议,强调马列主义毛泽东思想在农村文化建设中的理论基础地位,引导农民群众坚定社会主义信念。自 20 世纪 90 年代初开始,各省、自治区、直辖市在农村集中进行社会主义思想教育,目的是全面贯彻党的基本路线和党在农村的方针政策,不断提高农民的思想道德素质和科学文化水平,教育农民自觉抵制封建主义残余和资产阶级腐朽思想的侵蚀,破除封建迷信,克服社会陋习,树立社会主义新风尚。可以说,新时期农村文化的政治主导性一直受到党和国家的高度重视。同时,在改革开放的时代背景下,来自西方及世界各国的文艺作品、理论观点、宗教思想、生活方式,借助人员交流和现代媒体大量进入农村,影响到乡村农民尤其是青年人的思维方式和价值取向。在乡村不断挖掘整理传统文化成果的过程中,在国学热的影响下,乡村中的传统习俗、传统艺术和传统观念得到重视,传统的价值追求在一部分人中开始受到尊崇,尤其是在山东、陕西、河南等传统文化底蕴深厚、特色鲜明的地区更是如此。② 同时,也有不注重传统文化的当代转化,而是把传统文化中一些不适应现代生活和现代价值的方面盲目加以宣扬。对传统文化中遗留下来的相当多的神秘成分,不加分辨地进行吸收,甚至把封建迷信活动当成优良传统加以弘扬。有些人主张完全脱离现代教育体系,通过"读经"来替代当下的中小学教育。③ 乡村文化在发展过程中,价值多元的态势越来越明显。新时期的乡村文化,走出了"左"倾时期的单一状况,马克思主义及中国化马克思主义的主导作用与主流地位,与多元的价值处在并存

---

① 邓小平:《贯彻调整方针,保证安定团结》(1980 年 12 月 25 日),《邓小平文选》第 2 卷,人民出版社 1994 年版,第 367 页。
② 参见《乡村儒学:重建温情的乡土中国——"山东乡村儒学现象"座谈会纪要》,《光明日报》2014 年 7 月 8 日第 15—16 版。
③ 参见张颐武《弘扬传统文化应注意转化》,《人民日报》2017 年 3 月 24 日。

和不断的交流、交融甚至交锋的过程中。总之，政治的主导性与价值的多元性相结合，是新时期乡村文化的首要特点。

2. 历史的连续性与现实的多变性相结合

中华民族的文明历史从未中断，这是中国文化的重要特点，这种历史的连续性，在新时期中国的乡村文化中体现得更加充分。近代以来的"西化"理论，在城市中的影响更大，工业文明在城市中推进更快。而中国的乡村，发展的相对滞后性、与"西化"的相对疏离性，决定了中国的乡村文化带有原始文明的印记，有农业文明的深厚基础，有工业文明的影响，有古代文化传统的底蕴，有现代革命文化的浸染，也有当代市场文化的熏陶，也就是说，中国的乡村文化从宏观的视野看，保持了较好的历史连续性。这种历史的连续性，不仅体现在乡村的物质性的文化形态上，更体现在广大农民这一文化承载主体身上。新时期成长起来的一大批优秀的中国农民，正是民族精神和时代精神集于一身的人。同时，我们也会清晰地看到，新时期中国的乡村文化，伴随着乡村经济、政治和社会的巨变，也呈现快速多变的态势。由革命政治文化色彩为主，到建设和谐文化为主；由羡慕仿行西方文化，到恢复倡扬传统文化；由对自我文化的质疑彷徨，到对中国特色文化的自觉自信，新时期中国乡村文化变化的速度和程度，可谓是历史上最为快速的。新时期中国的乡村文化，一方面厚重地承载着传统，坚毅地执守着道义，广泛地包容着各方，在稳健甚或蹒跚地演进；另一方面轻盈地顺应着时变，灵动地追逐着潮流，聪慧地感悟着节奏，在快捷甚或匆忙地前行。中华文化顺变、求道、自强的品格在乡村文化中得到充分展现。历史的连续性与现实的多变性相结合，是新时期乡村文化一个非常突出的特点，这也印证了文化是民族性与时代性的统一。①

3. 外在的帮扶性与内在的自主性相结合

近代中国半殖民地半封建的社会性质，新中国成立后实现工业化的急迫要求，都在不同程度上加速了城乡二元的社会结构及其文化差

---

① 参见庞朴《文化的民族性与时代性》，中国和平出版社1988年版，第149—153页。

别。进入新时期尤其是进入20世纪90年代以后，党和政府一直在实施对农村文化的帮扶政策，从科技卫生文化"三下乡"、农村科技大篷车，到广播电视"村村通"工程、农村数字电影放映工程、乡镇综合文化站建设工程、农家书屋工程、农民体育健身工程等系列重大工程的实施，再到建立城乡联动机制，加快城乡文化一体化发展，无不体现着党和政府对农村文化发展的外在帮扶，这是加快乡村文化进步的必要条件，是乡村文化建设历史和现实的需要。同时，有艰苦奋斗传统、独立自主精神和探索创新能力的中国广大农民群众，在改革开放的宽松政策环境下，也在独立地发展乡村自己的文化。在改革初期，农村中的文化艺术人才就开始自发地建立自己的团队或组织，开展多种文娱活动，部分农村文化青年，开始在业余时间集结起来，进行文化艺术的学习交流活动。随着市场经济的逐步繁荣，乡村中部分学习承袭传统技艺的人才，开始以自己的成果或产品走入文化市场，开辟乡村文化经济的空间。全国各地特别是沿海发达地区农民的自办文化开展得有声有色，出现了一批气势宏伟（如横店影视城）的文化企业。进入新世纪，部分地区的农民开始自己的"种文化"活动，不仅丰富了农民文化生活，还走进城镇，把欢乐带给市民。新时期的乡村文化，外在的帮扶性与内在的自主性在探索和实践过程中不断结合，这是乡村文化的又一个重要特点。

三　新时期乡村文化建设的突出问题

对于新时期乡村文化发展的速度和繁荣的程度，形成的一些初步的特点，社会各界有着比较充分的认可。但这一时期毕竟还处于以经济建设为中心的文化转型和过渡之中，从中国特色社会主义文化建设和社会主义新农村建设的宏观视野看，新时期乡村文化建设还是存在若干突出的问题，需要我们深入思考和总结。

1. 乡村文化进步存在思想认识的相对滞后性

当代社会科学的许多学者认为农民是一种保守力量，相对于现代文明、城市文化，传统的乡村文化具有历史的落后性，农民是需要改造的群体，乡村文化是需要彻底变革的内容。毛泽东将马克思主义与中国实际相结合，揭示和肯定了乡村文化中的革命性因素，这构成新民主主义文化的重要内容，也是号召知识分子接受贫下中农再教育的重要思想根源。在改革开放的新时期，"革命"的传统意义渐失，乡村文化的先进性元素及其依据是否还存在，成为一个根本性的问题。面对世界范围内的"后现代化"所唤起的对乡村的重新关注、对"农民文化复兴"的期待，面对世界各类地区"小农"的强大生命力，20世纪90年代初期中国的学者们发出"无论认识农民还是改造农民，都需要有新思维"[①]的呼声。随着思想的更新，研究的深入，人们逐渐认识到勤俭勤奋的"农民理性"（华中师范大学徐勇），看到中国乡村文化的自由创造空间（不同于俄罗斯乡村文化的"农奴性"，中国乡村文化历史积淀的自主性比较多），认识到乡村文化的生态性、田园性、人本性，看到以农业文明和传统文化为根基的乡村文化的当代价值。但在总体上看，对乡村文化的思想认识，相对于乡村经济和乡村政治来说存在滞后性，相对于乡村文化的实践来说，也有相对的滞后性。其中最根本的是对乡村文化先进性内涵的肯定不足，常常以"政治思想"替代或弱化思想、观念、习俗等"生活的样法"（梁漱溟），使生活在乡村文化中的农民文化自信力不足，文化自觉性不强。

2. 乡村文化建设存在性质结构的相对失调性

新时期的乡村文化建设是在中国特色社会主义文化建设的大方向大背景下展开的。总体来说，乡村文化的性质和结构是明确而清晰的，即在马克思主义指导下，吸收传统文化、借鉴世界先进文化的中国特色社会主义乡村文化。但在实际运行中却出现一定程度一定范围的相对失调。从时间看，在改革开放的前期，由于刚刚从"左"的思想禁锢中解放出来，我们在文化实践中将"引导农民逐步摆脱小农

[①] 《〈农民学丛书〉总序》，孙达人：《中国农民变迁论——试探我国历史发展周期》，中央编译出版社1996年版，第3页。

经济思想的束缚，克服封建的、资产阶级的腐朽思想影响"①的问题看得很重，对悠久的乡村传统文化和部分近现代革命文化的认识和继承还不够到位，对部分西方文化还保持着高度的警觉甚至敌视。在盲目的"思想解放"过程中，乡村里的腐朽落后文化开始沉渣泛起，封建迷信活动以各种方式甚至打着"科学"的旗号大行其道。西方文化，或在有意的政治操控下，或在无意的经济交往中，以强劲的势头向中国乡村侵袭，西方的价值观念、生活方式、文艺作品、宗教活动，不断冲击着党和人民在五四以来形成的革命文化传统。这种状况，在一定程度上扭曲了中国特色社会主义文化的性质和结构体系。从地域看，情况则更为复杂。在部分沿海发达地区的乡村，文化基础设施建设投入较多，国际经济文化交流较多，但部分地区寺院、道观、教堂建设的热情偏高，"礼佛""信主""求道"成了一部分人的重要精神生活内容。在部分中西部偏远落后地区，"求神""算命""敬鬼"的习俗抬头。这些情况，同样破坏了社会主义先进文化建设的性质和结构。乡村文化建设中存在的性质结构的相对失调问题在部分地区十分突出（我们在调查中发现，有的村庄将社会主义荣辱观的内容张贴在寺庙的入口处），性质不同、方向不同的文化内容"杂处"于部分乡村之中。

3. 乡村文化发展存在社会主体的相对被动性

乡村文化发展的主体是生活居住于乡村的广大居民。我们可以在比较宽泛的意义上将乡村居民分成三个部分：一是最广大的农民群众（现在也有大量的位于乡村的企业工人），这是乡村文化发展的基本主体；二是乡村知识分子（主要是体制内的教师、医生、农技人员、乡村文化工作者，也适当包含体制外的有各类科学文化知识的文化艺术人才），这是乡村文化建设的核心主体；三是乡村干部，这是乡村文化发展的特定主体。人数众多、范围广泛的中国乡村，文化发展的任务繁重而艰巨。在新时期，我们虽然也一直强调，充分发挥乡村社

---

① 《把农村工作引向深入》（1987年1月22日），中共中央文献研究室编：《改革开放三十年重要文献选编》（上），人民出版社2009年版，第452页。

会文化主体的积极性、主动性、创造性，但在具体工作实践中，却常常把重心放在抓得住、看得见、数得清的"三下乡"活动上（这也确实很必要），而对"抓不住""看不见""数不清"的普通农民的文化活动关注不到位。我们对来自城市的知识分子（高等院校、研究院所的专家学者）及各类下乡活动宣传和重视程度较高，对乡村的广大知识分子的文化地位作用重视不够。[①] 乡村文化建设核心主体的主动性没有充分激发出来，他们潜在的文化创造力也没能充分地发挥出来。在实际的乡村文化工作中，居住于乡村的干部，常常是以听从上级指示、落实上级政策为主，领导和创造独特乡村文化的自主空间也受到限制。乡村文化发展存在程度不同的各类社会主体的相对被动状态，也没有将农村文化与农民文化区分开来，强调了文化的统一性，忽视了文化的个体性。

四 新时期乡村文化建设的发展前景

新时期中国乡村文化的未来发展，虽不能完全预知，但一定会遵循人类社会进步的共同规律，吸收世界各国尤其是发达国家的经验教训，会承继中国历史文化的优秀传统，呈现清晰的民族特色和乡村特色，同时也必然反映中国特色社会主义理论、制度和道路的内在要求，应该是世界的普遍性、民族的特殊性、制度的规定性相结合的中国特色社会主义的乡村文化发展。

1. 农民文化与市民文化将协调推进

近代以来的中国，城乡文化承继传统、融入世界的进度和程度都不一样。在改革开放的过程中，农民的文化自觉能力和文化发展愿望都在快速提高，农民文化与市民文化的差距，引起社会的广泛关注。2002 年的城乡居民文化消费差距是 8.7 倍，2011 年的差距依然达到

[①] 2005 年 11 月 7 日，中共中央办公厅、国务院办公厅《关于进一步加强农村文化建设的意见》提出："充分发挥农村中小学在开展农村文化活动方面的作用，提倡中小学图书室、电子阅览室定时就近向农民群众开放，把中小学校建成宣传、文化、信息中心。"但在实际运行中落实不到位。

6.7倍。未来的城乡文化协调推进已经迫切地摆在面前。从党和政府的政策规划看，已经开始积极着手解决。2006年，《中共中央、国务院关于推进社会主义新农村建设的若干意见》指出：当前，我国总体上已进入以工促农、以城带乡的发展阶段，初步具备了加大力度扶持"三农"的能力和条件。2011年10月，《中共中央关于深化文化体制改革推动社会主义文化大发展大繁荣若干重大问题的决定》，进一步提出加快城乡文化一体化发展的要求。认为增加农村文化服务总量，缩小城乡文化发展差距，对推进社会主义新农村建设、形成城乡经济社会发展一体化新格局具有重大意义。《国家"十二五"时期文化改革发展规划纲要》单独列出加快城乡文化一体化发展的内容。党的十八大报告指出："加快完善城乡一体化体制机制，着力在城乡规划、基础设施、公共服务等方面推进一体化，促进城乡要素平等交换和公共资源均衡配置，形成以工促农、以城带乡、工农互惠、城乡一体的新型工农、城乡关系。"党的十八届三中全会提出，构建现代公共文化服务体系，促进基本公共文化服务标准化、均等化。从自下而上的农村文化发展的实际状况和趋势看，有几种情况也已经非常清晰。一是2.6亿多农民工的文化生活已经开始加速市民化，在沿海发达地区进展速度更快，新生代农民工的文化生活和文化追求更是和市民趋同。二是大批农民在城镇购房实现了"城居化"，文化生活逐步市民化，这是数量仍在不断增加的社会群体。三是出现部分市民"村居化"，这些深入农村的市民在感受乡村文化的同时，也会将城市文化带到农村，影响农民的文化发展。随着新型城镇化的快速推进，文化信息化的加速发展，制约城乡文化的技术、设施、人才、政策等不利因素在逐步减少，农民文化与市民文化协调推进的局面在逐步形成。

2. "请进来"与"走出去"将并行发展

近代以来的历史一再表明，中国农民中不仅蕴含着革命和改革的文化力量，也蕴含着深厚的文化发展基因，不能简单地运用西方现代化的模式，将农民文化置于落后保守的位置上来看待。我们要看到，自强不息、厚德载物、守道顺变的民族文化精神，在农民身上有不绝的遗传，在新世纪，这种民族文化精神在不断地发生着现代转化，并与时代精神相融合,正逐步形成农民特有的文化精神内涵。但是,目前甚至未来很长的时间内,农村文化仍将处于相对落后的地位,在部分边远地区、贫困山区更是如此。所以党和政府实施科技文化卫生"三下乡",科教文体法律卫生"四进社区""送欢乐下基层"等活动仍将持续并经常化,农民的文化发展仍将得到城市、政府及外部的帮扶,这是农民文化发展的重要条件。同时,农民借助传统文化,挖掘地域文化及村庄文化,结合乡村生活实际,自己创造出来的具有乡土韵味和农民风味的文化成果也将大量涌现,并且这种动力和条件越来越强大和充分,这既有源自农民自身精神文化生活内在的需求,也有文化市场完善扩展的外在经济利益驱动,还有政府城乡一体化发展的政策推动。现在,农民们自己"播种"出来的文化成果越来越多,不仅类型多样,而且层次多样。从农家文化大院、城镇文化娱乐场所,直到"春晚"舞台,都有农民文化创造的成果展现。农民既然"种"出众多的文化果实,他们就不愿也不能"独享",必然要走出乡村,走向城市,甚至走向世界,让大家来"共享"。今天我们能够在乡村、在旅游市场看到的种类丰富的农家风情的手工艺品,在演艺场所看到的农民原生态的演出,在国内外大中城市看到的有中国农村特色的文艺节目越来越多。当然,在农民文化送出去的过程中,更多的还是农民将城市文化、精英文化请进来,是请进来和走出去的并行推进。进一步说,可能是请进来、走进来、引进来、拿进来与请出去、走出去、带出去、选出去的多层面的融合。

3. 文化事业与文化产业将相互促进

改革开放以来,随着社会主义市场经济体制的确立,农村文化市场开始运行,原本在国家政策支撑下的农村文化事业开始和文化产业相联系。在党和政府的引导下,经过广大农民群众长期的实践探索,乡村文化事业与文化产业相互促进的体制机制已经呈现出来。在社会主义新农村建设中,党和政府既努力构建农村公共文化服务体系,推动农村文化事业进步,也积极扶持农村业余文化队伍,鼓励农民兴办文化产业。一些地方政府和乡村农民群众在实际生产生活中已经开始将文化事业和文化产业一体思考。在部分文明村镇、文化名村里,一些有特色的地方文化活动,常常是文化事业和文化产业并行的。在农民书画发达的村庄,他们在学习书画的同时,也会考虑书画的销售;在农民戏剧发达的村庄,他们在强调娱乐的同时,也会从事商业性演出。在我国的乡村中,有乡村知识分子,有传统文化技艺传承人,有自学成才的各类学有专长的人才。在未来的乡村文化发展中,乡村文化人才必将会在国家政策引导下,成为农民文化事业与文化产业发展的纽带和桥梁,成为农村先进文化建设的骨干。在未来的农村文化发展中,文化事业的重心将不断向基层推进,距离农民的生活越来越近,农民会真切体会到、更多享受到文化事业发展的成果。随着农村文化市场的扩大,文化产业的重心也将不断向群众靠近,农民也会获得越来越多的文化市场提供的商品和服务。农民群众在文化事业与文化产业发展中的双重积极性,也必将成为文化事业与文化产业和谐发展的根本条件和重要动力。

中国乡村地域辽阔,经济社会发展状况不一,乡村文化建设面临的任务不同,解决问题的思路和方法也不一样。但是,近些年来乡村文化建设留下的经验和教训都说明,重视基础性方向性的问题,观览全局,把握本质,仍具有根本意义。随着城乡统筹及社会主义新农村建设的深入,乡村文化建设涌现出的先进典型、呈现出的思想材料会越来越丰富,中国农民发展研究的学术视野会越来越宽,调查研究也会越来越深入。① 我们的乡村文化建设研究课题组也将不断深化自己的思想认识,不断提升自己的研究水平。著名农民问题研究学者秦晖先生曾说:"中国的现代化进程归根结底是农民社会的改造过程。这一过程不仅要变农业人口为城市人口,更重要的是要改造农民文化、

---

① 2014年5月,由浙江农林大学中国农民发展研究中心、农业部农村经济研究中心、中国社会科学院当代中国研究所经济史研究室、南京农业大学中华农业文明研究院、西北农林科技大学中国农业历史文化研究中心、浙江师范大学农村研究中心等六家研究院所协作的"中国名村变迁与农民发展协同创新中心"已经在浙江农林大学正式成立,研究工作现在已全面展开。

农民心态与农民人格。"① 我们现在似乎可以补充一句,中国的文化现代化也包含乡村文化的创造过程,这一过程需要农民文化主体性的发挥,"农民文化"有先进性蕴含,在一定条件下也能够实现现代转型。

---

① 秦晖、金雁:《田园诗与狂想曲——关中模式与前近代社会的再认识》,语文出版社 2010 年版,封面内容介绍用语。

新时期中国乡村文化建设的历史进程

改革开放的新时期,乡村文化建设的速度和力度都是中国和世界历史上少见的。乡村文化建设在探索中快速发展,既有新时期的总体性呈现,也有比较清晰的阶段性特点。20世纪70年代末至80年代中期,乡村文化建设处在突破"左"倾思想束缚,走入解放思想、实事求是、团结一致求发展的转折阶段。20世纪80年代中期至90年代中期,改革开放的经济重心加强,乡村文化建设出现一定程度的弱化,但文化建设的活力也开始呈现。20世纪90年代中期至新世纪初期,社会对文化重要性的认识更加深刻,对乡村道德失范和个人主义抬头等问题的危害有了更多的感受,精神文明建设及乡村文化建设开始逐步加强。进入新世纪以来,总结历史经验,乡村文化建设开始在城乡统筹的大视野中推进,各地的乡村文化建设新举措新探索不断呈现,乡村文化出现新局面。

党的十一届三中全会以来,中国乡村的文化生活、文化事业和文化产业在改革开放的时代背景下快速发展,已经走过了几个不同的历史阶段,每一阶段都有特定的环境条件、变化动因和发展成果。清晰地梳理新时期乡村文化建设的历史进程及其阶段性变化,是我们继续推进乡村文化繁荣发展和城乡文化一体化的重要思想认识基础。

一 乡村文化建设的历史转折阶段(1978—1986)

中国乡村文化,曾经在漫长的农业文明基础上,在儒家文化为主导的传统文化影响下,获得持久而缓慢的发展。走入近代社会,中国乡村文化开始受到世界文化，尤其是西方文化的浸染，文化发展的性质和内涵逐步发生变化。五四运动以后，马克思主义开始在中国传播，新民主主义革命文化随着农村革命根据地的建立、巩固，得以在农民中广泛宣传。新中国建立后，马克思主义在意识形态中的主导地位迅速确立，中国乡村文化开始沿着社会主义方向快速发展，呈现出"百花齐放，百家争鸣"的良好局面。1957年以后，伴随着阶级斗争扩大化及"左"倾错误的日益严重，乡村文化发展开始走上"兴无灭资"的狭隘道路，乡村中蕴藏的大量优秀传统文化资源受到排斥，农民学习吸收的西方文化成果受到批判，乡村文化发展受到局限。到"文化大革命"时期，农村文化在虚幻的"繁荣"中前行，乡村文化发展的大量切实可靠的物质和精神资源受到严重破坏，陷入文化的劫难之中。

1980年，全国仅有与乡村文化生活密切相关的基层文化站1044个[①]，全国公共图书馆人均藏书量仅为0.2册[②]，全国人均文化事业费仅为0.56元[③]，到1984年全国公共图书馆人均购书费用也仅为0.024元[④]。

1978年年末，党的十一届三中全会重新确立了解放思想、实事求是的思想路线，开启了改革开放和社会主义现代化建设的新时期。农民文化发展开始获得新的思想方向和环境条件。在改革开放初期，真理标准问题大讨论的余波继续给农民带来巨大的思想活力，尤其是在农村知识分子和知识青年中间。邓小平关于"一个党，一个国家，一个民族，如果一切从本本出发，思想僵化，迷信盛行，那它就不能

---

① 文化部计财司：《"十五"以来全国群众文化业发展情况分析》，2011年8月23日，文化部网站"文化统计"栏目。

② 文化部计财司：《按年份各地区人均拥有公共图书馆藏书册数》，2008年9月1日，文化部网站"文化统计"栏目。

③ 文化部计财司：《按年份各地区人均文化事业费及位次》，2008年9月1日，文化部网站"文化统计"栏目。

④ 文化部计财司：《按年份各地区公共图书馆人均购书费情况》，2008年9月1日，文化部网站"文化统计"栏目。

前进，它的生机就停止了，就要亡党亡国"①的著名论断，振聋发聩，给乡村文化发展以巨大的理论动力。1979年6月29日，叶剑英《在庆祝中华人民共和国成立三十周年大会上的讲话》中，第一次郑重提出了精神文明建设问题，指出："我们要在建设高度物质文明的同时，提高全民族的教育科学文化水平和健康水平，树立崇高的革命理想和革命道德风尚，发展高尚的丰富多彩的文化生活。"② 1980年12月，邓小平进一步解释说："我们要建设的社会主义国家，不但要有高度的物质文明，而且要有高度的精神文明。所谓精神文明，不但是指教育、科学、文化（这是完全必要的），而且是指共产主义的思想、理想、信念、道德、纪律、革命的立场和原则，人与人同志式的关系，等等。"③ 这些重要论述，为乡村文化发展指明了根本方向。改革初期，广大农村的文化生活就开始受到党中央的高度重视，1980年，中宣部等部门制定通过了《关于活跃农村文化生活的几点意见》，对农村文化建设和农民文化生活提出了一系列具体要求。

1981年2月，全国总工会、共青团、妇联等九个单位联合发出《关于开展文明礼貌活动的倡议》，倡议在全国人民特别是青少年中开展讲文明、讲礼貌、讲卫生、讲秩序、讲道德和心灵美、语言美、行为美、环境美的"五讲四美"活动，此后又增加了爱祖国、爱社会主义、爱中国共产党的"三热爱"内容。1982年9月召开的中国共产党第十二次代表大会，明确指出："社会主义精神文明是社会主义的重要特征，是社会主义制度优越性的重要表现。"1982年10月，在北京召开了全国农村思想政治工作会议，提出用马列主义毛泽东思想教育农村干部、共产党员和广大农民，号召广大农民努力成为有理想、有道德、有文化、有纪律的新农民。

---

① 邓小平：《解放思想，实事求是，团结一致向前看》（1978年12月13日），《邓小平文选》第2卷，人民出版社1994年版，第143页。

② 中共中央文献研究室编：《三中全会以来重要文献选编》（上），人民出版社1982年版，第218页。

③ 邓小平：《贯彻调整方针，保证安定团结》（1980年12月25日），《邓小平文选》第2卷，人民出版社1994年版，第367页。

在20世纪80年代初期，乡村文化生活出现一些新的变化。一是一批新解禁的新中国成立后拍摄的优秀影片相继在农村放映，包括大型音乐舞蹈史诗《东方红》《一江春水向东流》《洪湖赤卫队》等，这虽然不是新影片新内容，但相对于长期处于"样板戏"生活中的农民来说，还是增添了文化新感觉。二是一批传统文学艺术形式和内容得到恢复、整理和传播，包括传统评书、地方戏曲、武术杂技等都开始复苏与活跃，尤其是刘兰芳整理演播的传统评书《岳飞传》《杨家将》等，借助当时已经比较普及的收音机，给广大农民的文化生活带来崭新的气息。三是农村中刚刚开始出现的电视，开始播放的电视剧，让农民们享受到"坐在家里看电影"的欣喜，特别是电视中刚刚开始转播的体育比赛节目，更让农民们感到激越与振奋。电视转播的女排比赛和连续获得的冠军，同样成为乡村群众民族自信的精神力量。晚上挤坐到村中那几户有电视的人家中看看电视，成了部分农民新的文化时尚。四是农村中的文化艺术人才也开始自发地建立自己的团队或组织，开展多种文娱活动。有的地方戏剧人才开始公开或半公开地到一些村屯演出，并受到农民群众的欢迎。部分农村文化青年开始在业余时间集结起来，进行文化艺术的学习交流活动，尽管多数都没有固定的名称、场所和组织者，但所发挥的文化推动作用却不可小视。五是科学的春风也开始吹进广大农民的心田，以陈景润、华罗庚、杨乐、张广厚、蒋祝英、罗健夫为代表的献身科学的动人故事开始在农村传播，一批优秀乡村知识分子在农村的教育科技工作中重新受到信赖和重视，农民心目中的先进典型在悄然发生变化，农民精神文化发展的方向和动力也在发生新的变化。在改革开放初期，农民的文化生活尽管还不丰富，但文化变革的萌芽却让广大农民时时感受到新希望新欢乐，农民的文化发展开始从长期的"左"倾束缚中解放出来。在广东、福建、浙江等沿海地区，乡村文化发展与中国传统文化以及世界先进文化的联系更加紧密，与经济社会发展的结合更加紧密，在历史转折时期，对促进农村进步发挥了重要的引领和推动作用。

二 乡村文化建设的艰难探索阶段（1986—1996）

在农村经济体制改革快速推进、对外开放政策力度不断加大的进程中，农民的思想观念也随之发生重大转变。进入20世纪80年代中期，乡村文化建设也进入新阶段。一方面，广大农民从生活的改善、文化的丰富中切实感受到，自己正走在"希望的田野上"，心情舒畅，充满理想；另一方面，由于农村集体文化设施被挤占或挪用，文化服务能力有所减弱，集体文化活动有所减少，乡村的文化发展出现一些新情况。为此，1986年9月，党的十二届六中全会通过《中共中央关于社会主义精神文明建设指导方针的决议》，力图改变"精神文明建设在许多方面同社会主义现代化建设、同改革和开放的形势不相适应，对精神文明建设的重要性还缺乏足够认识"①的问题。《决议》明确提出："在社会主义时期，物质文明为精神文明的发展提供物质条件和实践经验，精神文明又为物质文明的发展提供精神动力和智力支持，为它的正确发展方向提供有力的思想保证。"②

在《决议》的指导下，乡村文化建设有了正确的方向和明确的目标，农民群众在初步完成思想文化观念的转变基础上，开始探索中国特色社会主义的文化发展道路。1987年1月，中共中央又明确提出把农村改革引向深入的任务，指出："我们要因势利导，加强四项基本原则的教育，用社会主义思想占领农村阵地，引导农民逐步摆脱小农经济思想的束缚，克服封建的、资产阶级的腐朽思想影响。……通过改革，要在广大农村形成一种经济上放开搞活、繁荣兴旺，思想上生动活泼、健康向上的局面。"③

---

① 《中共中央关于社会主义精神文明建设指导方针的决议》（1986年9月28日），中共中央文献研究室编：《改革开放三十年重要文献选编》（上），人民出版社2009年版，第431页。

② 同上书，第430页。

③ 《把农村工作引向深入》（1987年1月22日），中共中央文献研究室编：《改革开放三十年重要文献选编》（上），人民出版社2009年版，第452页。

在党中央及各级文化部门的引导下，20世纪80年代后期，乡村的文化思想呈现出更加活跃的态势。广大农民对党的改革开放政策理解得更加深刻，对中国特色社会主义道路开始有了初步的认识，对外部世界的了解开始快速增多，部分沿海开放地区的农民开始转变思想观念，自觉地走上商品经济和市场经济的道路，这成为乡村文化发展的主流。在全国的文化热初步兴起的过程中，与精英文化仍基于一元化思维的思想论争相比，农村文化自发的多元化倾向已经开始展现，在社会主义、集体主义思想观念继续发挥引领作用的同时，一些来自西方（及港澳台地区）的思维方式、行为方式和价值观念也开始渗透到农村中，尤其是在部分青年农民中影响更大。同时，潜藏于农村社会的传统文化观念习俗也开始复苏甚至活跃起来，宗族文化、民间技艺、地方戏曲等重新得以传承，农村的大众文化出现新景象，但某些腐朽落后的文化习俗也随之抬头。

进入20世纪80年代末90年代初期，出现了"一些地方基层组织软弱涣散，思想政治工作薄弱，社会治安不好，封建迷信等社会陋习重新蔓延，农村社会主义精神文明和民主法治建设还不适应新的要求"①的情况，制约和影响了乡村文化发展。江泽民指出："在新的时期，教育和提高农民的任务仍然很繁重。越是搞改革开放和社会主义市场经济，越要重视对农民特别是青年农民进行爱国主义、集体主义、社会主义思想教育。农村的思想文化阵地，先进的正确的思想和优良社会风尚不去占领，落后的错误的思想和不良社会风气就必然去占领。"②在新的历史条件下，如何促进农村文化进步，成为一项重要历史任务摆在全党和全社会面前。按照党中央的部署，自90年代初开始，各省、自治区、直辖市在农村集中进行社会主义思想教育，目的是全面贯彻党的基本路线和党在农村的方针政策，推动农村经济

---

① 《中共中央关于进一步加强农业和农村工作的决定》（1991年11月29日），中共中央文献研究室编：《改革开放三十年重要文献选编》（上），人民出版社2009年版，第606页。

② 江泽民：《高度重视农业、农村、农民问题》（1992年12月25日），中共中央文献研究室编：《改革开放三十年重要文献选编》（上），人民出版社2009年版，第689页。

发展，不断提高农民的思想道德素质和科学文化水平，教育农民自觉抵制封建主义残余和资产阶级腐朽思想的侵蚀，破除封建迷信，克服社会陋习，树立社会主义新风尚。

在社会主义思想教育活动中，农村社会主义文化阵地得到进一步巩固，在农村开展了农民喜闻乐见的健康有益的文娱、体育活动，农村广播电视的内容进一步丰富。农民的科学意识、法律意识、健康意识进一步增强，农村的不安定因素、腐朽落后文化活动得到一定程度的遏制，符合社会主义精神文明建设要求的乡规民约开始制定和落实，乡村文化建设在艰难探索中出现新局面。

三　乡村文化建设走向成熟阶段（1996—2005）

到20世纪90年代中期，人们在看到乡村文化获得长足发展的同时，也清晰地认识到，农村文化进步明显落后于经济的进步，而且还出现了道德失范，拜金主义、享乐主义、个人主义滋长，封建迷信活动沉渣泛起的现象。党和政府积极建立的各项农村文化设施被各种经营活动所挤占，一部分人国家观念日渐淡薄，对社会主义的前途发生困惑和动摇。在这样的历史背景下，1996年10月，党的十四届六中全会通过了《中共中央关于加强社会主义精神文明建设若干重要问题的决议》，明确提出必须以马克思列宁主义、毛泽东思想和邓小平建设有中国特色社会主义理论为指导，坚持党的基本路线和基本方针，加强思想道德建设，发展教育科学文化，以科学的理论武装人，以正确的舆论引导人，以高尚的精神塑造人，以优秀的作品鼓舞人，培育有理想、有道德、有文化、有纪律的社会主义公民。乡村的文化发展有了更加明确的指导思想。

1998年10月，党的十五届三中全会通过的《中共中央关于农业和农村工作若干重大问题的决定》，从经济、政治、文化三个方面，提出了建设有中国特色社会主义新农村的奋斗目标，对我国农业和农村的跨世纪发展作出了全面部署，指导新时期农村各项工作的行动纲领进一步明确。《决定》提出要以创建"文明户""文明村镇"为主要形式,对农民进行爱国主义、集体主义和社会主义教育,进行社会公德、职业道德、家庭美德教育。强调思想道德教育要贯彻到群众性创建精神文明的各项活动中去,同时要加强农村文化基础设施建设,扩大广播电视覆盖面,组织好文化、科技、卫生"三下乡"活动,鼓励和支持农民业余文化体育活动。为了贯彻落实十五届三中全会精神,进一步加强农村文化工作,促进农村社会主义物质文明和精神文明的协调发展,1998年11月,文化部提出《关于进一步加强农村文化建设的意见》,就农村文化建设和农民文化发展进行了系统论述和完整部署。至此,乡村文化发展在思想认识上进入了比较成熟的阶段,在实践上进入了较快发展的阶段。

在世纪之交,农村基层干部及广大农民群众,在改革开放和现代化建设的实践中都深切认识到:"搞好农村文化建设,发展农村文化事业,对于丰富农民的文化生活,提高农民的思想道德素质和科学文化素质,对于促进农村经济发展和社会全面进步,具有重要的作用。"① 2003年1月,胡锦涛在中央农村工作会议上的讲话中指出:"农村全面建设小康社会,不仅要着力改善农民群众的物质生活,而且要着力改善他们的精神文化生活。要注重解决农村教育、科技和文化发展水平明显低于城市,农村社会事业建设明显滞后的问题。如果这个问题长期得不到解决,将会影响全面建设小康社会的进程,影响全民族素质的提高。"②

一是农村文化设施建设快速推进。文化设施是开展农村文化活动的载体,是文化事业发展的重要标志,而县级图书馆、文化馆,乡镇文化站及村文化室是农村基层重要的文化工作网络和文化活动阵地,是农村文化建设中的重点和难点。按照国家《文化事业发展"九五"计划和2010年远景目标纲要》的要求,各地都把"两馆一站一室"建设列入当地的经济和社会发展总体规划,列入小康目标,列入年度

---

① 文化部:《关于进一步加强农村文化建设的意见》(1998年11月26日)。
② 胡锦涛:《在中央农村工作会议上的讲话》(2003年1月8日),中央文献研究室编:《十六大以来重要文献选编》(上),中央文献出版社2005年版,第123—124页。

计划。各地还进一步推动"万村书库"建设,动员社会力量,帮助农村建立图书室。

二是文化下乡和文化扶贫活动不断深化。各地各部门认真总结经验,制订和落实文化下乡计划,动员和鼓励文化单位和广大文化艺术工作者,把为农民服务作为重要任务,投身于文化下乡行列。各文艺团体坚持送戏(节目)下乡,努力解决农民看戏难的问题。各县市群艺馆、文化馆、图书馆、电影公司等单位纷纷深入农村,为农民送书、送电影、送文化科技知识。各级政府高度关心和重视农村儿童的文化生活。

三是丰富多彩的农村文化活动的广泛开展。文化建设的根本目的是丰富人民的文化生活,满足人民日益增长的文化生活需求,促进社会主义精神文明建设。各级文化主管部门和文化单位,根据广大农民的需要,积极组织开展各种丰富多彩的文化活动。文化部继续命名"中国民间艺术之乡",推动民族民间文化艺术活动的开展。各级政府积极扶持民办的文艺团体,大力发展农民业余文艺演出队伍,鼓励农民自编自演、自娱自乐。充分利用节假日和农村集市开展文化活动,把经常性、小型多样的文化活动与定期举办的大、中型群众文化活动结合起来。各地积极开展农民读书活动,学习传播科学知识。地方政府大力发展流动性的汽车图书馆,在农村开设书刊流动服务点,发动社会各界捐书助农。支持农民自发成立群众性读书组织,开展读书活动,组织引导农民读书致富奔小康。健康文明的生活方式和社会风尚不断形成。

四是农村文化队伍建设稳步推进。发展农村文化事业,提高农民素质,农村文化队伍建设是关键。农村文化工作者长期扎根农村,与广大农民打成一片,积极组织开展经常性的群众文化活动,是农村两个文明建设的重要力量,乡村文化发展必须紧紧地依靠这支队伍。在世纪之交,根据新形势下农村文化工作的实际,各地纷纷研究制定稳定农村文化队伍的政策,采取各种有力措施,努力解决农村文化工作者面临的困难和问题,力争更充分发挥农村文化工作者在农村文化建设中的主力军作用。各级文化主管部门制订出农村文化队伍的培训计划,采取函授、选送到文化艺术院校深造、从艺术院团派教员到农村举办培训班等多种形式,为农村文化工作者提供学习机会,提高他们的思想水平和业务能力,以适应新形势下农村文化工作的需要。

五是加大对少数民族农牧区文化事业的支持力度。少数民族文化是中华民族文化的瑰宝,少数民族农牧民的文化发展是乡村文化事业的重要组成部分。改革开放以来,少数民族地区发生了巨大的变化,但由于自然、历史和经济等原因,少数民族农牧区的文化事业发展相对滞后,困难较多,农牧民的文化发展受到制约。在世纪之交,国家开始采取一系列特殊政策和措施,加快这些地区文化事业的发展。一方面,继续落实对少数民族地区实行的文化设施建设、文艺人才培养、对外文化交流、文物保护"四优先"的政策,并加大扶持力度。另一方面,根据中央关于文化建设的要求和少数民族农牧区的实际,各地开始研究制定本省区加快文化事业发展的特殊政策和措施。中央和地方的文化艺术院校,开始有计划地为少数民族农牧区培养艺术人才和文化管理人才,并组织开展形式多样的少数民族文化活动,不断满足少数民族农牧区广大农牧民文化生活的需求,增加其文化事业的自我发展能力。世纪之交,国家财政支农支出快速提高,1996年510亿元,2000年767亿元,2004年增长到1694亿元。①

自1996—2005年的10年间,是农村文化事业发展较快的阶段,尤其是进入新世纪后的几年。直到1998年文化部印发《关于进一步加强农村文化建设的意见的通知》时,全国还有226个县无图书馆,78个县无文化馆,6974个乡镇无文化站,不少地方农民的文化生活还相当贫乏,封建迷信、赌博等社会丑恶现象严重影响农村的社会稳定和精神文明建设,我国广大农村的文化工作者还仅有15万多人。到2005年,全国每万人拥有公共图书馆设施面积达到51.8平方米,每万人拥有群众文化设施面积达到115.25平方米,全国公共图书馆

---

① 《国家财政主要支出项目》,国家统计局国民经济综合统计司编:《新中国五十五年统计资料汇编》,中国统计出版社2005年版,第21页。

阅览室座席数达到 48 万个。① 农村居民人均文化消费支出达到 68 元（城镇居民为 526 元，差距仍旧很大），文化消费占消费支出的比重为 2.7%。② 从 2002 年到 2005 年，中央加大县级文化馆、图书馆建设专项资金投入，每年安排 1.2 亿元补助投资，4 年共 4.8 亿元投资，用于新建县级图书馆、文化馆。经过 4 年的建设，基本实现全国县县有文化馆、图书馆的目标。2005 年对农村文化共投入 35.7 亿元，比 2000 年增加 18.83 亿元，增长 111.6%，年均增长 16.5%，占全国财政对文化总投入的 26.7%。在世纪之交中国改革开放快速推进的历史阶段，农村文化事业从思想认识到具体实践，都开始步入较为成熟的时期，农民的文化发展在农村文化发展的大背景下快速向前迈进。

四 乡村文化建设进一步繁荣阶段（2005— ）

2005 年 10 月，党的十六届五中全会通过了《中共中央关于制定国民经济和社会发展第十一个五年规划的建议》，提出"建设社会主义新农村是我国现代化进程中的重大历史任务"。要按照"生产发展、生活宽裕、乡风文明、村容整洁、管理民主"的要求，坚持从各地实际出发，尊重农民意愿，扎实稳步推进新农村建设。强调亿万农民是建设社会主义新农村的主体，培育造就有文化、懂技术、会经营的新型农民，提高农民综合素质成为紧迫任务。农民的文化发展开始在新世纪"建设社会主义新农村"的基础上展开。2005 年 11 月，中共中央办公厅、国务院办公厅制定了《关于进一步加强农村文化建设的意见》，党中央和国务院对加强农村文化建设重要性和紧迫性的认识更加充分，对乡村文化建设中的体制不顺、机制不活，文化产品、文化服务供给不足，文化活动相对贫

---

① 《我国文化设施投资情况分析》（2012 年 11 月 7 日），参见文化部网站"文化统计"栏目。
② 《我国居民文化消费状况分析》（2012 年 11 月 7 日），参见文化部网站"文化统计"栏目。

乏，城乡文化发展水平差距较大的问题更加重视，开始对农村文化建设进一步作出全面部署。

2005年全国直接为7.45亿农民提供文化服务的乡镇文化站，其经费只有9.4亿元，全国每个农民一年只能享受国家财政1.27元的文化投入，经费的严重不足使农村文化建设困难重重，农村文化生活贫乏。因此，加大对农村文化投入，促进农村文化建设发展，提高广大农民素质，是国家义不容辞的责任。据国务院发展研究中心2006年的调查，有村级图书室的比例为25%，有文化活动中心的比例为29.4%，配备办公电脑的村为39.9%。① 2005年12月，中共中央 国务院制定了《关于深化文化体制改革的若干意见》，明确提出要加大农村文化基础设施建设投入，大力发展公共文化事业，继续开展文化对口支援活动，完善文化援助机制，逐步解决农村文化产品和服务相对缺乏的问题，丰富农民群众精神文化生活。2006年2月，胡锦涛在省部级主要领导干部建设社会主义新农村专题研讨班上的讲话中，进一步明确了社会主义新农村文化建设的目标和任务："要弘扬以爱国主义为核心的民族精神和以改革创新为核心的时代精神，深入开展农村形势和政策教育，认真实施公民道德建设工程，积极推动群众性精神文明创建活动，引导农民崇尚科学、抵制迷信、移风易俗、破除陋习，逐步形成健康文明的农村新风尚。"②

在党中央的领导和关怀下，乡村文化建设开始步入繁荣和谐的新阶段，乡村文化也开始由"送文化"走向"种文化"（或种与送结合）的历史阶段。农村文化开始由以县和乡为重心，转向以村和屯为重心，农民文化活动也开始由关注群体进步为主转向对农民个体文化

---

① 国务院发展研究中心《推进社会主义新农村建设研究》课题组：《新农村建设的现状、问题与对策——对全国2749个村庄的调查》，韩俊主编：《调查中国农村》（上），中国发展出版社2009年版，第33页。

② 胡锦涛：《建设社会主义新农村，不断开创"三农"工作新局面》，（2006年2月14日），中共中央文献研究室编：《改革开放三十年重要文献选编》（下），人民出版社2009年版，第1570页。

发展的关注。

一是城乡文化协调发展统筹兼顾的局面初步形成。在《国家"十一五"时期文化发展规划纲要》中，就开始将城乡、区域文化的协调发展作为重要原则，把抓好基层文化建设，加大力度改善农村及中西部地区公共文化基础设施条件，保障农民和城市低收入群体的基本文化权益作为重点内容之一。在《国家"十二五"时期文化改革发展规划纲要》中，进一步把加快城乡文化一体化发展作为重要任务，努力增加农村文化服务总量，缩小城乡文化发展差距。按照党中央的要求，各级各类文化部门和单位开始加大文化资源向农村的倾斜力度，对重要的公共文化资源进行合理调整，逐步增加为农村服务的资源总量。《人民日报》、中央人民广播电台、中央电视台播出的农村节目、栏目及文化内容更加丰富，市（地）党报和市（地）县广播电台、电视台也把面向基层、服务"三农"作为主要任务，广大农民从中获得的文化资源信息更多，乡村的文化事业开始在城乡统筹协调的大格局大背景下发展。

二是国家多项农村文化建设工程不断推进。从"十一五"开始，国家实施了一系列针对农民文化发展的重点工程。包括广播电视"村村通"工程：推进广播电视进村入户，充分利用无线、卫星、有线、微波等多种手段，为广大农村地区提供套数更多、质量更好的广播电视节目。农村数字电影放映工程：加快推进农村电影数字化放映，加强农村电影院更新改造，增加固定或流动放映点，实现全国农村一村一月放映一场电影。乡镇综合文化站建设工程：在欠发达地区快速新建、改扩建综合文化站，配备必需的设备，基本实现全国乡镇均建有综合文化站。农家书屋工程：实现农家书屋覆盖全部行政村，并建立出版物配送更新系统。此外还有与乡村文化发展密切相关的流动综合文化服务车、边疆及民族地区公共文化建设等工程。据不完全统计，"农民体育健身工程"在"十一五"期间，已在全国农村地区新增了20多万个体育场地，新增体育场地面积约2亿平方米。"十二五"期间将"继续实施农民体育健身工程"，加大对基层公共体育设施建设的投入，农村体育设施数量和面积将继续有大的发展。① 这些大型文化工程的实施，使乡村的文化建设有了更加可靠的物质基础和便利条件。

三是各地区的农村文化事业蓬勃发展。在社会主义新农村建设进入新的历史阶段后，各级党政部门从农村发展的实践中进一步认识到乡村文化的重要性和相对独立性，开始积极探索农村文化发展的新途径新方法。浙江杭州等地进行村级文化礼堂建设，每个村通过新建、改建、扩建的方式，建设起独立的综合性的村级文化礼堂。文化礼堂中包括"两堂五廊"："两堂"就是礼堂和学堂，用于安排红白喜事，召开村民大会，举办报告会，开展表彰活动、文艺活动等；"五廊"即村史廊、民风廊、励志廊、成就廊和艺术廊，用以树立身边的典型作为学习的榜样。村级"文化礼堂"构筑起新时期农民群众精神家园，得到社会各界的广泛支持和众多好评。贵州贵阳等地大力建设"农民文化家园"，将村级组织活动室、村图书室、文化活动室、广播电视电影放映、远程教育、文体小广场、小戏台、宣传栏、农家书屋等组成的农村多种文化资源和设施建设聚合起来，成为集思想教育、科技培训、文体活动、休闲娱乐于一体的综合性、多功能、开放性的村级文化建设体系。同时，各种类型的乡村文化艺术节也在全国各地纷纷举办。这些文化建设活动，为乡村文化发展提供了更为广阔的空间。

四是乡村的特色文化和自办文化迅速兴起。进入新世纪，随着乡村文化发展能力的提升，在国家继续实施对农村文化扶持政策，各种社会力量积极对农村文化建设进行扶助（捐助）的同时，广大农民也开始积极行动起来，发挥农村独特的历史和资源优势，发展农村特色文化，自己创办适合农民发展的文化形式和内容。浙江的农民，自2007年年初就开始了热火朝天的"种文化"活动，一些村镇建立起

---

① 2009年在总结行政村"农民体育健身工程"经验的基础上，开始在乡镇试点建设"乡镇农民体育健身工程"，内容包括灯光篮球场、门球场、室内体育活动室等，使广大农村乡镇新增了体育活动阵地。

"种文化·农民新文化运动讲习所",着手独立的新农村文化创建工作,并推出农民"种文化"百村赛活动。在继续接受"送文化"的同时,开始自己播种文化。吉林省则涌现出来农民自娱自乐的文化活动方式——农村文化大院。这也是农民自办文化的一种新兴形式。在政府和相关部门的大力引导和扶持下,农村文化大院以村文化活动室、农家书屋、农村党员远程教育服务点为依托,以扭秧歌、文艺表演、体育健身活动为载体,传播农村实用技能(技术),宣传党的各项方针、政策,开展群众性的文体活动,实现了文化资源共享。到2011年,吉林省各地已有各类文化大院4000余家。经过连续5年的建设,至2017年年底,浙江省的农村文化礼堂将超过5000家。这些特色文化和自办文化活动,展现了农村文化的魅力,突出了农民文化的个性,增强了乡村文化发展的自信。

五是乡村现代文化服务体系建设快速推进。进入新世纪尤其是党的十八大以来,面对乡村文化服务体系的相对落后和不够完善的状况,党和国家开始以乡村现代综合文化服务体系建设为重心,以城乡文化统筹为基本思路,加快推进乡村文化事业发展。在《国家"十二五"时期文化改革发展规划纲要》中,已经把增加农村现代文化服务总量、缩小城乡文化发展差距作为重要任务。按照党中央的要求,开始加大文化资源向农村倾斜的力度。2015年1月,中共中央办公厅、国务院办公厅印发的《关于加快构建现代公共文化服务体系的意见》指出:在新的形势下,构建现代公共文化服务体系,是保障和改善民生的重要举措,是全面深化文化体制改革、促进文化事业繁荣发展的必然要求,是弘扬社会主义核心价值观、建设社会主义文化强国的重大任务。《意见》强调:要以基层为重点,构建体现时代发展趋势、适应社会主义初级阶段基本国情和市场经济要求、符合文化发展规律、具有中国特色的现代公共文化服务体系,为实现中华民族伟大复兴中国梦提供强大的精神动力和文化支撑。到2020年,基本建成覆盖城乡、便捷高效、保基本、促公平的现代公共文化服务体系。2017年的中央"一号文件"再次重申,加强农村公共文化服务体系建设,统筹实施重点文化惠民项目,完善基层综合性文化服务设施,在农村地区深入开展送地方戏活动。近年来,我国现代公共文化建设投入稳步增长,覆盖城乡的公共文化服务设施网络基本建立,公共文化服务效能明显提高,人民群众精神文化生活不断改善,公共文化服务体系建设取得显著成效,呈现出整体推进、重点突破、全面提升的良好发展态势。这表明,我国农村文化建设开始进入历史性的新阶段。

  自党的十一届三中全会以来的近 40 年,是近代以来乡村文化建设变化最快,甚至也可以说是起伏和波动最大的历史阶段。新时期的乡村文化建设在艰辛的探索中开拓前行,取得了巨大成就,收获了丰富的经验,为中国特色社会主义道路的开辟贡献了独特的力量。尽管缩小城乡文化差距、实现乡村文化现代化、实现农民群众的文化自信,还有很长的路要走,但总的方向已经明确,美好的前景已经展现在人们的眼前。

当代中国乡村文化建设十大关系论纲

地域广袤、文化深厚的中国乡村，在近代以来中外文化持久而剧烈的碰撞、交流和融汇中，既坚韧地保持了自己的文化传统，也吸纳了新的文化思想，形成新时期中国乡村文化古朴温厚又多姿多彩的文化运行体系。我们以大历史的视野，梳理出乡村文化格局中的十组关系，即传统文化、革命文化与先进文化；农耕文化、工业文化与信息文化；输送文化、播种文化与孵育文化；民俗文化、时尚文化与高雅文化；家族文化、村庄文化与地域文化；生存文化、生态文化与美丽文化；文化自觉、文化自信与文化自强；本来文化、外来文化与返乡文化；文化设施、文化队伍与文化组织；文化事业、文化产业与文化机制的关系，并在理论和现实结合的基础上，分析了每一组关系内部不同形态文化的历史演变轨迹、良性互动的状况和成效、矛盾问题的表现和成因、正确处理的原则和思路。正确认识和准确把握乡村文化的整体面貌和内部关系，是乡村文化研究的基础性工作和关键性任务。

进入新世纪，社会主义新农村的文化发展繁荣出现新气象，现代公共文化服务体系的构建和运行，标志着乡村文化事业步入新阶段，古今中外的各种重要文化理论、文化观念、文化形态几乎都开始以不同的方式进入并影响乡村及农民的文化生活。更深一层看，近代以来，中国持续不断的社会巨变，在经济、政治、社会、文化等不同领域以及每个领域内的不同层面，都在以不同的性质、方向、节奏和韵律变动和交织着，它们都会在历史的变迁中凝结成各种不同形态的文化，由原来的"动能"，转换为"势能"，并顺畅地呈现于开放包容的乡村，进入农民的文化生活。因此，当代中国的乡村文化要面对的各种历史、理论、价值及其逻辑关系也开始错综复杂地呈现出来。如何系统梳理和准确把握这一系列文化关系的整体格局和内在联系，是摆在我们面前的一个重要理论和现实问题，也是探索乡村文化发展道路、实现乡村文化自信迫切而艰巨的任务。近些年来，我们的乡村文化研究课题组，通过对以浙江省农村文化礼堂建设为重点的大量调研，初步形成了一些认识和思路，尝试性地进行概括和分析，希望有助于乡村文化宏观问题的研究。（国家社科基金项目"农村文化礼堂在培育社会主义核心价值观中的重要作用研究"课题组成员有李勇华、陈先春、洪千里、雷家军、丁峰、张金凤、张国泉。参与临安市和慈溪市文化建设研究横向课题的还有高君教授、雷志松教授和程珂副教授。近几年，课题组已经在浙江的临安市、慈溪市、龙泉市、长兴市、乐清市等地的几十个村进行了深入的调研，同时也在黑龙江省、四川省、广西壮族自治区、河北省及安徽省的部分乡村进行了走访和调研。）

一　传统文化、革命文化与先进文化

在当代中国乡村的文化生活与文化建设中，古典传统文化、近代革命文化与社会主义先进文化的关系，在乡村文化体系中居于核心和主导的地位。厘清这三者之间的关系，就可以在宏观上把握复杂的乡村文化体系的性质和方向。

中国有着五千多年文明史，积淀的古典传统文化悠久而丰厚。从《易经》背后的自强不息、厚德载物、顺势守道的精神，到百家争鸣体现的创新弘毅、各言其理、自由论辩的风范，再到经学、玄学、理学、心学所传承的中庸和合、诚信仁义、重礼崇学的风尚，这些中国古典传统文化及其精神价值，在乡村社会有很深的根基，有多渠道的传承。在基础教育的教材及实际教学中，有一定数量的古代历史文化知识，这是古典传统学习的基础途径。在农村文化礼堂、农村文化大院、农村文化广场等文化场所，几乎都有大量的传统文化元素存在，从圣贤人物、古典名言到慈孝故事。在乡村日趋活跃的庙会、传统节庆等文化活动中,更是比较集中地呈现着古典传统文化的内容。在乡村的家庭文化生活中,源于传统文化的家谱家训的编修和宣传、祭祖祭奠及宗族联谊活动也越来越受到农民群众的重视。个别地方及家庭开始重新关注传统私塾教育及四书五经的学习诵读活动,儒学再度受到关注,"乡村儒学"人才又开始走上历史的舞台并发挥重要作用,成为一支重要力量。①

中国革命是世界近现代历史上影响最大的三大革命之一(另有法国革命和俄国革命)。农民起义和农民革命斗争的历史遗迹和民间故事遍布各地。资产阶级革命文化,尤其是孙中山矢志不渝、殚精竭虑、愈挫愈奋的精神,邹容、陈天华、喻培伦、秋瑾的革命牺牲精神,在乡村社会有着深远的影响。中国的无产阶级革命,走的是农村包围城市的道路,其革命文化在农村特别是革命老区,底蕴十分深厚。中国共产党和人民军队全心全意为人民服务的宗旨,密切联系群众、艰苦奋斗、团结紧张的优良作风都依旧扎根于乡村广大群众的心目中。革命文化不仅大量呈现在乡村的银幕和屏幕上,而且广泛存留在乡村日常的文化生活中。在浙江省的农村文化礼堂里,几乎都有本村的革命烈士和革命故事的图片或介绍,部分村中还建有烈士纪念碑或烈士陵园。在有的农村家庭至今还张贴着毛泽东、周恩来、朱德等革命领袖的照片。在我们走访过的其他一些省份和地区也大体如此。

我国的社会主义制度,是在新民主主义革命和社会主义革命胜利的基础上建立的。工农联盟是革命的基本力量,农民是中国新民主主义革命的主力军,农民群众在革命战争年代就接受了无产阶级革命文化的教育,具有了社会主义先进文化的基本思想。社会主义改造完成后,中国共产党高度重视对广大农民群众的马克思主义基本知识理论的普及和社会主义先进文化的教育宣传,并集中力量开展农村的社会

---

① 参见《乡村儒学:重建温情的乡土中国——"山东乡村儒学现象"座谈会纪要》,《光明日报》2014年7月8日。

主义教育运动。在改革开放的新时期，农村的社会主义先进文化教育活动也从未停止过。马克思主义的指导思想及其世界观和方法论、共产主义的理想、为人民服务的观念、雷锋精神等社会主义先进文化的核心内容，在农民群众中已经居于主导地位。社会主义先进文化通过广播电视、报告讲座、文艺演出等多种方式和途径在传播，一部分有知识有文化的农民甚至已经形成自我学习党的思想理论和路线方针的热情和习惯。①

古典传统文化、近代革命文化与社会主义先进文化在乡村社会有着多重的交织和交融。在宏观层面和根本意义上，三者之间的关系是明确的。马克思主义居于乡村文化的指导地位，是乡村文化的灵魂和方向；革命文化是乡村文化激昂向上的最切近、最直接、最强大的文化资源；传统文化是乡村文化生生不息的最悠久、最深厚、最博大的文化根基。脚踏中国传统文化和革命文化，手握社会主义先进文化，是当代中国农民应有的文化蕴涵和文化气魄。在微观层面和具体意义上，三者之间的关系是不断变换的，即在特定的时间和空间、特定的环境和条件下，三者之间的地位和作用会有所变化。如在七一、八一、十一等节日，以红色文化传扬为主；在春节、元宵节、中秋节等节日，则以传统文化的传扬为主。在部分红色老区的村庄中，革命文化色彩浓厚；在部分传统底蕴深厚的村庄，古典文化韵味十足。

古典传统文化、近代革命文化与社会主义先进文化之间，有时代和性质的差别，也有民族进步和人民幸福意义上的血脉承传，它们虽然可以在文化的意义上有着独立演进的不同空间，也可以产生因时因地的结构性变化，但总体性质和方向一定是中国特色社会主义。在社会文化多元、多样、多向的环境中，当受到一些消极落后的文化力量冲击或影响时，古典传统文化、近代革命文化与社会主义先进文化之

---

① 我们在浙江临安市、慈溪市，黑龙江林甸县、讷河市的深入调研走访中都发现，乡村中有的农民在长期的文化生活中已经形成了每天收听收看《新闻联播》，阅读《人民日报》《农民日报》或《农村报》的习惯。包括笔者的叔叔、舅舅、姨夫、姐夫等多位农民亲属，在和我们谈起乡村文化问题时，都颇有一些马克思主义的"理论"风范，很是令笔者感慨。他们是：林甸县花园镇和东风乡的雷国洪、雷国金、王会清、付云成、侯德江等。

间的关系，可能会发生一些扭曲。在一些传统文化和宗教文化活跃的乡村，部分村民会以儒道思想和宗教观念等去漠视或否定马克思主义的真理性和正义性。在一些乡村文化活动及其宣传内容中，有时会出现附着于传统文化的封建落后的思想、语言、形式（如在有的村规民约中就出现"夫唱妇随"的要求），制约乡村的先进文化建设。在极个别乡村，甚至会有与革命追求和先进文化完全相反的迷信行为、"黄赌毒"活动，甚至出现借助传统忠孝思想大肆建造奢华的墓地，过度渲染风水神佑思想。

正确处理古典传统文化、近代革命文化与社会主义先进文化之间的关系，从根本的意义上说，不是一个学理性的问题，而是一个政治性的问题。如果我们坚持以马克思主义为理论基础，坚持社会主义的理想信念，一句话，坚持人民立场和人民情感，古典传统文化、近代革命文化与社会主义先进文化之间的关系就不会偏离大的方向。

二 农耕文化、工业文化与信息文化

在加速走向现代化的中国乡村，农耕文化、工业文化与信息文化的关系，已经成为人们必须时时面对、不可回避的重大而现实的文化关系问题。看清了这三者之间的关系，就找到了观察乡村文化纵向历史的关键所在。

文化是社会经济和政治的反映，是生产力和生产关系在意识领域的体现。从人类生产力的性质和水平，从人类文明进步的不同形态来看，潜藏和存在于当代乡村的文化主要有农耕文化、工业文化与信息文化。在地域辽阔、发展层次不一的中国乡村社会，农耕文化、工业文化与信息文化之间，既同时并存，又有结构和比例上的重大差别，形成乡村农耕文化、工业文化与信息文化关系异常复杂的状况。

农耕文化是通过原始社会的第一次社会大分工，从原始的渔猎采集方式中产生的以农耕为主的自给自足的农业社会的文化。农耕文化是乡村社会的"本色"文化，农村本就是农民从事农业生产的聚集场所，农耕文化就是农民在农业生产和农村生活中形成的文化。农耕文化在新世纪的中国农村，正在发生历史性的新变化。在一些偏远地区、游牧地区及经济欠发达地区，农耕文化的本来形态保留得会更多一些，人们主要还是在乡村环境下，在农业生产条件下的生活方式、思维方式和价值追求。在经济发达尤其是沿海地区的许多乡村，已经是以特色农业、观赏农业、休闲农业、国际农业为主，人们的文化观念也不再是原来意义的农耕文化了，但农民群众对传统农耕文化的情结却依旧浓厚。在浙江省的很多农村文化礼堂中，都建有农耕文化馆（室），展示大量的农耕时期的生产工具和生活用具，在这里，农耕文化已经转化为一种乡村记忆和乡土情怀。

工业文化是人们在利用自然资源制造生产生活资料，或对农产品、半成品进行加工的过程中形成的以此为基础的思想观念、行为习惯和价值取向等。工业文化一般是集中在市镇，并体现在企业和工人中的文化。中国高度发达的传统农业生产，本来就伴随着高度发达的手工业生产，并形成工匠意识和工匠精神。在新时期的农村改革，乡镇企业及个体私营企业发展的进程中，中国经济发达地区的乡村内部，出现数量庞大的工业企业，在乡村工业快速发展的过程中，亦农亦工，在乡为工，已成为很多乡村的普遍现象。农民群众的商品思想、市场观念、竞争意识，这些和工业紧密相关的文化也在快速生成。工业文化和市场文化已经广泛渗透到中国的广大乡村和广大农民中，造成"乡土社会"的非流动性、地方性及社会关系的熟悉性都在发生根本性变化，有的社会学家称当代乡村社会为"新乡土中国"或"后乡土中国"。[①]

信息文化是产生并形成于信息时代，在信息技术广泛应用于社会生活基础上形成的新的文化形态。自 20 世纪 90 年代开始，中国乡村的改革发展与信息化相互推动，使中国的乡村社会在现代化程度不足的条件下，借助信息化，出现文化观念上的"跨越式"发展。尤其是青年农民，对新媒体新信息的依赖，和城市青年比并没有根本的差

---

① 参见贺雪峰《新乡土中国》，北京大学出版社 2013 年版，第 1 页；刘益龙《后乡土中国的基本问题及其出路》，《社会学研究》2015 年第 1 期。

别。信息文化以其特有的开放性、交互性和虚拟性，改变着历史形成的农民群众传统的城乡与中外的习惯思维、封闭心态和自卑心理，信息交流自由、平等、共享的理念促使农民群众与城市居民共同具有了信息时代的精神和价值。政府在积极推进农村数字电影放映、数字农家书屋、城乡电子阅报屏建设等项目，公共数字文化服务网络正在基层逐步实现共建共享。今天的中国乡村和农民，已经成为中国信息文化的重要参与者和推动者，中国乡村的生产和生活已经和信息文化紧紧连在一起。

农耕文化、工业文化与信息文化在21世纪中国乡村社会的交汇，是中国历史的新发展，也是世界历史的新景观。从传统的线性历史和平面历史观来看，农耕文化、工业文化与信息文化，这是不同历史阶段上的文化，是可以用先进与落后来确定其地位和作用的。但在"后现代"社会，信息文化的繁荣，却在一定程度上冲破了线性历史和平面历史观的制约，也在一定程度上让人们看到"初异中，中异终，终不异初"的螺旋式、波浪式的辩证史观。农耕文化积淀下来的田园、闲适、幽静、怡然、友善、互助、诚信的生活情趣和价值观念，在工业文明提供的便利交通、网络发展提供的快捷信息的支撑之下，再度得到人们尤其是城市人群的眷顾和赞赏。"农家乐"的大量出现，已在一定程度上揭示着农耕文化的当代价值，增强着农民群众的文化自信（在乡村环境下从事工业生产的人，在很大程度上避免了传统工业社会的异化倾向及其所造成的精神空虚现象）。信息文化助推了农耕文化和工业文化成果的空间拓展，工业文化支持了农耕文化和信息文化的物质和技术进步，农耕文化实现了工业文化与信息文化获得自然和生态的家园，农耕文化、工业文化与信息文化在中国的乡村社会达到了一定程度的内在融通，而且还在进一步向广度和深度推进，加速三者关系的良性互动，是乡村文化现代化的必然趋势。

在乡村中，农耕文化、工业文化与信息文化在乡村中也有相互的碰撞和"诋毁"。农耕文化如果不能与时俱进，并顺势而为地吸收工业文化和信息文化的新成果，就可能陷于"自得其乐"、自我封闭、无为而退的境地。工业文化如果不能保持深度的自觉，认识自身的局限而盲目扩张,就可能会否定农耕文化的积极因素,拉大与信息文化的距离,使自己的发展陷于被动。信息文化如果放弃农耕文化长期"统治"的广阔"领地",无视工业文化奠定的坚实基础,也会让自己变得"曲高和寡"。目前,在部分乡村的工业化、城市化进程中,农耕文化被盲目丢弃,农民的"乡愁"、农村的"乡情"被简单割断的现象大量出现,乡村原有"熟人社会"的温馨和信任、原有"绿水青山"的明朗和淡定,被一些不理智的工业和信息产品所"摧毁"。摆脱农耕文化、工业文化与信息文化在乡村发展中的消极关系,已经成为紧迫而现实的问题。

准确把握农耕文化、工业文化与信息文化的关系,"需要有一个宽广的视角,需要放到世界和我国发展大历史中去看",需要以"人类社会发展的大逻辑大趋势"去审视。[①] 只有在认清了中国深厚的历史文化底蕴和突出特色的基础上,在认清了中国社会主义现代化的跨越式进程的基础上,才有可能把握好农耕文化、工业文化与信息文化的关系。

三 输送文化、播种文化与孵育文化

在社会主义文化建设新高潮进一步兴起的历史新阶段,乡村文化受到高度重视,发展的动力越来越强劲,动力的主体也越来越多元。有源于政府倡导和组织的文化"输送",有源于农民群众自己的文化"播种",有源于乡村知识分子和文化能人的文化"孵育"。我们可以形象地称之为"送文化""种文化"与"孵文化",这几种文化力量共同在乡村文化中发挥作用,并形成日益紧密的关系,它们在深刻地影响着乡村文化建设的进程。

随着中国近代以来城乡二元格局的形成及其差距的不断扩大,乡村文化长期处于弱势地位,发展动力不足的问题长期存在。进入新世

---

① 参见习近平《在全国哲学社会科学工作会议上的讲话》(2016年5月17日),《光明日报》2016年5月19日。

纪，随着党和政府倡导的文化科技卫生"三下乡"、科教文体法律卫生"四进社区"和"送欢乐下基层"活动的力度不断加大，广大农民群众真切感受到"送来"的文化成果的丰富和鲜美，一些媒体也开始借用"送文化"来形象地概括这类对乡村文化进行外部扶持的活动。实际上，对乡村文化凋敝、传统文化断裂的忧虑，早就成为众多文化志士的"心病"。怀抱救国理想的梁漱溟、晏阳初、陶行知等爱国人士都曾致力于"乡村建设""平民教育"和"乡村改造"，只是这些思路和做法都未能收到"救治"之功。只有中国共产党人为农民"送去"的革命文化，真正让农民获得了"从前当牛马，现在要做人"的精神解放。新中国一直高度重视乡村文化发展。早在20世纪50年代，党和国家就发出知识青年到农村去安家落户的号召，千百万知识青年上山下乡，还有其他多种方式的支援边疆、支援农村的活动，虽然付出了过于沉重的代价，但也为广大农民"送来"了先进文化，普及了科学知识。[①] 新时期的"送文化"，更是量大面广、真诚持久，层次和类别多样，受到乡村干部群众的普遍欢迎。

中国的农民群众，从来不是文化的旁观者，而是文化的积极参与者和创造者。中国历史上高度发达的民间文化，创造和实践的主体基本都是农民群众，文人学者们也要"采风"于民。近代的革命文化更是不断激起农民群众的文化热情。延安时期，仅陕北农民运用民歌的曲调创作改编的革命歌曲就有几百首，包括唱红中国、唱遍世界的《东方红》在内。毛泽东非常看重农民群众的文化潜力，认为"民众就是革命文化的无限丰富的源泉""这些农民不但是好的散文家，而且常是诗人"。并预见："将来大批的作家将从工人农民中产生。"自2007年浙江一些乡村创办了"种文化·农民新文化运动讲习所"，推出农民"种文化"百村赛活动，挖掘创造出大量具有传统文化底蕴和地域文化特色的文化艺术成果，丰富了乡村文化生活，还"反哺"于城市，受到城市居民的青睐，于是，鲜活生动、乡村韵味十足的

---

① 参见定宜庄《中国知青史·初澜（1953—1968）》，当代中国出版社2009年版，第26—45页。

"种文化"一语开始频频出现。新时期,全国各地的农民"自办文化"早就活跃于祖国的大江南北,不仅推动了乡村文化事业发展,还促进了乡村文化产业的兴起。① 中国农民是改革开放和市场经济的直接而重要的推动者,有文化创造的丰富思想资源,他们播种文化、收获文明的脚步不可阻挡。

在中国的乡村,有大约一千万教师、医生、农技人员、文化工作者、大学生村官及难以准确统计的大量乡村文化能人,他们就工作生活在乡村,了解农民的文化需求,熟悉乡村的文化传统,具有较高的文化知识和专业技能,长期参与乡村的文化建设和人才培养。从他们在乡村中的文化地位和作用看,很像是乡村文化的"母鸡",我们似乎可以将他们培育乡村文化的活动称为"孵文化"。"孵文化"虽然是一种形象的说法,但在中国的历史文化中,文人士子都有传道乡里、教化于民间的深厚传统。儒家的有教无类,墨家的劳作乡间,佛家的普度众生,都重视在普通群众中的文化活动。尤其是宋明以后,士大夫们从单一的上行路线转而下行,注重民间的教化职能,并从士大夫向士绅演变。钱穆先生认为,"农村经济之淡泊安定,又是中国传统知识分子最后一退步"。② 在近现代的革命文化宣传教育中,乡村文化人发挥了重要作用,很多革命历史文化名村的形成,都有乡村文化人的独特贡献。在当代那些书法名村、武术名村、农民画名村、地方戏曲名村的历史上,也几乎都有一位或几位乡村文化"名人"在持续地努力。进入新世纪,高等教育大众化快速推进,大学生们开始进入乡村,在乡村文化中担当"孵化"使命的"母鸡"不断增多,"孵文化"的条件明显改善。

总结历史的经验,我们看到,无论是"送文化""种文化"还是"孵文化",都有深厚的历史传统,有迫切的现实需要,有丰富的实践经验,也有各自的重要贡献,"送文化""种文化"与"孵文化"

---

① 参见陈立旭、潘捷军等《乡风文明:新农村文化建设——基于浙江实践的研究》,科学出版社2009年版,第149—177页。

② 参见钱穆《中国知识分子》(1951年),钱穆《国史新论》,广西师范大学出版社2005年版,第118—157页。

已经成为乡村文化发展繁荣的三种不可或缺的相互交织的力量。如何进一步统筹与协调的这三种力量之间的关系,是乡村文化建设中需要深入思考和研究的重要问题。抽象地说,是使这几个方面都能各安其位、各得其所、各尽其力,而不是各自为政、各行其是。具体地说,外在的"送文化",要自觉到知识和技术方面的优势,也自觉到时间和空间的不足。在"送"的过程中,要了解服务对象的文化基础、区域特点和需求方向,不能仅凭自己的主观偏好盲目地"送",更不能只为博取"声望",劳民伤财地"送"。"送文化"者要与乡村文化人建立比较稳定的联系,得到"迎文化者"的配合,这样,送来的文化才容易"落地"。农民群众的"种文化",要自信于当代生态文明建设中乡村文化有大量的先进性因素,看到中国优秀的传统文化大量存在于乡村,需要农民群众的挖掘和展示。同时也要看到,农民群众"种文化"会存在一些难以克服的局限性,在"种文化"之前应积极主动地邀请内部和外部的专家学者们帮助"选好种""查好地",经过辛勤耕种,结出了"好果实",还要请人帮助"卖出去",争取在文化市场中获得收益。乡村知识分子及乡村文化能人对自己在乡村文化中所处的"枢纽"地位、"母鸡"的职能,要有充分的认同,但也要承认,与城市知识精英相比他们有知识、技术和视野上的相对不足,与农民群众相比他们有乡土情感和传统技艺的缺欠。在勇于担当"孵文化"重任的同时,须和城市知识分子建立有效联系,和农民群众建立深厚感情,安心"孵化",精心"抚育",在群众文化的繁荣中收获自己的快乐。

在实际工作中,"送文化""种文化"与"孵文化"之间,有时也会出现一些问题与不足。"送文化"既然是为乡村文化进步而来,那么"送者"就要知人所需,量体裁衣,有备而送,而不能脱离"用者"的愿望。现在是"送"的政策稳步推进,但却一定程度上形成冷热不均、分布不匀、调查不够、效率不高的问题。既然是"种"文化,就要充分了解自己文化"土壤"的基础和特性,了解自己区域文化的"气候"条件和规律,了解当地村民文化"口味"的习惯和倾向,也就是要用己所有,用己所长,进而选择出最适宜的文化

"品种"。现在一部分乡村的文化建设,有时出现热情高涨,但情况不明、选择不当,付出和收效不一致的情况,已经影响到乡村"种文化"的进展。"孵文化"要真正孵育出有活力的生命,同样需要乡村文化人才认清乡村文化本来根基和发展趋势,尤其是要深刻省察"孵化"者自身的基础和优势,在责任明确、依据充分的前提下,去从事重要的"孵化"任务,否则会失去人们的信任感。但目前却出现"母鸡"对"孵化"工作信心和恒心不足,对"孵化"工作环境和条件不满的问题,致使大量"孵化"职责不能如期如数地完成。新世纪中国的乡村文化建设能走多快多远,取决于各种推动力量的大小和协调程度。"送文化"虽然重要,也很先进,却不可越俎代庖,鸠占鹊巢,关键的是"知情";"种文化"虽是基础,也有资源,却不可故步自封,盲目排外,关键的是"品质";"孵文化"虽处关键,也有能力,却不要自以为是,盲目乐观,关键的是"恒温"。

正确处理"送文化""种文化"与"孵文化"之间的关系,必须深层理解人众文化与精英文化的历史与现实关系、城乡文化曾经的割裂与现实的统筹之间的关系、坚持党的领导与村民自治之间的关系,同时要准确把握城乡基本公共文化服务均等化的趋势和要求,按照国家及地方政府制定的综合公共文化服务中心建设的意见和标准。一句话,就是要在党的领导下,在城乡文化统筹的大思路中梳理"送文化""种文化"与"孵文化"的关系。

四 民俗文化、时尚文化与高雅文化

新世纪的中国乡村,尤其是在很多开放程度比较高的乡村,民俗文化、时尚文化与高雅文化已经开始并存和并行,如何认识它们之间的关系也开始成为乡村文化建设和文化生活中不可回避的重要问题。

民俗文化,是指民间民众的风俗文化,是民众依据不同的理论、历史、信仰、传说或期待,结合自己的生产生活环境或条件,创造出来的礼仪、故事、习俗等文化成果。民俗文化的形成、传播和践行,主要是农村和农民。中国是地域辽阔、民族众多的国家,不同地区和不同民族都有自己丰富多彩的民俗文化。近代以来，受到西方文化的冲击、"左"倾思想影响，中国乡村的民俗文化几度衰弱。新时期，在中国特色社会主义文化繁荣发展的大背景下，乡村的民俗文化获得了新的发展机遇和活动空间。民俗文化在政府扶持和群众支持的合力作用下，出现异常繁荣的局面，很多弱化和中断的民俗活动都得到了恢复和继承。一些乡村开始对民俗活动的历史、内涵、成果进行整理和展示。浙江的农村文化礼堂中，就已经初步建成了许多民俗文化馆，比较完整地呈现当地的民俗文化，民俗文化所具有的社会性、传承性、民族性、地域性、变异性等特征也大体能够得到体现。

时尚文化，是应"时"而众"尚"的文化，是引领风气、能够风行的文化。在抽象的意义上说，每个时代都有自己的时尚文化，但不同的时代却有很大差别，尤其是近代以来，这种时尚文化的内涵、来源、动力和地域都在发生急速的变化。在很长的时期内，西方、城市、精英都是时尚文化的主导和引领的力量，乡村和农民似乎与时尚文化渐行渐远，与时尚文化的距离常常成为乡村和农民文化不自信的因由。进入新时期，在改革开放的大潮中，农民群众是市场经济的探索者，是走向世界的参与者，农民群众不仅成为时尚的追随者，而且成为时尚的创造者。在长江文化带，在长三角地区，那些镶嵌在乡村中的瑰丽的小院，坐落在山水间的美丽的小楼，不仅外展着时尚，也内藏着时尚。乡村的网店和网购，同样红红火火。在全国各地的乡村文化场所，广场舞、扇子舞、拉丁舞，几乎无所不有，篮球、排球、台球、门球甚至高尔夫球，大体也一应俱全。尽管乡村文化在总体上还与城市文化有很大的差别，但在时尚文化之路上，它们已经迈开脚步，快速前行，成为时尚中国的重要而有巨大潜力的组成部分。

高雅文化，是经过文化的不断淬炼和长期选择积淀下来的，能够陶冶情操、愉悦心灵、引人向善，满足人们那种高古雅正的精神需求的文化。在中国的乡村，长期受儒家文化熏陶的农民群众，对高雅文化有着内在的崇敬和渴望，而近现代的革命文化又给群众接受高雅文化开辟了顺畅的通道。新时期，伴随着乡村文化发展繁荣的脚步，电影电视及网络的普及，农民群众与高雅文化之间的诸多屏障不断被破除，距离不断被拉近。现在，许多经济社会发达地区的农民群众，不仅可以很方便地进城欣赏歌剧、芭蕾舞、交响音乐、京剧，而且还经常参加走进乡村的经典文化活动。农民群众不仅能够在城市中的图书馆、博物馆、书店里参观或阅读，乡村中也有了属于自己的农家书屋，甚至还有自己的博物馆。在浙江、四川、广西的一些乡村，已经建设了丝织、棉花、根雕、陶瓷等类别众多的博物馆或展览室。

　　民俗文化、时尚文化与高雅文化同时呈现出繁荣局面和繁荣趋势，这是中国乡村文化发展历史上并不多见的文化现象。在一些乡村，我们会有趣地看到，春节期间的"请神""送神""祭祖"活动循序而行，元宵节的观花灯、舞龙灯、看冰灯活动热闹异常，而感恩节、情人节、愚人节等，农民群众也有很多的参与，大家短信往来不断，情思情谊相连。在晚饭后的乡村文化广场或文化礼堂，我们可以看到广场舞与秧歌舞的同时空存在。我们在调研中看过许多乡村文艺晚会的节目单，与城市的剧场、剧院那种类别区分明确的演出相比，突出的特点就是民俗文化、时尚文化与高雅文化的共存。① 在乡村中，有时一个作品、一台活动就直接汇聚了民俗文化、时尚文化与高雅文化，典型的事例就是部分村庄自己也举办"春晚"。浙江省慈溪市管前村村民自己创作的音乐快板《管前村规三字经》，更是从内容到形式，将民俗、时尚与高雅文化结合起来。出现这种民俗文化、时尚文化与高雅文化在当代中国乡村并存共荣的局面，一方面是源于文化自

---

①　如2014年6月，浙江省慈溪市天元村第六届文化周的节目单：1. 黄金道地：《脱口秀》；2. 竹板：《平安就是福》；3. 戏曲联唱；4. 舞蹈：《红色娘子军》；5. 血手印选段：《花园会》；6. 婚礼走秀：《时代的变迁》；7. 越剧：《白蛇传选段：哭梦娇》；8. 小品：《邻居好是个宝》；9. 舞蹈：《古典扇子舞》；10. 越剧：《珍珠塔选段——君子受刑不受辱》；11. 沪剧：《大雷雨选段——人盼成双月盼圆》；12. 越剧：《浪荡子——叹钟点》；13. 尾声：《歌舞——天元颂》。2015年浙江省慈溪市管前村迎春联欢晚会的节目单：1. 开场大鼓：《欢乐农家》；2. 高台狮子；3. 三句半：《夸夸我们的管前村》；4. 少林武术表演：《精忠报国》；5. 独唱：《新贵妃醉酒》；6. 音乐快板：《管前村规三字经》；7. 太极拳：《木兰花》；8. 葫芦丝合奏：《阿里山的姑娘》；9. 舞蹈：《江南雨》；10. 越剧联唱：《越音悠扬》；11. 杂技：《快乐厨师》；12. 歌曲：《中国功夫》；13. 独唱：《牡丹之歌》；14. 魔术；15. 刀棍剑组合：《牧羊曲》；16. 歌伴舞：《心的家园 梦的故里》（管前村村歌）；17. 美猴王表演；18. 大合唱：《走向复兴》。

身的传承规律。郑振铎先生曾谈道:"原始生活的古老的'精灵'常会无意的侵入现代人的生活之中;特别在我们中国,这古老的'精灵'更是胡闹得厉害。"① 一方面是由于新时期中国特色社会主义文化发展提供的自由宽松的乡村文化环境,党和政府提供的良好的文化发展条件,还有富裕起来的农民群众对文化生活的多方面的需求。保持和促进民俗文化、时尚文化与高雅文化的和谐关系,是当前乡村文化的一项繁重任务。

在当代的中国乡村社会,民俗文化、时尚文化与高雅文化之间的关系,也面临着诸多的矛盾和困惑。在部分乡村,民俗文化畸形发展,有意无意地挤占了时尚文化的空间,排斥了高雅文化的融入。尤其值得注意的是,一些迷信、赌博或污秽文化活动,打着民俗文化的旗号,大行其道,在个别村庄甚至有了"文化霸权"的韵味。在少数乡村,时尚文化无限扩展,割裂了民俗文化的传承,阻碍了高雅文化的发展。个别乡村文化"热心人",把自己所看好看重的时尚文化无限夸大,在乡村过度宣传,导致乡村文化失去"本色",变成城市时尚文化的"尾巴"。在有的乡村,高雅文化盲目推行,致使民俗文化地位降低,时尚文化作用难以发挥,个别乡村"文化人"蔑视民俗文化在乡村生活中的意义,抵制时尚文化在乡村的推行,产生文化脱离实际的状况。在当代中国乡村文化多元开放的潮流中,要保持单一的文化色彩实难做到,这是大家的"共识",但在不同的村庄,面对不同历史,针对不同的时间,文化的结构如何动态地变化,既保持正确的方向,又不失自己的特色,确实是一个艰难而复杂的任务。

正确处理民俗文化、时尚文化与高雅文化之间的关系,最为紧要的是历史主义的思维和态度。民俗文化、时尚文化与高雅文化的区分与互动,是在历史演变的进程中呈现的。离开历史主义的分析,就可能会模糊三者之间的界限,也可能会阻隔三者之间的融通。

---

① 转引自白寿彝《民族宗教论集》,北京师范大学出版社1992年版,第747页。

五　家族文化、村庄文化与地域文化

家国同构是中国历史文化的重要特点，在"家国"的结构和体系中，越是走向基层的乡村，家族文化的韵味越浓厚。在中国漫长的民族融合与民众迁徙的过程中，一个村庄常常又是由一个或几个家族构成的，一个区域的兴衰有时也与名门望族紧密相关。家族文化、村庄文化与地域文化的内在关联自然成为乡村文化的一组很具历史和现实意义的文化关系。

家族文化，是以家族的形成、延续、存在与活动的历史为基础，以家族的认同与强化、和谐与互助为目的，自然形成或刻意塑造而产生的在家族内部有重要影响的行为规范、道德传统和价值标准等文化体系，包括宗法、族规、家训、家教、家史等观念性内容，祭祖、祭神、宣道、惩戒、聚会等行为性内容，族徽、族歌、宗祠等标志性内容。家族文化虽然也会延伸到城市，但从历史起源和活动重心来看，主要还是存在于乡村，即使是有众多城市人的参与，多数也会集聚到乡村，在家族文化的"根源地"展开具体的活动。近些年来，在中国传统文化快速"复兴"的文化背景下，家族文化也开始呈现新的兴盛局面。家族内部的编修家谱、寻觅家训、著写家史成为一种新的时尚，家族聚首、宗族汇聚、同族寻亲已成为很多家族文化的经常性任务。在家族外部，学术界的名门望族研究，文艺界的家族名士写作演出，已成热潮甚至常态。家族文化至今仍旧"士气高昂"。

村庄文化，是在村庄发展和演进的过程中，历史地形成的由全体村民所共同接受和认可的思维、行为和价值等文化体系。虽然村庄文化在中国的历史文化脉络中的地位和作用并不突出，其内涵和外延也不十分严格，但经过长久的历史发展，尤其是几十年计划经济时代稳定的户籍制度的作用，导致我们今天的村庄基本都具有了自己相对独立的历史沿革、相对稳定的群体利益、相对深厚的情感记忆，村庄文化已经成为当代中国乡村文化的重要组成部分。在社会主义新农村的文化建设中，村庄文化建设开始受到越来越多的关注，已经成为凝聚人心、汇聚力量的重要途径。一部分村庄开始编写村史，概括村训，谱写村歌，制定村规民约，提炼村庄精神。在个别乡村还举办村庄聚会，大家共同道出村庄的美好记忆，集体谋划村庄发展蓝图。① 村庄文化以其特有的历史积淀和人文蕴涵，呈现出特有的魅力和活力。

地域文化，是在一定的地理区域范围内，在相应的地理环境和历史背景基础上形成的具有相对稳定性和独立性的文化体系（区域文化是在自然和地理的基础上，偏重于历史和人文及其行政因素的表述）。相对于幅员辽阔的中华民族来说，地域文化的内涵和外延都是相对的，依据不同的标准和范围去划分，会形成不同的地域文化的类别。在比较宽泛一些的角度，将地理和历史因素统一起来，可划分出岭南文化、吴越文化、齐鲁文化、燕赵文化、关东文化、荆楚文化等个性鲜明的地域文化。在每一个大的文化区域内又可划分出更小范围的地域文化，如齐鲁文化又可分为齐文化和鲁文化，吴越文化又可分为吴文化和越文化等。而在近代以来行政力量不断加强的条件下，区域文化越来越从属于行政的划分，各种区域文化精神及其共同价值观的概括提炼多数也是以省、市、县、乡镇为基础进行的。当然，历史的文化积淀和现实的行政区划，在文化的角度看是难以分开的。地域文化需要深厚的历史积累，虽然城市也是区域文化的重要成因，但多数地域文化，最广泛的根基还是存在于广大的乡村。

家族文化、村庄文化与地域文化是乡村文化中紧密相连的一组关系。家族文化是村庄文化直接的支撑力量，有的村庄文化就是由一个或几个家族文化兼容而成的，那些最具影响力的家族文化有时还会成为地域文化的核心要素。在很多地域历史文化的记述中，几乎都有若干家族文化深深的印记。村庄文化作为聚居意义上的文化载体，必然会在长期的共同生活和交往中产生相互的影响，从而渗透到家族文化

---

① 2016年5月，在笔者的家乡，黑龙江省大庆市林甸县花园镇雷家围子村，举办了一场颇具盛势的居民聚会。曾经在这里居住过的人们，在外打工的村民，与现在的村民们济济一堂，他们中有从上海、北京、山东、哈尔滨等多地赶来的企业家、书法家、教师。在团聚期间，大家不仅共叙友情，还制定了多项村庄发展规划，给村庄文化增添了新的色彩，为村庄的进步提供了新的动力。

之中，自然也要融入地域文化之中。区域文化因其构成元素的多样而具有相对的稳定性，能够在漫长的时间里，以无形的力量浸润到家族文化和村庄文化中去，并通过家族文化和村庄文化体现出来。在新时期中国乡村历史文化急剧变迁的进程中，家族文化、村庄文化与地域文化都在发生变动，相互之间的渗透和推动作用也在加大。保持家族文化、村庄文化与地域文化之间的健康和谐关系，已经成为乡村文化进步的不可忽视的因素。

在新时期经济社会活动市场化的进程中，发展的不平衡性开始越来越突出地呈现出来，受此影响，家族文化、村庄文化与地域文化之间关系不协调的状态也不断反映出来。在一部分乡村，经济实力雄厚、社会地位突出的家族，在文化上的贡献和影响有时也会大一些。如果这种影响在正常范围内，人们是可以接受的，一旦出现个别家族或个别人员的威风张扬、不知自忌的状况，就会形成对其他家族，对村庄文化甚至小范围的区域文化产生挤压，造成心理上的抵触，带来文化上的不协调。如果村庄文化都是处在相对独立的状态中，一般不会出现过多的矛盾，但在近些年乡村合并或调整的力度明显加大的背景下，不同的乡村之间，文化关系形成了"内部"的关联，如果认识不足或处理不当，乡村之间就可能出现经济利益基础上的文化分歧甚至纷争。在地域文化建设，尤其是在制定文化发展规划、进行文化建设投入、提炼区域文化精神的过程中，如果不能充分考虑家族文化和村庄文化的因素，有时就会引发一些不满的情绪，影响社会的和谐氛围。注意化解家族文化、村庄文化与地域文化之间可能出现或已经出现的不协调关系，是当前乡村文化进步中需要关注的问题。

正确处理家族文化、村庄文化与地域文化之间的关系，一是要有中华文化"多元一体"的思想认识，看到不同范围和领域内的文化，都是中华文化的一部分，文化的个性与共性统一起来才有力量。二是要有全球化的视野和胸怀，看到中华文化走向世界、世界文化走入中国的脚步在加快，任何人都不能在文化发展中一叶障目，不见泰山。

六　生存文化、生态文化与美丽文化

　　维持自身的生存，保持与自然的关系，追求生活的品质和情趣，这是人类共同的基本的任务。中华民族在漫长的文明历史上，在生存、生态和审美领域都表现出特有的智慧，形成丰厚而独特的文化，并建立起内在的紧密逻辑关系。生存文化、生态文化与美丽文化在新的历史时期，出现新的内涵，形成新的更高层次的关联，这是乡村文化一个古老而又必须重新面对的问题。

　　生存是动物界的本能，人类的生存需要技巧，需要知识，需要智慧。长期的生存和发展，必然汇聚和凝结成生存文化，也就是形成人们对待生存问题的思维方式、行为准则和价值取向等文化体系。乡村是人类生存文化积累历史最长久的空间。中华民族是一个有着"厚生"精神和价值取向的民族，一方面将生存本身的意义看得很重，讲求现实的现世的生存质量，而不同于某些宗教色彩浓厚的民族，更多地将生存的意义寄托于来世。另一方面，就是创造出丰富的满足生存和生活需要的物质产品。我们走进中国的每一个大型博物馆，也许最令人惊叹的就是那些维持生存、享受生活的器物器皿，从而形成其他民族难以企及的饮食文化、服饰文化、居住文化。尽管人类为了改善生存的条件，在工业化、城市化、现代化的进程中，让生存文化的内涵发生了深刻变化，但在最基本的生存保障的意义上，乡村依旧是保障生存底线的根本所在。离开农业文明的成果，人类毕竟难以生存。丰富的乡村生存文化在现代社会并未失去其存在的意义，只是被现代文明的绚烂挡在了后面而已。

　　生态文化是人类在自身生存发展过程中处理与自然之间的关系，形成人与自然和谐，保持生态正常和良好状态的历史中形成的文化观念体系。生态文化的概念产生的时间不长，但生态文化的问题却是与人类的产生和发展相伴而生的。在追求高品质的生存，在应对频发的自然灾害的过程中，中华民族形成了异常丰富的生态文化的思想，主张道法自然，倡导尊重自然，认为人是自然的一部分，希望达到天人合一的境界。近代以来，工业革命的成果借助资本和市场的强力推动，大规模发起对自然的无限度的掠取，致使我们步入了生态的困境之中。对于乡村来说，生态文化也具有了多样的意义。一方面，乡村工业的快速发展和农业资源的过度开发利用，导致自身的生态面临问题，生态文化对乡村产生现实而直接的意义；另一方面，城市生态的恶化，导致城市人口对相对良好的乡村生态环境的向往和依赖，甚至重新认识和认可乡村传统生态文化的价值。

美丽文化，从宽泛的意义上说，是人们在追求审美情趣的历史进程中形成的文化思想和文化成果。从狭义上说，是在美丽中国建设实践中大量的精神文化呈现。美丽文化的表述，也许还只是一个鲜活的词语，还不能称之为严格的学理意义上的概念，但美丽文化内涵的迅速充实，却在推动着美丽文化概念的加速形成。追求诗意的生活、园林的情趣，是在远古的中国就已经形成的传统，在物质生活贫乏的先秦时代，就有了《诗经》那样的流传至今的美丽诗篇。宁可食无肉，不可居无竹，不仅仅是文人士子们的志趣，也是普通民众的生活情趣。在中国农村的生活得到根本改善后，美丽乡村建设开始成为美丽中国建设的重要支撑。在许多地区，乡村成为美丽中国的先行者，尤其是浙江，已经取得了重要成果和丰富经验。现在，我们在中国乡村的大地上，到处都能见到让人流连忘返的美丽乡村，在东南沿海地区，美丽乡村更是日见密集。美丽乡村建设，既有政府部门的引领和规划，更有乡村民众美丽文化的智慧。有些乡村的美丽色彩，鲜明、幽深、灵动，让人赞叹不已。

在新世纪中国乡村的生态文明和美丽乡村建设中，生存文化、生态文化与美丽文化已经开始在新的时代条件下加速融合，成为中国特色社会主义新农村的重要依据。生存文化中的积极因素开始转入生态文化的思想体系之中，构成有中国气派和历史底蕴的生态文化思想观念，提升到美丽文化的不懈追求中，构成有中国品格和人文蕴涵的美丽文化（安徽的宏村、西递，浙江的乌镇、西塘等许多历史文化名村，都可谓是这方面的典型）。生态文化的迅速进展，改变着传统生存文化的认知结构，大量消极落后的生存文化习俗得到纠正或克服，促使人们的生存文化更健康，也让美丽文化具备了更为坚实的生态文化根基，不至于在审美的追求中忘记生态原则。美丽文化不断促使生存文化提高品位，让人们的生存变得更为生动，更富情趣，也为生态文化赋予了更多的审美韵味。生存文化、生态文化与美丽文化的这种良性互动关系，已经不仅仅是理论和艺术层面的构想，在浙江农村文化礼堂建设和美丽乡村建设的实践中，已经大量化为现实的图景。加速生存文化、生态文化与美丽文化关系的和谐共进，成为社会主义新农村建设的重要内涵。

生存文化、生态文化与美丽文化之间和谐关系的演进，有积极而重大的成果，也在探索和实践中出现某些消极的现象。在个别思想观念落后的乡村，基于落后的生存文化观念，一些人为了满足生存欲望，超越生态的限度，将维持生态平衡的动植物也作为生存消费的对象，既失去了生态文化的准则，也破坏了美丽文化的根基。在部分生态文化观念淡漠的乡村，生存文化仍处于不适当的甚至至高的地位，仍处于对自然的强力"征服"状态，更难以考虑美丽文化的价值。在美丽文化"不足"的同时，部分乡村也产生美丽文化"过度"的问题，他们为了装点乡村，推动旅游，在有意无意间忽视了生态的制约，为了眼前的美丽而牺牲了生态的资源。避免生存文化、生态文化与美丽文化之间产生消极关系及其后果，是乡村文化进步中值得注意的新问题。

正确处理生存文化、生态文化与美丽文化之间的关系，最重要的是平衡好眼前利益和长远利益、当代人的幸福和后代人的幸福之间的关系，不能无端侵害后代人的资源。同时也要兼顾精神享受和物质享受之间的关系，在满足基本生存条件的前提下，需要我们最大限度地限制无端的物质享受，拒绝奢华，抵制腐朽，而把更多的欲求指向健康美好的精神生活。

七 文化自觉、文化自信与文化自强

我们必须承认，农村和农民的文化自觉、文化自信与文化自强，是中国文化复兴的重要基础甚至可谓是关键因素。在当代中国的乡村文化发展中，文化自觉、文化自信与文化自强是理论上各有侧重、实践中又须统一的一组重要文化关系。

费孝通先生认为，文化自觉就是"人类发展到现在已开始要知道我们各民族的文化是从哪里来的？是怎样形成的？它的实质是什么？它将把人类带到哪里去？"① 乡村文化自觉自然是要认识乡村文化的历史地位和历史变化、文化性质和文化特点、现实作用和未来走向。对于乡村的文化自觉，近百年来，中国的文化精英们从未停止过探索的脚步，从历史学、社会学、文化学到政治学，都有各自的观察和思考，也都给出了各种不同的评说。这些学理的探讨，有其重要的价值，但却难以代替农村和农民自己的认识和感悟。进入新世纪，乡村的文化"自觉"开始进入"本来"的轨道和层次。在全国各地的许多乡村，开始编修村史和村志。在浙江省的农村文化礼堂建设中，"村史廊"居于文化礼堂的"首要地位"，每个村庄的文化礼堂，都有比较系统和完整的对村史的梳理和呈现。通过以村史为核心，包括各类村庄故事、传说、成就和影响的综合展现，让广大农民群众对乡村文化有了完整的理解，奠定了乡村文化自觉的重要基础。

文化自信是对自己的文化历史、现实和未来有认可和认同，有信心和期待。"文化自信，是更基础、更广泛、更深厚的自信。"② 中国的文化自信不能缺少农民的文化自信。对中国的农村和农民来说，距离全面的文化自信尽管还有很大差距，但新时期新世纪农村社会的全面进步尤其是文化事业的快速进展，让广大农民群众获得了越来越多的文化自信的条件。与乡村文化有紧密关联的大批非物质文化遗产的成果申报和展示，大批历史文化名村的评选和开放，让乡村的文化自信增强了历史底蕴；大批美丽乡村旅游线路的开辟，大量城市居民甚至国外游客羡慕的眼光，让乡村的文化自信增强了生态的根基；大规

---

① 费孝通：《关于"文化自觉"的一些自白》，《群言》2003年第4期。
② 习近平：《在中国共产党成立95周年大会上的讲话》（2016年7月1日），人民出版社2016年版，第13页。

模乡村文化基础设施的建设,城乡文化统筹的推进,让乡村的文化自信增强了制度的依托;依旧保存着的淳朴的乡土风情和温馨的人际关系,让乡村的文化自信增强了人文的情结。农村和农民的文化自信成为当代中国梦的重要内容。

文化自强,是怀抱文化理想,主要依靠自己的力量,以自强不息的精神状态、执着奋进的实际行动,去不断超越现实的文化内涵和文化水平,向着更加高远的目标前行。文化自强是民族精神的重要组成部分,也是中国农民的重要品格。从古代到近代,从革命到改革,中国农民都呈现出文化自强的特点。农民群众所创造的文化成果,不仅满足自身的精神生活需要,还不断输送给其他的社会阶层。中国的大量历史文化经典性成果,都和农民的创新和创造有关,饮食文化、武术文化、雕塑文化、医药文化几乎都有农民生产生活的经验积累和总结。在改革开放中,初步富裕起来的中国农民,文化自强的精神重新得到振作。近些年,源自农民的草根文化源源不断地登上全国各级各类文化舞台,并发挥越来越重要的作用,形成一支不可忽视的力量。在浙江的一部分乡村,农民的文化演出队伍已经走进城市的文化广场,甚至走出国门,走向世界。农民的文化自强呈现崭新的态势和良好的趋势。

文化自觉、文化自信与文化自强只有在良性的互动、协调的联系中才能共同提升,这在文化尚不发达的农村社会,还是一项艰巨的任务。目前,全国部分高等院校和科研机构已经开始将文化自觉、文化自信与文化自强之间的协调互动问题,在农民发展、农村进步、文化繁荣等不同角度上展开研究,并出现了一些相关的研究团队;在农村社会内部,农民中的文化爱好者或研究者也开始形成许多自发的组织或团体,将乡村的文化自觉、文化自信与文化自强一体思考。[①] 在农

---

① 2006年,浙江人民出版社出版了记述浙江省花园村党委书记邵钦祥奋斗历程的《邵钦祥传奇》;2011年,新华出版社出版了汇集"天下第一村"——华西村主要领导人吴仁宝的报告、讲话、文章的《吴仁宝文集》;2016年,现代出版社出版了方东的《浙东历史生态名村洪魏》;2016年,慈溪市乡贤文化研究会开始创办《慈溪乡贤》(半年刊)杂志等。这在一定意义上都可谓是乡村文化自觉、文化自信与文化自强的文化成果。

民群众中还出现一些热心于发明创造,甚至钟情于学术研究的"不务正业"的人(被称为"中国家谱收藏第一人"的慈溪市的励双杰,住在自建的农家小院,却收藏有线装旧家谱近 2 万册,还编著出版《慈溪余姚家谱提要》《中国家谱藏谈》等,在我们走访励先生,置身家谱之中,确实深有感动;在我的家乡,黑龙江省林甸县花园乡中心村,有一位几十年如一日,"至今未婚"的徐璟,自 20 世纪 80 年代末即开始痴迷于中国传统文化,已完成《中国历史文化的起源与进程》《中国文字起源与进化》《甲骨文与金文研究》《论学》等多部书稿,近年来与笔者保持着联系)。政府的相关部门不断增强文化担当的意识和责任,不断促进乡村的文化自觉、文化自信与文化自强的内在融合。

在乡村文化发展中,文化自觉、文化自信与文化自强也面临许多困难和考验。在部分偏远和落后的乡村中,有限的文化自觉的结果,常常成为失去文化自信的依据,甚至产生文化自强努力不够的消极行动,许多人认为乡村就是文化落后的地方,甚至认为根本无文化可言;在部分经济发达地区的个别乡村,存在过度或盲目的文化自信,造成文化自觉的意识缺乏,文化自觉的视野不宽、程度不够,文化自强的方略不当,难以持续;还有少数乡村,有了某些文化自强的现实成就,就开始飘飘然,忽视文化自觉和文化自信的有力支撑,造成文化自强的方向和道路出现偏颇。解决乡村文化自觉、文化自信与文化自强关系不顺的问题还任重道远。

正确处理乡村文化自觉、文化自信和文化自强的关系,一是要明确并坚持农民群众在农村文化建设和文化生活中的主体地位及主体作用,来自外部的力量可以引导和帮助,却不能包办和代替;二是要明确并坚持从农民的全面发展和根本任务出发,整体地看待农村文化自觉、文化自信和文化自强问题。

八 本来文化、外来文化与返乡文化

对于快速变动的乡村文化,"推波助澜"的因素越来越多,不仅自身的文化在发生变化,各种类型的外来文化也大量渗透和影响着乡村社会,而大量返回乡村的外出人员的"回流",又带来各种异地的文化,借助"流动",开始"嫁接"到乡村中来。本来文化、外来文化与返乡文化在乡村的汇合、融合与冲突,成为新世纪乡村文化的重要景象,而且还在不断的深化中。

任何一个地区,其文化不可能是一成不变的,即使是在古老的中国和古老的乡村也是如此。但大多数的乡村,只要不出现大规模的人为的战乱或严重的自然灾难,它们的文化总会有源自内部的演进依据和演进轨迹,形成属于自己而非他者的性质和特征,也就是有着乡村"本来"的文化。现在,中国乡村的本来文化出现两种不同的走向:一方面,在不断加速的城市化进程中(还有部分经济不发达地区,出于脱贫考虑而进行的异地迁移),出现的乡村聚居人口"空壳化"、乡村文化"虚幻化"的趋势,造成"本来"文化的"割裂"甚至"终结"。一方面,在新农村建设和文化建设中,乡村的本来文化得到巩固和加强,得到深化和升华,甚至形成品牌,声望日隆。在全国的每一个地区,都有基于"本来文化"而建设起来的历史文化名村,从北京市门头沟的爨底下村、琉璃渠村,到安徽的宏村、西递,再到浙江的诸葛村、龙宫村,以及福建省武夷山市的下梅村等,莫不如此。

对于当代的中国乡村,相对于本来文化,源自外部的"外来文化"呈现越来越多的趋势,不仅数量多,而且类别和层次也在增多。在全国各地经济发达、工商业繁荣的乡村,聚集了数量庞大的外来务工人员,他们必然带来自己家乡的文化习俗,并在务工地的业余生活中展现出来,这是最为主要的也是对"本来文化"一种影响最大的外来文化。在一些乡村中,主要是长三角、珠三角及京津冀地区,城乡一体化的进程更快,一部分城市中人特别是一部分城市精英人才(企业家、学者、专家、退休干部等),以短期休闲、周末或假期旅行的方式走入农村,甚至以长期定居的方式居住在乡村,他们带给农民群众大量的城市的文化、科技的文化。除了这些个体性进入乡村的外部人员带来的文化,还有一些"落户"在乡村的"外部性"的企业，更是以整体性的文化影响着乡村的生活，影响着乡村的观念。

在改革开放的新时期，从中国的乡村走出去的"外出"人员数以亿计，他们走向发达地区的乡镇，走向城市，甚至大批走出国门，走向世界各地。他们中的一部分人返回乡村生产、生活或创业，是一种自然的现象。本来，中国乡村的大量外出务工者就有着亦工亦农的"两栖"生活。这些在全国甚至全世界工作生活过的人们，在返回自己的家乡后，他们身上已经凝成了三种文化：一是自己家乡的文化不可能忘怀，这是他们的文化之根；二是异地的文化（有很多人是在多个文化区域内工作生活过），这是他们在生产生活实践中有切身感受的文化，不可能丢弃；三是回到家乡后，在亲切感和疏离感的矛盾中形成的综合性的新的文化心理和文化精神。"返乡文化"，这是一种描述性的话语，但对于中国几亿返乡人员，尤其是近些年中西部地区的良好发展势头吸引了越来越多的返乡创业人员，这是历史转型时期特有的社会现象，也必然会形成与之相应的可以留存于历史的文化。他们行为、思维、精神和价值已经构成了一种文化形态，不论是否确切，大体可称之为"返乡文化"。

本来文化、外来文化与返乡文化的积极互动，构成新时期中国乡村文化繁荣发展的重要根基和动力，也形成乡村文化的巨大活力和气势。那些本来文化底蕴深厚、品质优良的乡村，或者成为吸纳外来人员和外来文化的重要条件，或者成为吸引返乡人员和返乡文化的重要因素。那些外来文化繁荣的乡村，对本来文化的推动和改进的作用会更大，对返乡文化的理解和包容的程度也会更高。那些返乡文化活跃的乡村，对本来文化的推进作用一般会更快，对外来文化的支持力度一般也会更大。在全国各地，都有针对外来人员的主要管理部门。在浙江的一些地区，已经在多年前就设立了面向外来务工人员的政府部门相关机构，既是对外来人员的管理，也是对不同文化的协调。在浙江的许多乡村，文化教育、文化设施、文化活动及社会福利已经全方位地向所在地的各类居民开放。

本来文化、外来文化与返乡文化的消极互动，有时也会制约乡村文化的发展，这已经在部分地区和乡村反映出来。有的乡村，对外来文化的盲目排斥或无意的疏离，造成了一些不必要的矛盾和冲突，影响了社会稳定，也制约了经济发展，这方面的教训已经留下很多。有的乡村，外来文化对本来文化的简单排拒，已经带来了自身的"文化孤独"，造成自己生活的寂寞。有的乡村，留给返乡文化的空间不足，造成一些返乡人员在精神或情感上的"多方无助"，也形成由本来文化的固执保守带来的被动落后。本来文化、外来文化与返乡文化的关系，还会在中国乡村的文化发展中较为长久地持续。将三者之间的消极互动转化为积极互动，是乡村文化难以回避的任务。

正确处理本来文化、外来文化与返乡文化的关系，一是要承认文化的相对独立性，不能简单地从经济的决定作用出发，以经济收入上的高低去评价不同社会群体文化上优劣；二是要在主流文化的引领下，重视文化多元并存与交流的意义，重视文化综合创新理论的价值。

九　文化设施、文化队伍与文化组织

进入新世纪，中国乡村的文化设施建设、文化队伍建设、文化组织建设都在不断加速，文化设施、文化队伍与文化组织之间的关系也在快速发展中不断交织和汇聚，这既带给乡村文化进步以广阔的空间和强大的生机，也使乡村文化面临许多新的矛盾和新的问题。文化设施、文化队伍与文化组织之间的关系，成为乡村文化体系中一组十分令人关注的重要关系。

文化设施是乡村文化活动的前提和保障。近代以来，由于文化重心向城市的转移，城乡差别不断扩大，乡村的文化设施长期处于相对落后的状态和水平，成为制约农村进步和农民发展的重要因素。在城乡文化统筹、政府的文化投入不断加大、乡村及农民对文化的需求日益强烈的背景下，中国的乡村文化设施建设在全国各地都呈现出新的气象，特别是沿海经济发达地区，开始有计划大规模地开展乡村文化设施建设。政府的投入，集体的投入，个人的资助，已经汇成一股"洪流"，推动着乡村文化设施建设高速进展。浙江省自2013年开始在全省进行农村文化礼堂建设，至2016年年底，已建设完成4000多个，计划到2017年年底，完成5000个文化礼堂建设任务，届时，全省的文化设施就会有根本性的改观。现在，浙江省有很多农村文化礼堂及相关文化设施，投入几百万甚至过千万，在这里，礼堂、讲堂、球场、广场一应俱全，品质和层次不亚于城市的相应设施。

文化队伍是乡村文化发展的主体与核心力量。近代以来，乡村文化人才外流，内部文化骨干成长艰难，成为影响乡村发展的"瓶颈"。在改革开放中，富裕起来的农民群众开始自发地向文化领域迈进，已经步入大众化发展阶段的高等教育也开始更多地向农村输送文化人才，乡村原有的教育、科技、卫生人员，开始关注乡村文化事业，乡村的文化队伍开始不断壮大，已经形成多层次多领域的文化队伍格局。处在乡村文化队伍核心层面的是体制内的乡村知识分子，他们既是乡村文化人才的培育者，又是乡村文化队伍的中坚力量；其次是乡村文化能人，他们是掌握各类文化专门技艺、有文化特长的人才，是乡村文化队伍中的可靠力量，也是乡村文化活动的重要推动力量；再次是乡村文化爱好者或热心者，他们是乡村文化的积极有力的支持者，是乡村文化队伍的基础力量。除以上三个基本层次外，还有参与或指导乡村文化活动的外围人员，他们也可能来自外村或城镇，也是乡村文化队伍不可缺少的力量。

乡村文化组织是乡村文化活动有序开展、持续进行的重要保障。比较宽泛意义上的乡村文化组织存在于两个层面上，一个是党和政府的相关文化机构及其所建立的文化组织；一个是民间自发的文化组织。现在，这两个层次的文化组织都在乡村文化发展繁荣的进程中有所拓展。党和政府的文化机构，在原有的乡镇文化站等之外，开始向村级延伸，出现村级的图书管理员、文化活动管理员等；民间自发的文化组织，既有文化活动的组织，也有文化产品生产的组织，还出现了许多文化研究的组织。这些不同层次和类别的文化机构和文化组织在乡村文化建设、文化管理、文化活动中都发挥着重要的作用，也构成新时期乡村文化进步的重要成果。

文化设施、文化队伍与文化组织之间关系的性质和状态，从根本意义上说，是由社会性质和文化宗旨决定的。如果文化设施完全私有，文化组织为个别人服务，那么，文化队伍与文化设施和文化组织就不一定完全是正相关的关系。在社会主义中国，是为人民服务的文化，乡村文化发展中的文化队伍与文化设施和文化组织之间是相互依存、相互推动的关系。当前社会主义新农村的文化设施建设，为文化队伍的扩大、文化队伍的活动、文化队伍水平的提高，提供了物质条件，也为文化组织的拓展与活跃提供了物质前提。文化队伍的扩大，呼唤着文化设施的改善和文化组织的加强，也让文化设施更好地实现其价值，让文化组织更好地发挥其功能。文化组织的强化与多元，更好地保证着文化设施的有效利用，促进着文化队伍的高效运转。在全国范围看，一些乡村文化发展速度比较快的地区，文化设施、文化队伍与文化组织之间关系的协调性一般也都更好一些。在浙江省的农村文化礼堂建设中，已经开始将这几方面都纳入发展规划，进行了统一的部署和规划，也取得了良好的效果。

　　文化设施、文化队伍与文化组织之间的关系，在一些地方的乡村文化实际运行中，也存在进展不均和协调不够的问题。有的地方，乡村文化设施大量闲置，文化队伍没有完好地形成，文化组织不够健全，造成资源浪费，群众指责较多；而在一些文化设施不足的乡村，满足不了文化队伍和文化组织的需要，尤其是一些最基础的设施不足，人们的怨言会更多。在一些乡村中，文化队伍结构单一、层次单一，文化活动单一，文化设施和文化组织建设自然动力不足。在一些乡村，文化组织不完善，或徒具其形、软弱涣散、效率不高，不能很好地促进文化设施与文化队伍的内在结合。处于城市化和现代化加速推进中的乡村文化设施、文化队伍与文化组织的建设，已经成为一个非常值得研究的问题，如果不能作出长远的战略性的规划，就可能出现难以避免的人力、财力和精力的浪费，这种迹象在个别乡村已经开始显现。

　　正确处理文化设施、文化队伍与文化组织之间的关系，首先必须明确，乡村文化建设要以文化队伍为中心来建构三者之间稳定的动态的关系，而不能见人不见物。在乡村文化设施和文化组织长期"欠账"过多的背景下,也不能忽视物质基础和组织保障,尤其是在一些经济欠发达地区更是如此。同时,还要有公共文化服务城乡联动、公共文化资源整合互通的思路和部署。

十　文化事业、文化产业与文化机制

新时期的社会主义新农村建设,不仅文化事业蓬勃发展,文化产业由萌芽转到快速成长,而且文化治理和协调机制也更加灵活、务实而有效。在文化事业、文化产业和与文化机制都在进步的同时,相互之间的关系也开始以前所未有的内涵展现在人们的面前。许多乡村文化快速发展的先进地区,都在积极探索解决文化事业、文化产业和与文化机制的有效互动问题。

对于近现代中国,是在经济文化严重落后的背景下去实现民族复兴的,人们的思想观念和精神价值至关重要,文化事业成为民族复兴伟业中一个具有特殊意义的组成部分,对乡村来说,尤其如此。中国共产党人对于发展文化事业的重视程度更高。毛泽东早在抗日战争时期就明确指出:"我们共产党人,多年以来,不但为中国的政治革命和经济革命而奋斗,而且为中国的文化革命而奋斗;一切这些的目的,在于建设一个中华民族的新社会和新国家。"[①] 在1949年以来的"新社会和新国家"的建设中,党中央一直将农村的文化事业放在重要的位置上,尽管探索之路历尽艰辛,甚至有过曲折,但党却始终高度关注乡村文化事业。进入新世纪,全国各地的乡村文化事业蓬勃发展,呈现出异彩纷呈的局面,传统文化资源获得新的生机,现代文化元素源源不断地进入,中国特色社会主义文化事业的发展道路初步形成。

在传统文化底蕴丰厚的中国乡村,文化产业发展有着自己独特的优势和广阔的空间。与传统农业相伴而行的传统手工业,在中国曾经

[①] 毛泽东:《新民主主义论》(1940年1月),《毛泽东选集》第2卷,人民出版社1991年版,第663页。

十分发达，其中积淀和蕴含着众多的文化产业基因。与传统乡村生活相伴而行的民间文艺，在中国社会也有长期的积累。一个文明古国，在迅速迈入现代化的历程中，对传统文化的回望和回味是一种必然的趋势，在迅速走向世界的过程中，各国人民对中国文化的好奇和期待也是一种必然的趋势。这就决定了乡村文化有其"复兴"的国内和国际的必然性。正是在这种背景下，乡村的文化产业，在改革开放初期即开始悄然萌动，文艺小剧团、文化产品小作坊小企业大量出现，发展势头日益强劲。进入二十世纪末，一部分乡村的文化产业开始快速地扩展和升级。今天在全国甚至世界都有影响的部分影视城、文化产业基地等，最初就是从乡村文化产业中开始的。一部分纯粹农民出身的文艺（手工艺）人才，也是在从事文化事业的过程中开始向文化产业挺进，甚至创造出巨大的物质财富和精神财富。乡村的文化产业不仅在经济发达地区有日益繁荣的趋势，即使是在经济不发达地区，也出现一定程度的兴盛势头。

　　文化机制是否切合实际，是否能有效运转，是否与政治经济体制机制相互融通，是乡村文化发展的重要条件。在漫长的封建时代的中国，乡村的文化运行机制是相对稳定的、有效的，乡村社会的乡绅治理本身就蕴含文化因素。在半殖民地半封建的中国，乡村的文化运行机制是畸形的、多变的。新中国成立后的一段时间内，乡村的文化运行机制是和计划经济连在一起的。进入新时期，对中国特色社会主义乡村文化运行机制探索的时间还不是很长，虽然已经初具形态，但与市场经济的融合、与乡村环境的融合、与农民需求的融合，都需要一个长久的过程。而且，文化机制的形成、运行和检验，常常都会比政治和经济的机制更加困难和复杂。现在，一些地方政府的相关部门在积极探索，乡村内部的群众也在自发地探索，已经开始出现大量的经验和成果。

　　推进乡村文化事业、文化产业与文化机制的有效互动，已经成为新世纪社会各方面瞩目的问题。1998年11月，文化部就出台了《关于进一步加强农村文化建设的意见》。2005年11月，中共中央办公厅、国务院办公厅又制定了《关于进一步加强农村文化建设的意见》。2015年1月,中共中央办公厅、国务院办公厅印发了《关于加快构建现代公共文化服务体系的意见》,对农村文化事业发展作出全面部署,提出了明确的目标和要求,也对发展农村文化产业给予了许多支持和扶植的政策,同时还强调创新农村文化建设的体制和机制,明确表示支持农民群众自筹资金、自己组织、自负盈亏、自我管理,兴办农民书社、集(个)体放映队等,大力扶持民间职业剧团和农村业余剧团的发展;引导文化专业户相互联合,进行市场化运作,逐步向个体、私营等非公有制文化企业发展,开发文化资源,变资源优势为产业优势。近些年来,这种探索在不断深化。浙江省的农村文化礼堂建设和运行,实际上已经在几年的时间里,就把文化事业、文化产业与文化机制的关系直接推到了人们的面前。一些地方政府及乡村通过"众筹""基金"或捐助等方式在实现文化事业、文化产业与文化机制的有效而可持续的互动。

在推进乡村文化事业、文化产业与文化机制互动的过程中,也出现了许多新的问题,面临许多新的考验。乡村文化事业发展不平衡的问题至今仍比较突出,尤其是沿海经济发达地域与革命老区、偏远地区、贫困地区、少数民族地区的差别更大,还有文化事业内部不同领域的不平衡也大量存在,距离满足农民群众多方面的需求仍有差距。文化事业不同领域与文化产业的衔接也不均衡。部分乡村文化产业脱离乡村文化事业畸形发展,脱离乡村文化的根基盲目发展,不能很好地支撑乡村文化事业的进步,甚至有极少数乡村文化产业出现低俗和媚俗的趋势,把经济效益放到不应有的位置上,发挥的不是促进而是阻碍乡村文化事业的作用。乡村文化的机制,也面临着政府文化治理与村庄文化自治,乡村文化运行机制与城镇文化运行机制协调不畅的困境,这常常会影响乡村文化事业和文化产业的协调发展。探索解决乡村文化事业、文化产业与文化机制之间的梗阻现象,是加速乡村文化进步的客观要求。

正确处理乡村文化事业、文化产业与文化机制之间的关系,首先必须明确乡村文化事业的核心地位,明确乡村文化事业公共服务的属性,在此基础上,政府、乡村和农民才能摆正三者之间的位置,而不至于面对物质利益时错置文化事业和文化产业的地位，也才能抓住文化机制的关键和重点。

著名农民问题研究学者秦晖先生曾说："中国的现代化进程归根结底是农民社会的改造过程。这一过程不仅要变农业人口为城市人口，更重要的是要改造农民文化、农民心态与农民人格。"[①] 全面认识、深刻把握和正确解决当代乡村文化发展中的一系列关系问题，是我们进一步探索中国特色社会主义文化发展道路，探索中国特色社会主义新农村建设道路的重要内涵和艰巨任务。如何在全国各地乡村文化发展丰富经验尤其是先进地区经验的基础上，比较系统地归纳和提炼乡村文化的内在关系，是摆在乡村文化研究者面前的重要课题。我们所给出的思路还是初步的，几乎每一组关系内部都有值得深入探讨的复杂内容（如果更深入地分析，也许还不止我们所说的这十组关系，如法治文化、道德文化与习俗文化，文化管理、文化运行与文化保障的关系也有现实意义）。我们的课题组会继续与地方政府部门和基层农民群众紧密联系，在马克思主义及中国化马克思主义的指导下，不断深化调查研究（在"三农"问题以及乡村文化问题的研究领域，学术界长期存在着马克思主义、自由主义和民粹主义的不同思维方式和不同情感立场），也渴望得到更多专家学者们的指导和帮助。

---

① 秦晖、金雁：《田园诗与狂想曲——关中模式与前近代社会的再认识》，语文出版社 2010 年版，封面内容介绍用语。

关于新时期乡村知识分子与乡村
文化建设的关系

在当代中国，工作生活于乡村的教师、医生、农技人员、文化工作者及大学生村官总计近千万人，他们是中国知识分子的重要组成部分，是乡村文化建设的中坚力量。我们试图探寻新时期乡村知识分子在乡村文化建设中承继的古代元典传统和士绅传统、近代五四传统和延安传统、当代支边传统和知青传统，分析新时期乡村文化建设在人才培育、文体活动、科技服务、城乡统筹方面对乡村知识分子的内在需求，总结新时期乡村知识分子与乡村文化建设关系上存在的对外部的"送文化"依赖偏重、对内部的"种文化"支撑不足、对现有的"孵文化"关注较少的偏颇，探讨通过增强乡村知识分子的文化自觉和文化自信，改进乡村知识分子的培训方法和管理方式，提高乡村知识分子的社会参与程度和参与范围等途径，发挥乡村知识分子在乡村文化建设中的作用。

目前，工作生活在中国广大乡村的教师、医生、农技人员、文化工作者、大学生村官，加之各类退休人员，总计有约近千万人，他们活跃在乡村的教育、卫生、科技、文化领域，是中国知识分子队伍中的一支重要力量。乡村文化是以广大乡村居民为主体，以乡村历史传统和社会生活为特色，以农民群众的思维方式、行为方式和价值取向为基本内涵，承载着中国特色社会主义文化使命的一种文化类型。在改革开放的新时期，乡村知识分子[①]队伍不断壮大，乡村文化建设的

---

① 自20世纪90年代以来，学术界在从思想庙堂回归学术本位的过程中，一些"大概念"也开始"破碎"，研究确实是"细化"了，方向却似乎有些"迷失"了，"乡村知识分子"这样的"整体性"的概念已经很少使用了。

地位日渐突出，乡村知识分子与乡村文化建设究竟存在怎样的历史、现实、理论和逻辑关系，是我们推进乡村文化繁荣发展过程中必须认真总结思考的问题。根据我们的调查研究和中国农民发展研究中心的思想资料积累，我们仅就新时期乡村知识分子与乡村文化建设关系中的几个基础性问题进行初步的探讨。

一　乡村知识分子在乡村文化建设中承继的历史传统

如何正确地看待自己的历史，能否有效地承继自己的优秀历史传统，是一个民族、一个阶层是否成熟，能否顺利发展的重要标志。作为有着深厚历史积淀和强烈历史使命的乡村知识分子，在新时期的文化建设中，承袭着多方面的历史传统，艰辛地走在通向未来的道路上。

1. 古代元典传统和士绅传统

如果说在先秦子学时代出现了"中华文化元典"，形成了"中华元典精神"[①]，那么，在春秋战国时代，加速并完成文化元典和元典精神的孔子、孟子、老子、庄子等至圣先贤们也可以称之为"元典知识分子"，他们的思想和言行也就具有了元典的精神传统。[②] 这些古代元典知识分子的精神传统，内涵丰富，特色也很鲜明。一方面，元典知识分子有士志于道的情怀，强调"士不可以不弘毅"（《论语·泰伯》），"穷不失义，达不离道"（《孟子·尽心上》），认为道重于利，"君子谋道不谋食"（《论语·卫灵公》），道尊于势，君子"从道不从君"，展现出知识分子真理至上性的本质内涵。另一方面，

---

① 雅斯贝斯在《历史的起源与目标》中提出，不同的文明都经历了一个轴心时代。武汉大学冯天瑜教授在《中华元典精神》一书中系统论述了中华元典及其精神内涵，并得到北京大学张岱年先生的充分肯定，在学术界产生重要影响。参见《中华元典精神》，上海人民出版社1994年版。

② 参见拙作《知识分子与先进文化》，吉林人民出版社2004年版，"中国元典知识分子的开创性文化"部分之内容。

元典知识分子大多着眼于人事，有浓厚的社会关怀，倡导"得志，泽加于民；不得志，修身见于世。穷则独善其身，达则兼济天下"，《孟子·尽心上》），强调"老吾老以及人之老，幼吾幼以及人之幼"，以及"民为贵""兼相爱"的思想，展现出中国知识分子关注民众民生的特点。这些元典知识分子的精神传统是新时期乡村知识分子最为悠久深厚的思想基础。

秦汉以后，进入冯友兰先生所言的经学时代，士人阶层开始活跃于中国的历史舞台。"汉唐时代的儒生们走的是往政治发展的上行路线，更多的体现为帝国的士大夫；而宋明以后由于佛教和理学的内在转向，士大夫从单一的上行路线转而下行，注重民间的教化职能，从士大夫变为士绅。"① 一方面，身处乡村的士绅，通过创办书院或乡学，通过讲学或聚会活动，履行自己的文化承传和创新使命（士人常常在乡野中积累知识，积聚力量，入城入仕后，也不忘乡野，遇挫失意，年高体弱，则常要回归乡野，学成不仕，一般也在乡野传道，在天下情愫与乡野情结的矛盾中，传统之士，一般还是以乡村为基础）；另一方面，借助知识和人格的力量以及国家赋予的功名和声望，士绅们通过制定乡规民约，参与赈灾救济活动，或通过参加社会矛盾调节等活动，而在国家权力与乡土利益之间发挥重要的中介与平衡作用，他们既关注国家的稳定，也关怀乡村社会的发展。至晚清时期，士绅在乡村的影响已经达到很高的程度，以致形成费正清所说的"士绅社会"。这些居乡士子的精神传统是新时期乡村知识分子十分重要的思想根基，因为不仅乡村知识分子自身会延续这种精神遗传，而且在农民群众那里也有这样的倚重心理习惯。

2. 近代五四传统和延安传统

在新文化运动中，知识分子开始接受西方的启蒙思想、政治理论和科学文化，民主和科学成为时代的最强音，成为知识分子进步的两面旗帜。"以科学说明真理，事事求诸实证"成为一种重要的价值取

---

① 《从知识分子研究的视野看近代士绅》，许纪霖：《读书人站起来》，中国人民大学出版社 2011 年版，第 123 页。

向,"举凡一事之兴,一物之细,罔不诉之科学法则,以定其得失从违"成为一种重要的思维方式。开始强调,任何事物如果经不起科学法则检验,"诳人之事,虽祖宗之所遗留,圣贤之所垂教,政府之所提倡,社会之所崇尚,皆一文不值也。"① 这就奠定了现代知识分子的民主科学的核心理念。五四运动中,知识分子从斗争实践中感受到民众的力量,开始重新认识平民的地位,倡导劳工神圣,甚至认为"凡是劳作的人,都是高尚的,都是神圣的"②,承认"知识阶级的意义,就是一部分忠于民众,作民众运动的先驱者"。③ 这就形成了五四时期知识分子尊重民众忠于民众的深厚传统。

抗日战争时期,面对民族的生死存亡,一大批先进的革命知识分子融入民族解放的洪流,冒着生命危险进入陕甘宁边区,承担起民族文化进步和民族精神弘扬的使命,形成延安知识分子强烈的爱国主义传统。同时,延安时期的绝大多数知识分子,接受马克思主义的指导和中国共产党的领导,走与工农群众相结合的道路,将阶级立场和思想情感转到无产阶级的革命斗争中来,从而形成"民众就是革命文化的无限丰富的源泉"④ 的根本认识和思想传统。延安知识分子不仅勇于担当民族救亡使命,走与工农相结合的革命道路,而且将自己所从事的文化事业作为整个革命事业的组成部分,将革命知识分子作为革命队伍的一个方面军。延安知识分子不仅创作出引领时代的文化精品,也创作出反映乡村民众生产生活的通俗作品,他们不仅从事精神生产,也参加物质生产劳动。知识分子在五四时期和延安时期形成的民主的、民族的、科学的、大众的传统,在新时期的乡村知识分子和乡村群众中都有深厚的积淀、深刻的影响。

---

① 陈独秀:《敬告青年》,《青年杂志》1卷1号。《新青年》第1卷,中国书店2011年版,第4—5页。

② 李大钊:《低级劳动者》(1920年1月18日),《新生活》第22期,中国李大钊研究会编:《李大钊全集》第3卷,人民出版社2006年版,第170页。

③ 李大钊:《知识阶级的胜利》(1920年1月25日),《新生活》第23期,中国李大钊研究会编:《李大钊全集》第3卷,人民出版社2006年版,第174页。

④ 毛泽东:《新民主主义论》(1940年1月),《毛泽东选集》第2卷,人民出版社1991年版,第708页。

3. 当代支边传统和知青传统

从成立之日，中国共产党就坚定地担当起中华民族伟大复兴的历史使命。新中国成立后，站在维护国家安全、实现现代化的战略高度，中国共产党积极领导开发边疆、建设边疆的宏伟事业。从新中国成立初期的 10 万解放军官兵进入新疆，大批军人进入黑龙江，再到大量山东、河南、河北的居民进入东北、青海、甘肃等边疆地区，新中国成立初期的垦荒潮，构成新中国的新气象之一。1954 年，苏联共产党中央作出大量垦荒的决定，号召城市中有文化的青年到西伯利亚和哈萨克等地去建设美丽富饶的边疆。莫斯科青年志愿者的克里姆林宫集会，反映苏联垦荒青年的小说《勇敢》以及西伯利亚的"共青团城"，在中国青年和知识分子中产生强烈影响。1955 年团中央制定了《关于组织青年参加边疆建设问题的一些意见》，党和国家提出了知识青年到农村去安家落户的号召。于是，深入边疆的城市青年建立的"北京庄""天津庄""哈尔滨庄""共青社"大量出现，温州青年的大陈岛垦荒队行动影响不断扩大，全国各省市的志愿垦荒队纷纷组建并进入边疆，形成以开拓精神和献身精神为内核的支边传统以及奋发图强的精神状态。①

进入 20 世纪 60 年代初，知识青年上山下乡开始有计划地展开。1962 年到 1966 年共有 129 万城镇知识青年来到农村。1968 年 12 月，《人民日报》发表毛泽东的指示："知识青年到农村去，接受贫下中农的再教育，很有必要。"此后，全国掀起知识青年上山下乡的高潮。从 1967 年到 1976 年，共有 1640 多万知识青年上山下乡。他们用自己宝贵的年华为改变祖国农村的面貌作出了贡献，在一些不发达地区传播了先进文化，普及了科学知识，在中国历史和青年运动史上留下以青春报效祖国、以知识服务农村、以困苦磨炼意志的知青传统。支边传统和知青传统虽然有一定的历史局限性，但其精神内核是十分宝贵的，作为比较宽泛意义上的传统应该值得肯定（1979 年胡耀邦指

---

① 参见定宜庄《中国知青史·初澜（1953—1968）》，当代中国出版社 2009 年版，第 26—45 页。

出：他们是令人起敬的，要在中国历史上，在中国青年运动史上写上一笔，用来教育我们的后代)。① 当然，除了这些积极的传统，在中国历史甚至国际共产主义的历史中，也都曾留下排拒知识分子的消极传统，同样不可忽视。

二 乡村文化建设对乡村知识分子产生的内在需求

新时期的乡村文化建设不同于以往，从文化的基础设施、文化的思想内容到文化的传播方式，其科学技术的蕴含都在不断丰富，对知识的依赖在不断加大，因此，新时期乡村文化建设对乡村知识分子的内在需求在不断增强，这会从人才培育、文体活动、科技服务和城乡统筹等多个层面上体现出来。

1. 乡村文化人才需要乡村知识分子的培育

在改革开放的伟大实践中，中国社会取得的重要共识之一就是承认人才具有基础和特殊的意义。2011年10月中国共产党第十七届中央委员会第六次全体会议通过的《中共中央关于深化文化体制改革推动社会主义文化大发展大繁荣若干重大问题的决定》，总结历史经验，明确提出："推动社会主义文化大发展大繁荣，队伍是基础，人才是关键。要坚持尊重劳动、尊重知识、尊重人才、尊重创造，深入实施人才强国战略，牢固树立人才是第一资源思想。"三十多年来，乡村人才持续大量外流，造成乡村文化事业人才的严重不足，乡村发展对人才的需求更加迫切。乡村文化人才需要乡村知识分子在多层面多角度上进行培养教育。

在根本的知识层面看，乡村文化人才成长所需的基础知识、基本素质需要乡村知识分子长期的培养教育。从幼儿园、小学、初中到部分发达地区开始普及的高中教育，主要都是由乡村教师完成的（乡村

---

① 参见当代中国研究所《中华人民共和国史稿》第3卷，人民出版社、当代中国出版社2012年版，第89页。

农技人员等也会以不同方式参与教育活动)。从人才成长的角度看，乡村文化人才的健康成长需要乡村知识分子不断的培养帮助。很多乡村知识分子不仅有专业知识技能，也有文学艺术上的一技之长。乡村知识分子常常是乡村文化人才的最初示范者和启蒙者。在乡村文化人才成长初期，一般都有乡村知识分子的支持、鼓励甚至陪伴。当乡村文化人才有了一定的成绩，还需要乡村知识分子的扶助、推荐甚至合作。当乡村文化人才成长中遇到问题或出现曲折，能够给予指导或批评的，主要也是乡村知识分子，因为这些人曾是他们的老师，是他们信赖的长者。

2. 乡村文化活动需要乡村知识分子的支撑

很多学者都承认，中国历史的真正秘密，其实隐藏在"乡村中国"。中国的乡村文化看似简单平静，其实内涵很丰富。乡村知识分子每天就工作生活在乡村之中，他们的服务对象就是广大的乡村居民及其子女，他们的很多亲友甚至伴侣就是农民，他们和乡村文化是一体的。农民日常生活中的技术信息获取、图书报刊阅读、广播电视评论、手机网络咨询常常都需要乡村知识分子帮助或指导，尤其是遇到困惑及疑难的问题更是要求教于乡村知识分子。在婚丧嫁娶或节庆等文化蕴含丰富的活动中，村民们也需要乡村知识分子做些知识性的阐释或解说。

新时期，乡村的各类文体竞赛评比活动不断增多，这也需要乡村知识分子的知识技术支持。在竞赛评比之前，需要乡村知识分子参与规划设计；在竞赛评比之中，需要乡村知识分子参与评判或组织；在竞赛评比之后，需要乡村知识分子参与总结提炼。作为文明古国，中国的乡村文化资源异常丰富，乡村文化资源的挖掘整理，乡村史志的书写，一般都是由相关专业且学有所长的乡村知识分子承担（城市著名专家能够参与的毕竟只是少数）。当乡村文化取得重要成绩后，理论的宣传和概括更是需要乡村知识分子。从我们近年来调查了解的情况看，很多历史文化名村的背后，都有一个甚至几个默默无闻的乡村知识分子在长期辛勤地耕耘和奉献。有的文化名村，其实就是因一两位乡村知识分子而名声鹊起，这是非常值得研究和关注的问题。

3. 乡村文化发展需要乡村知识分子的推动

相对于快速发展的乡村经济来说，新时期乡村文化发展确有相对滞后的一面。乡村文化越发展，对知识和知识分子的需求就越强烈。新时期，逐步富裕起来的中国农民，文化发展需求的层次和数量都在快速提高，一些乡村纷纷建立起书法协会、绘画协会、篮球协会、舞蹈协会等，这些促进农民文化发展的活动内容，很多都是乡村知识分子在进行辅导和推动。乡村地方政府也在积极推动乡村知识分子参与乡村文化发展事业。一些地区（如浙江杭州）不仅大力充实完善乡级文化机构，而且开始单独设置村级的文化工作人员。目前，在一些地方的乡村中还出现了"气象信息员"及"植保机防手"等乡村的"准知识分子"。[①]

进入新世纪，国家实施的城乡文化统筹的政策措施不断增多，推动更多知识分子走入乡村，服务乡村。备受社会瞩目的"一村一名大学生村官"计划，自2008年启动以来，力度不断增大，到2015年达到40万人，覆盖2/3的行政村。在城乡文化统筹中，乡村知识分子居于桥梁和纽带的作用。城市中的先进文化、时尚文化常常要通过乡村知识分子介绍进来，乡村中的传统文化、特色文化常常要通过乡村知识分子推介出去。人们普遍关注的教育差别问题常常也要借助城乡教师的定期交流来解决（南京等地已经制定了城乡教师交流的具体政策）。国家投入巨资兴建的农村文化基础设施，其运行和维护有时也要借助乡村知识分子来完成。

三 乡村知识分子与乡村文化建设关系出现的偏颇

乡村文化人与乡村文化的和谐互动，是乡村文化事业健康发展的

---

① 福建省从2008年开始建立气象信息联络员队伍，负责接收和传播灾害性天气预报信息，同时协助气象灾情收集、调查上报工作，承担着气象信息通往终端用户的"最后一公里"职能。截至2013年，全省共有气象信息联络员2.8万余名，其中农村气象信息联络员2.3万余名。参见钟自炜《知晓天象，护村平安》，《人民日报》2013年11月17日第11版。

关键性条件。新时期，乡村文化人与乡村文化关系，虽然总体上是不断融合、日益融洽的，但相对于广大农民的期待，相对于乡村知识分子的地位和潜力来说，二者之间的协调共进关系仍然存在一些偏颇之处。

1. 对外部的"送文化"依赖偏重

由于历史、国情和政策等多种因素的制约，乡村文化发展，无论是在基础设施、资金投入、人才支持，还是文化消费和文化生活方面，都与城镇有很大差别，在无法迅速改变现状、缩小差距的情况下，国家积极倡导城市对乡村文化的外部帮扶政策是必要的现实性选择。这种源自政府和城镇的"送文化"，在20世纪50年代就已经出现，并不断有新的举措。世纪之交，党和政府加大了科技、文化、卫生的"三下乡"力度，有力促进了乡村文化的发展，也体现了社会主义制度的优越性，受到广大农民的欢迎。

但我们也要看到，中国的乡村人口数量巨大，居住分散，自上而下的"送文化"不可能全面铺开，惠及大多数农民。尽管借助广播、电视、网络等现代媒体，会产生扩大效应，但和现场的参与终归不同。还有一个难以克服的问题是，这些"送来"的文化，很多是源自城市生活，和农民的需求常有"隔膜"，会出现"消化不良"的问题。当我们对"文化下乡"宣传过多时，还会出现乡村文化的"怠惰症"，农民对身边的文化人的"淡忘症"，出现乡村知识分子被边缘化、被"弱势化"的状况。"送文化"十分必要，但目前在部分地区产生了一些依赖过重的问题，如果不能正确对待，就会在一定程度上制约乡村知识分子参与乡村文化的积极性和主动性，也会影响乡村文化的持久发展。

2. 对内部的"种文化"支撑不足

自古以来，中国农民就不完全是文化的旁观者，而是文化的参与者和建设者，只不过是以他们自己的通俗的大众的语言和方式。毛泽东早就谈道："老百姓唱的歌，民间故事，机关里的墙报，战士吹牛拉故事，里面都有艺术。一字不识的人可以讲出美丽的故事，连说的话也是艺术性的,我就听过许多这样的故事。"① 这是中国社会一种很普遍的现象。中国文化绵延五千年而不中断,其中的一个原因就是精英文化和大众文化的并存和互动。作为古代文化经典之一的《诗经》,就源自民间,作为近代革命文化经典之一的歌曲《东方红》,也源自大众,民众参与是中国文化发展的宝贵传统。播种文化、收获文明是中国农民的历史惯性。鼓励农民群众的自我文化创造,也是中国共产党人的一贯主张。

新时期,在思想解放、个性自由的环境中,农民群众一直在发展着自己的乡村文化。一方面,淡泊宁静温馨的乡村,不仅滋养着乡村居民的心灵,也让自以为文化"先进"的城市居民真切感到"过节还是农村有味道",平日精神疲惫时也愿意到"农家乐",因为那里不仅有田园风光,还有文化情趣。另一方面,部分源于乡村的"草根文化",开始出现星火燎原的态势。2007年年初,浙江农民打出了"种文化"的旗号,并举行了农民"种文化"百村赛活动。"种文化"符合时代进步和农民发展的要求,但也有一定的局限。这些自娱自乐的文化活动,一旦进入公众文化场合,有些内容就显得缺乏思想性、艺术性和先进性,甚至对乡村青年缺乏吸引力。有能力提供帮助的乡村知识分子,忙于自己的专业性工作,没有时间精力,也没有足够的政策支持,来推动他们融入农民的"种文化"活动,进而形成部分农民"种文化"中的"根不深""苗不壮""果不实"的状况,这是今天的乡村文化建设不可忽视的问题。

3. 对现有的"孵文化"关注较少

中国农民有文化、重文化,原因之一,就是在中国历史上,知识分子长期"居乡",与农民共同生活在乡村,对农民的文化活动有直接的影响示范作用(尽管在封建文化体制下也会形成鲁迅先生所言的"吃人"的文化),对乡村文化产生"孵化"的功能,即借助乡村自身的文化活动氛围(孵化的"窝")、文化服务对象(孵化的

---

① 毛泽东:《文艺工作者要同工农兵相结合》(1942年5月28日),中共中央文献研究室编:《毛泽东文艺论集》,中央文献出版社2002年版,第92—93页。

"蛋")、文化培育的主体(孵化的"鸡"),进行有自我生命力的文化孵化活动。中国共产党在马克思主义指导下,继承传统,尊重国情,一直积极倡导知识分子走与工农相结合的道路,深入农村,深入田间地头,在思想、立场和情感上与工农群众站在一起。

新时期的乡村知识分子,事实上也在积极从事着乡村文化的孵化工作,一些乡村学校和农技站,长期探索农科教统筹的发展途径,一些乡村知识分子也以个人的能力和魅力,带动、指导周边的乡村农民,参与健康的文化活动,还有很多可称为乡村"文化沙龙"的活动内容。同时,乡村文化活动中还存在一个潜在的问题,就是对以乡村知识分子为中坚力量的内部文化孵化活动重视不够、挖掘不够、支持不够,形成乡村的文化人才在业余时间很少能够从事惠及农民群众的文化工作,而是将时间和精力大量消耗在非文化的经济或社会活动中,结果是一方面乡村文化人才严重不足,另一方面又在严重浪费,对乡村文化有孵化能力和责任的乡村知识分子这只"母鸡"重视远远不够。在浙江多地及黑龙江、河北等地乡村的调查走访中,我们都发现,有特色有内涵乡村的文化礼堂(文化大院、文化休闲广场)几乎都有乡村知识分子的长期而有效的参与,而那些由文化企业"制造"出来的文化场所,多是好看但缺少灵魂的。

四 新阶段乡村知识分子发挥作用的有效途径

党的十八大尤其是党的十八届三中全会以来,中国进入"四个全面"的历史新阶段,乡村文化的发展繁荣在党和国家各项事业中的地位更加重要,乡村文化人发挥作用的空间更加广阔,这就需要我们总结经验,正视问题,在乡村文化建设中,积极探索充分发挥乡村知识分子作用的有效途径。

1. 增强乡村知识分子的文化自觉和文化自信

走过170多年的苦难和曲折,通过60多年的建设和探索,经过30多年的改革和开放,中华民族终于找到了中国特色的社会主义建设道路,同时也面临着表层的经济社会发展的压力和深层的精神文化进步的考验，文化自觉和文化自信成为中国社会各领域各阶层群众的共同任务。但我们也要承认，不同社会群体的文化自觉和文化自信的知识基础、能力条件和社会影响是有差别的。作为乡村社会最重要的文化群体，乡村知识分子承担的文化自觉和文化自信的使命，自然会更多一些。

新时期新世纪，中国乡村文化进步的国际国内环境更优越也更复杂，文化自觉自信的难度更大。这就需要党和政府为乡村知识分子的文化自觉和文化自信提供更多的支持、更有利的帮助，努力提高他们文化自觉和文化自信的历史使命感以及相应的能力和水平。而乡村知识分子自己，一方面要站在一般知识分子的立场，对民族文化的历史、现状和未来有全面的自觉，对中国特色社会主义文化有充分的自信；另一方面要站在乡村知识分子的角度，对乡村文化的历史、现状和发展趋势，对区域文化及村庄文化的历史、特色、潜力有完整的自觉，对新时期社会主义新农村的文化建设有充分的自信。文化自觉和文化自信，是乡村知识分子在乡村文化建设中发挥作用的必要文化前提。

2. 改进乡村知识分子的培训方法和管理方式

进入新时期，各级政府及其相关部门对乡村知识分子的培训力度在不断加大，一些省市还制订了完善的规划，但现有的培训，基本都是针对乡村知识分子的专业知识和基本素质，对于乡村的历史文化知识少有涉及，尽管有间接的意义，却没有直接的完整的内容。在家庭经营仍居基础性质的乡村生产生活环境中，农民的文化生活虽日益丰富，却也被"碎片化"，乡村有计划有组织的统一的公共文化活动很少，乡村知识分子融入乡村文化生活的渠道，多元但却狭窄，他们所面对的一般是个体或家庭的多种多样且不断提高的需求。

在新阶段全面深化改革的进程中，乡村文化也随之出现一系列的新变化新要求，迫切需要改进乡村知识分子的培训方法和培训内容。在培训的规划安排中，不仅要有专业知识的培训，而且要有乡村和区域历史文化知识及精神传统的培训；不仅要有各部门的分别培训，而且要有乡村知识分子的总体培训。在新的历史发展阶段，还需要逐步改进对乡村知识分子的管理方式，不仅要有分属于县（市）各相关部门的条块管理，而且要有面向乡村知识分子的统一的横向管理措施，尤其要加强乡一级的综合性管理，使乡村知识分子形成服务乡村文化的统一意识、统一使命和统一工作安排。这是乡村知识分子在乡村文化建设中发挥作用的知识基础和组织保障。

3. 提高乡村知识分子的社会参与程度和参与范围

新时期，乡村知识分子的社会地位和社会参与程度，在不同时段内有起伏，在不同地域有差别。进入全面深化改革的新阶段，面对城镇化、农村现代化及其农村文化发展的新形势，迫切需要提高乡村知识分子的社会地位和参与程度。乡村的中小学一直是乡村文化活动的重要依托。2005年11月7日，中共中央办公厅、国务院办公厅《关于进一步加强农村文化建设的意见》就提出："充分发挥农村中小学在开展农村文化活动方面的作用，提倡中小学图书室、电子阅览室定时就近向农民群众开放，把中小学校建成宣传、文化、信息中心。"在我们的调查了解中发现，这一建议和要求，在实际运行中落实得还不充分、不到位，重要原因之一，是现在农村的中小学大量并校，虽然提高了办学效益，却弱化了服务乡村文化的功能。还有乡村的医院和卫生所，与乡村文化事业应有的关联也还没能充分有效地建立起来。

目前各地正在大力建设的乡村文化大院、乡村文化广场、乡村文化礼堂、乡村文化院坝、乡村文化书屋等各类文化场所设施，它们的运行和维护都需要大量的文化人才，仅仅依靠专职的文化管理和辅导人员，依靠数量不多的大学生村官，难以满足需要。这就要求政府和乡村基层组织，积极采取各种政策措施鼓励和吸纳乡村知识分子参与活动、参与指导，努力提高和扩大乡村知识分子的社会参与程度和参与范围，把推动乡村文化建设列入乡村知识分子必要的工作任务中来。同时，还要充分利用乡村知识分子的业余时间和节假日，调动乡村退休老年知识分子的积极性（很多乡村老年知识分子退休后，进入城市，处于赋闲的状态）。力争在未来的乡村文化建设中，形成城市知识分子、体制内的乡村知识分子与体制外的各类乡村文化艺术人才的紧密而有效的联系，进而形成共同服务乡村文化建设的中坚力量，这样，乡村文化的发展才能获得更加有力的文化人才支撑。

乡村知识分子与乡村文化建设的关系，是一个长期存在的老问题，在新时期的改革开放和社会主义新农村建设中，获得了相互推动协调发展的新机遇，也遇到前所未有的新问题。研究解决新时期乡村知识分子与乡村文化建设关系问题，是提高乡村知识分子的社会地位，发挥乡村知识分子的社会作用，整合乡村文化资源，加速乡村文化建设，促进城乡文化一体化的关键所在。这里所阐述的仅仅是我们几年来调查思考的一些偏于理论层面的认识，我们将利用中国农民发展研究中心及中国名村变迁与农民发展协同创新中心的平台，继续关注乡村知识分子与乡村文化建设关系问题，以期形成更加深入系统的思路和成果。

乡村知识分子与社会主义新农村建设问题论纲

当代中国的社会主义新农村建设，出现科学技术含量越来越多、精神文化意义越来越大、知识人才依赖越来越强的时代性特点。社会主义新农村建设需要乡村知识分子的科技支撑、政治参与、智力支持、道义推动和知识引领。要发挥乡村知识分子作用，就要深化对乡村知识分子的认识，增加乡村知识分子数量，提高乡村知识分子水平，调整乡村知识分子结构，改善乡村知识分子待遇。社会主义新农村建设的进展，与乡村知识分子的关系变得越来越密切。

实现中国特色的社会主义现代化，最艰巨、最繁重的任务是解决农村、农业和农民问题。党的十五届五中全会从基本国情出发，作出推进社会主义新农村建设的重大战略部署。党的十八大以来，在深入贯彻习近平总书记系列重要讲话精神和治国理政新理念、新思想、新战略的过程中，党中央坚持新发展理念，协调推进农业现代化与新型城镇化，围绕农业增效、农民增收、农村增绿，加强科技创新引领，加快结构调整步伐，加大农村改革力度，提高农业综合效益和竞争力，推动社会主义新农村建设取得一系列新的进展。建设"生产发展、生活宽裕、乡风文明、村容整洁、管理民主"的社会主义新农村，是以农民为主体的全社会各阶层共同的历史使命。工作生活在乡村中的教师、医生、兽医、农业技术人员和乡村企业中的科技人员是中国知识分子的重要组成部分，是乡村中具有一定科学文化知识的脑力劳动者。在社会主义新农村建设中如何认识和解决乡村知识分子问题，发挥他们的知识优势和地缘优势，是一个重要的理论和实践问题。

一 社会主义新农村建设富含科技文化的时代特点

"社会主义新农村"这一概念，早在新中国建立初期就提出过，当时是一个政治蕴涵较为浓厚的表述。在中国改革开放尤其是农村经济发展取得巨大进步、中国城乡二元结构依然存在、农村经济社会发展相对滞后的背景下，党的十六届五中全会再次提出建设"社会主义新农村"的历史任务。十八大以来，党中央在新的发展理念指导下，继续推进社会主义新农村建设。新世纪的社会主义新农村建设，其科技文化的蕴涵越来越丰富，对科技文化人才的依赖越来越强烈的时代性特征越来越明显。

1. 新农村建设的科学技术含量越来越多

新时期的社会主义新农村建设，科学技术的支撑作用在快速提升。早在改革开放之初，邓小平就明确提出，农村的现代化，最终还是要依靠科学技术解决问题。"科学技术是第一生产力"的思想在农村的发展中体现得越来越充分。进入新世纪，尤其是近些年，新农村建设的科技内涵更加丰富。在农业生产中，现在国家积极提倡以规模化种养基地为基础，依托农业产业化龙头企业带动，聚集现代生产要素，建设"生产+加工+科技"的现代农业产业园，发挥技术集成、产业融合、创业平台、核心辐射等功能作用。党和国家还强调，要科学制订园区规划，突出科技创新、研发应用、试验示范、科技服务与培训等功能，建设农业科技成果转化中心、科技人员创业平台、高新技术产业孵化基地，打造现代农业创新高地。支持园区产学研合作建立各类研发机构、测试检测中心、院士专家工作站、技术交易机构等科研和服务平台。在农产品流通领域，国家积极支持农产品电商平台和乡村电商服务站点建设，推动商贸、供销、邮政、电商互联互通，加强从村到乡镇的物流体系建设，实施快递下乡工程。实施电子商务进农村综合示范。鼓励地方发展电商产业园，聚集品牌推广、物流集散、人才培养、技术支持、质量安全等功能服务。全面实施信息进村入户工程，完善全国农产品流通骨干网络，加快构建公益性农产品市场体系，加强农产品产地预冷等冷链物流基础设施网络建设，完善鲜活农产品直供直销体系。推进"互联网+"现代农业行动。这表明，社会主义新乡村建设已经建立在现代科学技术基础上。

2. 新农村建设的精神文化意义越来越大

乡风文明是社会主义新农村的内在标识，农民群众的先进文化追求是社会主义新农村的核心依据。近年来的多个中央"一号文件"都强调，培育与社会主义核心价值观相契合、与社会主义新农村建设相适应的优良家风、文明乡风和新乡贤文化，提升农民思想道德和科学文化素质，加强农村移风易俗工作，引导群众抵制婚丧嫁娶大操大办、人情债等陈规陋习。为了丰富乡村的精神文化内涵，党和政府不断加大对乡村文化建设的支持力度，开始把城乡基本公共文化服务均等化纳入国民经济和社会发展总体规划及城乡规划之中。国家根据城镇化发展趋势和城乡常住人口变化，统筹城乡公共文化设施布局、服务提供、队伍建设、资金保障，均衡配置公共文化资源，使农村文化建设步入与城市文化建设相协调的大格局。各级地方政府开始整合利用闲置学校等现有城乡公共设施，依托城乡社区综合服务设施，加强农村文化设施建设，加大对农村民间文化艺术的扶持力度，推进广播电视涉农节目制作和农村题材文艺作品创作，完善农家书屋出版物补充更新工作。国家开始建立公共文化服务城乡联动机制。以县级文化馆、图书馆为中心，加强对农家书屋的统筹管理，实现农村、城市社区公共文化服务资源整合和互联互通。推进城乡"结对子、种文化"，加强城市对农村文化建设的帮扶。这一系列加强农村文化建设的具体措施，既体现了党和政府统筹城乡文化、加速乡村文化建设的总体思路，也反映出精神文化发展在社会主义新农村建设中越来越重要的地位。

3. 新农村建设的知识人才依赖越来越强

近代以来，农村建设的迟滞，城乡差别的出现和扩大，最为重要的原因就是乡村知识人才的流失或弱化。在世界进入知识经济时代的大背景下，社会主义新农村建设对知识人才的依赖程度自然会越来越强。党和政府对此有深刻的认识，制定了多种支持和鼓励的政策，推动乡村知识人才队伍的扩大和提升。国家积极鼓励高等学校、职业院校开设乡村规划建设、乡村住宅设计等相关专业和课程，要努力培养一批专业人才，扶持一批乡村工匠。国家鼓励地方建立农科教产学研一体化农业技术推广联盟，支持农技推广人员与家庭农场、农民合作社、龙头企业开展技术合作，形成人才培育和应用的完整的链条。国家还在深入推行科技特派员制度，打造一批"星创天地"，加强农村科普公共服务建设，使知识人才的培育具有良好的环境和条件。在新世纪的社会主义新农村的文化建设中，党和政府实施和倡导的边远贫困地区、边疆民族地区和革命老区人才文化工作者专项支持计划，专业艺术院团和艺术体育院校等到基层教、学、帮、带的志愿服务下基层制度，全面提高乡村文化从业人员素质的基层公共文化服务队伍培训上岗制度，加强基层乡土文化人才培养建设计划等各类措施、制度和计划，都在乡村文化队伍建设中发挥作用。这表明，社会主义新农村建设越来越走向依靠知识人才的健康发展道路。

二 社会主义新农村建设对乡村知识分子的内在需要

在世界新科技革命的推动下，知识在经济社会发展中的作用日益突出，国民财富的增长和人类生活的改善越来越有赖于知识的积累和创新。乡村知识分子作为农村中掌握更多科学文化知识的群体，无疑会成为社会主义新农村迫切需要的先进力量。

1. 提高农村经济水平需要乡村知识分子的科技支撑

如何解决农业问题，党和国家领导人有着深刻的分析和论述。邓小平从科学技术是第一生产力的角度出发，明确提出"将来农业问题的出路，最终要由生物工程来解决，要靠尖端技术。"① 江泽民则更为具体地讲道："农业现代化的实现和大农业经济的发展，最终取决

---

① 《邓小平文选》第 3 卷，人民出版社 1993 年版，第 275 页。

于科学技术的进步和适用技术的广泛应用。"① 胡锦涛把"三农问题"作为全党工作的重中之重，认为"要开辟我国农业发展的广阔前景，关键在于农业科技进步"。② 十八大以来，习近平也反复强调："实施创新驱动发展战略，最根本的是要增强自主创新能力，最紧迫的是要破除体制机制障碍，最大限度解放和激发科技作为第一生产力所蕴含的巨大潜能。"③ 总之，实现农业现代化的关键是发展科学技术、提高农民的科学文化素质、提高农业的技术装备水平。农业科学研究需要乡村农业技术工作者与高等院校、科研机构研究人员密切合作；国内外先进农业科技成果和技术装备的推广应用需要乡村知识分子作为中介进行积极宣传指导；农民科技文化素质的提高更是离不开乡村知识分子的辛勤工作。提高农村经济水平需要乡村知识分子的科技文化支撑。

2. 推进农村民主管理需要乡村知识分子的政治参与

管理民主是社会主义新农村建设的重要任务之一。对此，江泽民指出："扩大农村基层民主，保证农民直接行使民主权利，是社会主义民主在农村最广泛的实践，也是充分发挥农民积极性、促进农村两个文明建设、确保农村长治久安的一件根本性大事。"④ 习近平进一步指出："我们要适应扩大人民民主、促进经济社会发展的新要求，积极稳妥推进政治体制改革，发展更加广泛、更加充分、更加健全的人民民主，充分发挥我国社会主义制度优越性，不断推进社会主义政

---

① 江泽民：《论有中国特色的社会主义（专题摘编）》，中央文献出版社2002年版，第128页。
② 胡锦涛：《扎扎实实促进粮食增产农民增收》，《人民日报》2004年4月14日第1版。
③ 习近平：《加快从要素驱动、投资规模驱动发展为主向创新驱动发展为主的转变》（2014年6月9日在中国科学院第十七次院士大会、中国工程院第十二次院士大会上的讲话），《习近平谈治国理政》，外文出版社2015年版，第121页。
④ 江泽民：《论有中国特色的社会主义（专题摘编）》，中央文献出版社2002年版，第716页。

治制度自我完善和发展。"① 经过长期的社会主义民主政治建设尤其是村民自治制度的积极探索，今天的农村民主管理内容更加丰富，形式更加多样，政治法律知识内涵更加充实。推进新农村建设就要创造条件使广大农民真正拥有知情权、参与权、选举权、监督权。这就需要乡村知识分子在日常的工作生活中加大民主管理知识和政治法律常识的宣传力度，在民主政治活动中积极参与管理和监督，以知识分子特有的公平和道义努力维护农民的政治权利，使农民在政治实践中提高水平和能力。乡村知识分子推动民主管理的独特优势是乡村干部的教育管理和各种主流媒体的宣传所无法替代的。因为乡村知识分子与农民群众有亲情、友情、乡情等多种感情联系，有知识、道义、人格等多种影响力量。

3. 繁荣农村文化事业需要乡村知识分子的智力支持

"加强农村文化建设，是全面建设小康社会的内在要求，是树立和落实科学发展观、构建社会主义和谐社会的重要内容，是建设社会主义新农村、满足广大农民群众多层次多方面精神文化需求的有效途径"。② 2014年1月，中共中央 国务院印发的《关于全面深化农村改革加快推进农业现代化的若干意见》提出，要深入推进农村精神文明建设，倡导移风易俗，培养良好道德风尚，提高农民综合素质。有效整合各类农村文化惠民项目和资源，推动县乡公共文化体育设施和服务标准化建设。2015年1月，中共中央 国务院印发的《关于加大改革创新力度加快农业现代化建设的若干意见》提出，要针对农村特点，围绕培育和践行社会主义核心价值观，深入开展中国特色社会主义和中国梦宣传教育，广泛开展形势政策宣传教育，提高农民综合素质，提升农村社会文明程度，凝聚起建设社会主义新农村的强大精神力量。农村文化建设的基础工作是提高农民整体文化素质，培养造

---

① 习近平：《在首都各界纪念现行宪法公布30周年大会上的讲话》（2012年12月4日），《习近平谈治国理政》，外文出版社2015年版，第139页。

② 《中共中央办公厅、国务院办公厅关于关于进一步加强农村文化建设的意见》，《推进社会主义新农村建设文件汇编》，中国法制出版社2006年版，第22页。

就有文化、懂技术、会经营的新型农民。重点任务是发展公共文化事业，推动多种形式的文体活动，满足农民的精神文化需求，同时还要兴办农村文化产业，开拓农村文化市场。乡村知识分子是农村文化建设的核心力量，在农村基础教育、实用人才培养、劳动力转移培训中起重要作用。发挥乡村图书馆、文化站、文化室的作用，组织健康有益的文体活动，保护有地方和民族特色的传统文化遗产也需要乡村知识分子的指导和帮助。发展农村文化事业和文化产业，传播先进文化成果离不开乡村知识分子的智力支持。

4. 构建农村和谐社会需要乡村知识分子的道义推动

胡锦涛在省部级主要领导干部提高构建社会主义和谐社会能力专题研讨班上的讲话中强调指出："在我们这样一个农民占大多数人口的国家里，农民是否安居乐业，对于社会和谐具有举足轻重的作用。"[①] 2015年中共中央 国务院印发的《关于加大改革创新力度加快农业现代化建设的若干意见》提出，要深入推进农村精神文明创建活动，扎实开展好家风好家训活动，继续开展好媳妇、好儿女、好公婆等评选表彰活动，开展"寻找最美乡村教师、医生、村官"等活动，凝聚起向上、崇善、爱美的强大正能量，推动农村社会和谐进步。和谐农村建设面临众多的矛盾和困境，既有观念上的问题，如科学思想与封建迷信的对立，共产主义、集体主义的道德风尚与小生产狭隘自私的冲突，健康向上的生活方式、行为习惯与落后生活陋习的矛盾，也有征地拆迁、土地承包、工资拖欠等各种具体事件引发的不和谐因素，有的甚至出现群体性和恶性事件。解决这些复杂的矛盾需要政府和乡村干部的教育引导，也需要乡村内部各种道义力量的配合。乡村知识分子在农民群众中普遍具有很高的道德和正义影响力，特别是一些德高望重的中老年知识分子，很多干部群众是他们的学生或专业技术服务对象，他们在矛盾冲突中具有疏导调节作用。构建农村和谐社会离不开乡村知识分子的道义推动。

---

① 胡锦涛：《在省部级主要领导干部提高构建社会主义和谐社会能力专题研讨班上的讲话》，《人民日报》2005年6月27日第1版。

5. 建设农村生态文明需要乡村知识分子的知识引领

我国是世界上农业资源严重匮乏的国家之一，资源约束与经济发展的矛盾日益突出。节约资源，改善环境，保护生态，转变农业增长方式，建设资源节约型和环境友好型社会，是推进社会主义新农村建设的重要目标和任务。2015年12月31日，《中共中央 国务院关于落实发展新理念加快农业现代化实现全面小康目标的若干意见》提出，推动农业可持续发展，必须确立发展绿色农业就是保护生态的观念，加快形成资源利用高效、生态系统稳定、产地环境良好、产品质量安全的农业发展新格局。要实施山水林田湖生态保护和修复工程，进行整体保护、系统修复、综合治理。我国的传统农业生产很大程度上是靠天吃饭，靠土地等农业资源的数量取胜。毁林、毁草开荒造田的情况到处存在，甚至置国家自然保护区及其相关法令条文于不顾。在一些经济比较发达地区的乡村，存在很多资源能源浪费大、环境污染重的乡镇企业，经济发展付出了沉重的环境代价。解决环境生态问题需要政策法律的宣传和落实，也需要周边先进分子的教育和影响。乡村知识分子有知识和专业上的优势，有强烈的环境保护使命感，有热爱家乡、关注子孙后代的理性认识，他们在课堂上培养青少年的环境保护意识，在工作生活中渗透生态文明思想，在环境纠纷中也敢于仗义执言，为国家和乡村群众的根本利益尽自己的天职。在农村生态文明建设中，知识分子是一支重要的依靠力量。

三 发挥乡村知识分子作用需要解决的问题

乡村知识分子是建设社会主义新农村的宝贵人才资源，只有充分认识乡村知识分子发挥作用的制约因素，有针对性地解决乡村知识分子的各种问题，才能调动他们的工作积极性，使乡村知识分子的聪明才智展现出来，推动社会主义新农村建设事业快速进步。

1. 以历史性的态度对待乡村知识分子的作用问题

从历史传统看，中国社会重视知识分子很大程度上是带有"学而优则仕"的政治功利色彩，身处乡村的知识分子要么是仕途之路的奋斗者，要么是仕途未果的失败者，都缺少成功者的地位和荣耀。从政策演变看，党的知识分子政策理论几经变动，"左"的影响根深蒂固，知识分子是先进生产力的开拓者的思想在农村的贯彻也有一定的局限，怎样与农村实际相结合也没有形成完整的认识，许多问题没有彻底解决。从现实状况看，我国农村生产力水平不高，先进科学技术成果应用和转化率较低，精神生活的消费和需求有限，农民对科技文化和乡村知识分子作用的认识还更多地停留在务实的经济层面。在新的时代条件下，重视乡村知识分子作用，解决乡村知识分子问题，必须对历史有深刻的反思，对国情民情有透彻的理解，对乡村社会发展进步的规律有深刻的把握，在此基础上形成的政策措施才可能是切实可行的。现在，我们对中国特色社会主义新农村建设的许多历史性变化思考和研究得还不够深入和系统，这是制约新农村健康发展的重要因素。

2. 以城乡统筹的思维看待乡村知识分子的数量问题

中国知识分子占全国人口的比例本来就是世界上较低的，而乡村知识分子在农村中所占的比例就更少。一是乡村知识分子的"上输"现象持续不断，农村青年通过多种途径，获得专业技术知识，成长为真正意义上的知识分子后，大部分人留在城镇工作，在边远落后的农村，有的人甚至将跳出农门看成自己的奋斗目标和学习动力。二是乡村知识分子的"外流"趋势难以遏制，新中国成立后培养起来的为农村服务的农林、水利、师范等高校毕业生很大一部分"流失"到其他行业或部门，致使农村文教科技队伍很难稳定，即使是目前仍在积极推进的大学生村官计划，也有很大一部分优秀村官通过公务员考试等多种途径回到城镇工作。三是乡村人才的"引入"困难重重，城镇中的知识分子不愿在农村长期工作，即使是临时需要的实用性科技人才，大部分落后地区的乡村也很难得到。近年来，一些地区制定了人才下行的具体政策，但完全落实起来仍有一些难度。统筹城乡发展，一定数量的乡村知识分子是一个前提条件。这就需要党和政府加大对农村人才因素的考虑，使已经开展的鼓励高校毕业生到农村、到西部的活动不断推进和扩大，在社会主义新农村建设中不断增加乡村知识分子的数量。

3. 以人才强国的远见解决乡村知识分子的水平问题

中国农村发展不仅受到知识人才数量的制约，还受到水平问题的影响。一是乡村知识分子专业知识提高相对缓慢，除经济发达地区的乡村和部分规模较大的企业外，正常业务学习培训，限于资金、管理等因素都很难及时、充分而全面地推进。尽管国家不断加大投资和扶持的力度，但农村公共文化设施数量少、条件差的现状还没有根本性的改变，一般没有独立进行科研工作的基本仪器设备和图书资料，自我提高比较困难。二是乡村知识分子服务乡村和农民群众的能力不够，多数乡村知识分子习惯于固守自己的岗位，安于"正常"的工作，对农村和农民的现实需要缺乏主动的关心和支持，这也相应地带来农村干部群众对他们的漠视。对此，我们必须从人才强国的高度来认真解决乡村知识分子的水平问题。一方面，乡村知识分子要增强为农村服务的社会责任感和历史使命感。另一方面，各级政府也应采取必要的督促和奖励措施，通过大力实施农村教师和农技人员培训计划、农村远程教育计划等努力为乡村知识分子创造学习提高的更为良好的条件。

4. 以大农业的视野认识乡村知识分子的知识结构问题

随着农村经济文化的快速发展和大农业格局的出现，农村社会对知识分子的知识结构也提出了新的要求。目前，许多乡村知识分子对于新的科研成果和科技发展趋势了解不够，有的人对经济转轨、社会转型和经济全球化带来的深刻社会变化缺乏深刻理解，对循环农业、"订单农业"、农产品期货市场等新知识不能及时补充，因而在农民中，尤其是在青年人中的教育能力和影响能力不足。对乡镇企业、国际农贸、乡村建设规划设计、休闲观光农业经营管理所需要的知识人才，目前的乡村知识分子队伍内部都不能有效满足，甚至现有的乡村机构和体制也难以容纳这些新兴行业的知识分子。在一些偏远落后地区，人们仍旧在以传统农业的眼光来对待身边的知识和人才。建设社会主义新农村需要积极调整乡村知识分子的知识结构，乡村知识分子本身要有足够的认识，高等院校、地方党校等也须负起责任，从大农业的视野出发，对现有的乡村知识分子进行必要培训并增加相关专业的人才培养。

5. 以积极务实的措施把握乡村知识分子的待遇问题

乡村知识分子待遇过低是一个十分复杂而又长期未能很好解决的问题。待遇过低，首先反映在工资上，乡村知识分子的工资收入同城镇知识分子相比明显偏低，部分经济欠发达地区工资待遇则更低。即使在经济发达地区，乡村知识分子也难有在工资待遇上的比较优势。其次是工资外的其他相关劳动收入过低，城市中的知识分子来源于业余专业技术服务、单位内超工作量的收入在总收入中一般占有较大的比例，乡村知识分子这方面的收入则很少。最后是乡村知识分子能够享受的福利待遇较少，中西部的一些乡村地方政府维持文化教育正常运转的经费尚且不足，根本无力顾及其他问题。有的乡村知识分子甚至与农民争包土地，利用业余时间种田创收，将大量时间精力用于专业知识以外的非脑力劳动上，形成人才浪费的可悲局面。我国科技教育资源严重不足，在乡村表现得更为明显。我们必须采取积极务实的措施，提高乡村知识分子的待遇问题，为社会主义新农村建设提供可靠的人才保证。

随着社会主义新农村建设的全面展开和不断深化，广大农民，特别是经济相对发达地区的农民对文化教育科技的需求快速增长，甚至与现有条件出现尖锐矛盾，乡村知识分子问题也必然随之凸显出来，需要我们全面深入地研究和探讨，提出适合我国国情和地方实际的理论和建议。

关于尊重劳动与实现中国梦的几点思考

劳动是推动人类社会进步的根本力量，尊重劳动是一个民族文明的标志。尊重劳动的过程，也是实现中国梦的过程。在马克思主义中国化的历史进程中，尊重劳动价值，成为重要和根本的文化导向；尊重劳动者人格，成为有力和可靠的政治保障；尊重劳动多样性，成为和谐与幸福的社会环境；尊重劳动创造，成为强大和持续的时代动力。今天，进一步理解尊重劳动与实现中国梦的内在逻辑关系，依然是我们创造中华民族美好未来的重要条件，对广大农民群众和乡村知识分子来说，更具有重要的历史和现实意义。

劳动是推动人类社会进步的根本力量。对劳动认识和尊重的过程，是一个民族文明进步的过程，也是人民群众获得解放、自由和幸福的过程。在近代以来中国人民争取国家独立，实现民族复兴的漫长历史征程中，不断深化着对劳动的理解，增强着对劳动的尊重。今天，我们运用马克思主义及中国化马克思主义理论，认真思考尊重劳动与实现中国梦的历史、理论和逻辑关系问题，对于我们深刻认识马克思主义的群众史观，深入理解党的群众路线，对于进一步理解和尊重广大基层劳动者，无疑具有重要的理论和现实意义。

一 尊重劳动价值是实现中国梦的重要文化导向

怎样认识劳动在社会发展中的地位和作用，是人类文化思想演进中的一个重要且带有根本性的问题。在原始社会，生产力极其低下，只有每个人都参与生产劳动，才能维持基本的生存，劳动的意义清晰而明确。当生产力不断进步，产品出现剩余，阶级阶层逐步分化，人们对维持生存和发展的劳动的认识也产生分歧。神权史观认为，万事由神定，与人的劳动无关。李大钊指出："古昔的历史观，大抵宗于神道，归于天命，而带有宗教的气味。当时的哲人，都以为人类的命运实为神命所定。国家的治乱兴衰，人生的吉祥祸福，一遵神定的法则运行，天命而外，无所谓历史的法则。"① 英雄史观认为，历史是由豪杰圣贤创造推动的，是他们的英雄壮举改变着世界，与普通群众的劳动关系不大。在中国传统文化中，尽管也有不少主张重视劳动的思想观点，如墨家的信徒们一般都参加普通劳动，他们将生产、生活实践作为自己认识的对象，认为"循而不作"才是小人之道。但很多理论观点是站在轻视劳动的立场上，尤其是被封建统治者利用并成为正统思想的儒家，就有较重的轻视劳动的倾向，如程朱理学常常是在道本器末、知先行后的理论观念下看待劳动问题。按照历史唯物主义分析，在大多数人从事物质资料生产，只有少数人从事政治统治、垄断精神文化生活的封建小农经济时代，这种鄙视劳动的文化观念，有其形成和存在的社会历史根源。

如果说在农业文明和小生产条件下，农民和手工业者劳动积极性发挥作用的空间十分有限，那么，当世界历史进入工业文明时代，劳动创造价值的空间开始大大拓展，资产阶级就能借助科技进步，通过对劳动的压迫和剥削，获得巨大的物质财富和军事力量，在此基础上不断向外扩张。中国开始成为西方列强侵略的对象，变为半殖民地半封建社会，逐步失去了往日的辉煌。在这样的历史背景下，中华民族的复兴梦想开始形成并越来越强烈。要实现中国梦，就必须对劳动有正确的认识和科学的理解。经过长期的探寻和尝试，受到连续的挫折和失败后，自五四运动起，先进的中国人逐步掌握了马克思主义理论，对劳动有了全新的认识。在历史的意义上，马克思主义认为，"劳动创造了人本身"，在从猿变为人的过程中，劳动具有决定性的

---

① 李大钊：《史观》（1923年9月—1924年上半年），中国李大钊研究会编注：《李大钊全集》第4卷，人民出版社2006年版，第252—253页。

作用，"手不仅是劳动的器官，它还是劳动的产物"。① 劳动创造了人脑，推动了语言和意识的产生和发展。恩格斯说："首先是劳动，然后是语言和劳动一起，成了两个最主要的推动力，在它们的影响下，猿脑就逐渐变地过渡到人脑"。② 在社会的意义上，马克思主义认为，劳动形成了人类的社会关系。随着劳动的发展，人类的活动，由原来的动物性自发群体活动，逐步变为自觉的社会劳动，在劳动中人与人之间结成了社会生产关系，从而形成人类社会。在理论的意义上，马克思主义认为，生产商品的劳动有具体劳动和抽象劳动两重属性，具体劳动创造使用价值，抽象劳动创造价值，在私有制及商品经济中，劳动二重性的根源在于私人劳动和社会劳动的矛盾。这就为揭示剩余价值规律，揭示资本主义剥削的秘密，形成政治经济学，奠定了理论基础。

由于马克思主义的传播和中国社会的进步，在五四时期和大革命时期，尊重劳动和实现中国梦开始紧密地联结在一起，中国的文化发展开始充斥"劳动"的声音。在理论宣传中，《劳动界》《劳动音》《劳动者》《劳动周刊》《济南劳动》《劳动与妇女》等与劳动相关的报纸杂志影响不断扩大；在政治组织中，"中国劳动组合书记部""劳动童子团""劳动学会"等以劳动的名义建立的机构不断增多；在社会生活中，劳动光荣、民生至上、工读互助的观念不断深化。在尊重劳动价值的思想潮流中，中国共产党人始终引领着先进文化的方向。从建党初期到新民主主义革命胜利，共产党人是尊重劳动的积极宣传者、大胆探索者和积极实践者。正是延安的大生产运动，帮助解放区渡过难关，工、农、商、学、兵，人人参加劳动，这让中国的劳动价值观在现实的基础上有了根本改变。新中国成立后，共产党从领导革命的政党变成领导建设的政党，对劳动价值的重视程度更高。1949年12月，中央人民政府就将五一劳动节确定为国家最重要的合

---

① 恩格斯：《自然辩证法》（1873—1882年），《马克思恩格斯选集》第3卷，人民出版社2012年第3版，第990页。

② 同上书，第992页。

法节日。刘少奇讲道:"中国大多数的劳动人民从有史以来才第一次在自己政府的保护下,在自由欢乐的情景之中,庆祝自己的节日。""劳动乃是人类社会生存和发展的基础,劳动者乃是文明的创造者。因此,劳动应该成为世界上最受尊敬的事情,劳动者应该成为世界上最受尊敬的人们,而劳动节就应该成为我们人民和国家最值得纪念的一个节日。"① 新中国成立后,各级工会组织很快建立,农业集体组织不断完善,生产建设兵团开赴边疆,广大劳动者的主人翁地位不断巩固,劳动积极性不断提高,中国文化的人民性开始居于主导地位,中国文化的性质和方向也随之发生根本变化。经过长期不懈的劳动奋斗,进入改革开放新时期,中国梦的实现有了坚实的经济基础和文化基础。在马克思主义指导下,中国社会对劳动价值的科学理解、充分尊重和实践创新,成为推动中国传统文化现代化的一个重要因素,成为今天我们实现中国梦的重要文化引领。总结历史经验,习近平总书记指出:"必须牢固树立劳动最光荣、劳动最崇高、劳动最伟大、劳动最美丽的观念,让全体人民进一步焕发劳动热情、释放创造潜能,通过劳动创造更加美好的生活。"②

二 尊重劳动者地位人格是实现中国梦的有力政治保障

人类的延续,社会的发展,离不开劳动者的劳动创造,但在不同的社会形态和政治环境下,人们对劳动者地位的认识,对劳动者人格尊重的程度却有着重大的差别。在中国封建政治制度下,虽然也有"民为贵,社稷次之,君为轻"③ "强不执弱,众不劫寡,富不侮贫,贵不敖贱"④ 的思想观点,却始终不能居于主流地位。相反,"君子

---

① 刘少奇:《在庆祝五一劳动节大会上的演说》(1950年4月29日),《刘少奇选集》下卷,人民出版社1985年版,第9—10页。
② 习近平:《在同全国劳动模范代表座谈时的讲话》,《光明日报》2013年4月29日。
③ 《尽心下》,《孟子》,卷十四,第5页。
④ 李小龙译注:《墨子》,中华书局2007年版,第6页。

劳心，小人劳力"被认为是"先王之制也"①，劳心者治人、劳力者治于人的观念根深蒂固。在君子、大人和小人的社会关系及其称谓中，官僚统治者是"大人"，文人士绅是"君子"，普通劳动者总是居于"小人"的地位。为官僚地主劳作的人被称为"下人"，生存于社会最底层的人被称为"贱民"（直到南京临时政府成立，才发布解放"贱民"的命令）。封建帝王贵族是"奉天承运"，替天行事，有神灵的依托；士人贤达是圣贤礼教的传递者，有道义的依托；只有普通的劳动者无所依傍，从精神到政治似乎都处于卑贱的地位。在中世纪的西方也大体如此，教皇和教士们高高在上，神圣辉煌，一般劳动者被看成是卑微无知的群氓。西方学者也认为："自古希腊以来，知识分子和统治精英就一直认为，自己所从事的工作是完全不同于日常劳动生活的，他们要比那些为了维持物质生活而存在的劳动阶级高出一等。"②

如果说在封建经济和政治背景下，劳动群众尚可"虽为仆虏，犹无愠色"。③ 那么，到了近代，人们的平等要求普遍提高。资产阶级革命的重要成果，就是争得了天赋人权思想基础上的法律面前人人平等，尽管掩盖着实际的严重的经济剥削，但终归是劳动者地位与人格的进步。而中国作为一个受到资本侵略和封建压迫的国家，劳动者的人格仍然受到双重的挤压。中华民族要想实现民族独立、国家富强、人民富裕的梦想，没有广大劳动者的政治觉醒和团结抗争是不可能的。近代以来的农民运动和资产阶级的变法与革命，都没能从理论和实践上真正解决劳动者地位和人格问题，民权主义的倡导大都停留于表层的口号，中国最大多数的劳动者没有获得应有的尊严。在中国思想的急剧变革中，蔡元培早在1912年的《中学修身教科书》中就指出："盖职业无所谓高下，而荣誉之得否，仍关乎其人也。其人而贤，

---

① 《左传·襄公九年》，转引自张岂之主编《中国思想学说史》先秦卷（上），广西师范大学出版社2007年版，第428页。

② 哈耶克等：《知识分子为什么反对市场》，秋风编，吉林人民出版社2003年版，第140页。

③ 《货殖传》，《汉书》，卷九十一，第3页。

则虽屠钓之业，亦未尝不可以显名，惟则其所宜而已矣。"① 蔡元培还率先喊出了"劳工神圣"的口号，但中国的民众却始终找不到"神圣"的感觉，中国的资产阶级政党找不到最大的力量依托，民族理想的实现也就历尽曲折。只有马克思主义一方面看到资本主义制度下"资本具有独立性和个性，而活动着的个人却没有独立性和个性"②，同时指出了劳动群众的地位："历史活动是群众的活动，随着历史活动的深入，必将是群众队伍的壮大。"决定历史进程的是"行动着的群众"。③ 马克思主义深刻揭示了雇佣劳动的本质以及工人阶级地位和人格的实际："这种劳动所创造的是资本，即剥削雇佣劳动的财产，只有在不断生产出新的雇佣劳动来重新加以剥削的条件下才能增值财产。""工人仅仅为增值资本而活着，只有在统治阶级的利益需要他们活着的时候才能活着。"④ 马克思恩格斯也给受压迫者指出了获得人格尊严的未来美好前景："代替那存在着阶级和阶级对立的资产阶级旧社会的，将是这样一个联合体，在那里，每个人的自由发展是一切人自由发展的条件。"⑤

虽然在护国运动和湖南的"驱张运动"中都有过"为人格而战"的誓言和行动，但只有马克思主义在中国广泛传播后，对劳动者地位和人格的认识才开始了历史性变化。李大钊在 1920 年年初就指出："凡是劳作的人，都是高尚的，都是神圣的。"⑥ 陈独秀呼吁"只有做

---

① 刘梦溪主编：《中国现代学术经典·蔡元培卷》，河北教育出版社 1996 年版，第 194 页。

② 马克思、恩格斯：《共产党宣言》（1847 年 12 月—1848 年 1 月底），《马克思恩格斯文集》第 2 卷，人民出版社 2009 年版，第 46 页。

③ 马克思、恩格斯：《神圣家族，或对批判的批判所做的批判》（1844 年 9 月—11 月），《马克思恩格斯文集》第 1 卷，人民出版社 2009 年版，第 287 页。

④ 马克思、恩格斯：《共产党宣言》（1847 年 12 月—1848 年 1 月底），《马克思恩格斯文集》第 2 卷，人民出版社 2009 年版，第 45—46 页。

⑤ 同上书，第 53 页。

⑥ 李大钊：《低级劳动者》（1920 年 1 月 18 日），中国李大钊研究会编注：《李大钊全集》第 3 卷，人民出版社 2006 年版，第 170 页。

工的人最有用最尊贵"，力主"劳力者治人，劳心者治于人"①。中共一大通过的《中国共产党第一个纲领》明确提出：革命军队必须与无产阶级一起推翻资本家阶级的政权，必须援助工人阶级，直到社会阶级区分消除的时候。国共合作开始后，国民党一大也指出："国民革命之运动，必恃全国农夫工人之参加，然后可以决胜。"②中国共产党开始广泛宣传劳动者的伟大历史作用和痛苦的现实生活："世上吃的穿的用的一切东西，哪一样不是农民和工人劳力做出来的？然而工人农民自己吃穿用确是很苦，完全为场主地主做了牛马，这是史上第一不平的事。"③有的西方学者也看到，中国共产党人能够赢得群众的拥护，不仅是切实解决劳动群众实际利益问题，而且高度重视劳动群众的人格尊严，"从前做牛马，现在要做人"是争取劳动群众的最有力口号。

在艰难困苦的战争年代，共产党和人民军队没有任何物质上的优势，所拥有的只是对劳动群众的尊重、爱护和教育宣传，因此，才能进行人类历史上最壮阔的人民战争。新中国成立后，广大劳动群众的社会地位迅速提高，马克思主义理论家艾思奇指出："任何一个有觉悟的人和不愿意落伍的人，如果自己的脑子里还有旧社会轻视劳动和轻视劳动人民的思想残余，就应该用历史唯物论的科学思想，来把它彻底清算一下。"④北京的掏粪工人时传祥能够和政务院总理周恩来亲切握手，普通工人、农民可以成为国家领导人，普通的劳动者能够成为全国人民学习的榜样。在新时期，我们党也始终把丰硕的改革成果归功于广大劳动群众的奋斗和创造，始终强调："保障工人阶级和

---

① 陈独秀：《劳动者底觉悟》（1920年5月1日），任建树主编：《陈独秀著作选编》第2卷，上海人民出版社2009年版，第227页。

② 《中国国民党第一次全国代表大会对于农民运动之宣言及政纲》（1921年1月），人民出版社编辑：《第一次国内革命战争时期的农民运动资料》，人民出版社1983年版，第16页。

③ 《中国共产党告农民书》（1925年11月），人民出版社编辑：《第一次国内革命战争时期的农民运动资料》，人民出版社1983年版，第24页。

④ 《历史唯物论——社会发展史》（1950年4月至11月），《艾思奇全书》第4卷，人民出版社2006年版，第273页。

广大劳动群众的经济、政治、文化权益,是党和国家一切工作的根本基点,也是发挥工人阶级和广大劳动群众积极性和创造性的根本途径。"① 在中国共产党的领导下,广大劳动者的地位不断巩固,人格受到尊重,利益得到保护,民族的凝聚力才越来越强大,美好的中国梦才能得以实现。这是马克思主义理论的成果,也是中国特色社会主义政治制度的成果。

三 尊重劳动多样性是实现中国梦的和谐社会环境

生产力越进步,社会越发展,人类的劳动越丰富多样。但在剥削制度下,不同的劳动、不同的劳动者却处于不同的社会等级,尤其是脑力劳动和体力劳动的差别。在古代印度,不同劳动生活方式下的不同种姓之间甚至都不能通婚。在英国的斯图亚特王朝,僧侣、骑士、封建主、乡绅、农民和城市平民的劳动及其地位不同,国王詹姆斯一世认为,"平等是秩序的敌人"。在传统的中国社会,一方面,有对劳动多样性的认可。从思想上看到事物多样性的价值:"夫和实生物,同则不继。以他平他谓之和,故能丰长而物归之。若以同裨同,乃尽弃矣。"② 从政策态度上主张:"耕者劝耕,织者勤织,山海薮泽之产,皆金粟也。"③ 承认多样化的劳动带来丰富的劳动成果,多样化的劳动成果推动文明进步。另一方面,又将不同的劳动分成三六九等(形成中国社会流传甚广的上九流、下九流之说),将从事不同劳动的人分为士、农、工、商(在元朝,曾把文人儒士列为第九等,所谓"九儒十丐"),并长期采取重农抑商的政策。

如果说在封建时代,农耕对生存具有更根本的意义,农业和家庭

---

① 江泽民:《在庆祝五一国际劳动节全国劳动模范座谈会上的讲话》(2001年4月28日),《江泽民文选》第3卷,人民出版社2006年版,第245页。

② 《郑语》,《国语》,卷十六,第5页。

③ 《读通鉴论》,卷二十七,《船山全书》第10册,第1057—1058页。转引自萧萐父《吹沙三集》,巴蜀书社2007年版,第77页。

手工业对社会稳定和大一统的政治具有更突出的价值,那么,到了工业文明时代,人类的需求日益丰富,民族的竞争开始基于生产的繁荣之上。中华民族要走出屈辱的历史境况,要走向富强的发展道路,就必须创造丰富的劳动产品,鼓励和尊重多样化的劳动,在生产和贸易中求取进步。在中国资产阶级革命的过程中,就开始支持多样化的生产,鼓励民间兴办各种实业,南京临时政府一成立,就特设实业部。但资产阶级有对多样劳动成果的需求,却难有对多样劳动的真正尊重。如果劳动产品的丰富不能给劳动者带来更多的尊严,劳动者就不会有促进产品丰富的动力,因此,马克思恩格斯高度重视"劳动解放"。在总结巴黎公社的历史经验时指出:"劳动是个人生活和社会生活的基本的、自然的条件""公社并不代表一种特殊利益;它代表着'劳动'的解放""劳动的解放——公社的伟大目标""工人们已经清楚地、有意识地宣告他们的目的是解放劳动和改造社会!"① 并且"劳动的解放既不是一个地方的问题,也不是一个国家的问题,而是涉及存在现代社会的一切国家的社会问题"。② 在马克思恩格斯看来,只有劳动的解放,才能有劳动成果的持续丰富,才能有对劳动多样性的尊重;只有对劳动多样性的尊重,才能有个性化的人的全面发展,才能有社会的和谐与进步。

掌握了劳动解放思想的中国共产党人,开始倡导尊重劳动多样性,中国的劳动产品和劳动成果开始发生重大变化,中国的社会关系和文化关系也开始发生崭新的变动。无论在土地革命战争时期的农村革命根据地,还是在抗日战争时期的抗日民主根据地,都有当时历史条件下的军工、食品、服装等多种劳动的最大限度的发展,也有不同劳动者最充分的自尊和自信,有脑力劳动者和体力劳动者最广泛的结合。新中国成立尤其是社会主义改造完成后,国家开始实行按劳分配,即以劳动者提供的劳动(包括劳动数量和质量)为唯一尺度,

---

① 马克思:《法兰西内战》(1871年5月),《马克思恩格斯文集》第3卷,人民出版社2009年版,第198、207页。

② 马克思:《国际工人协会共同章程》(1871年9月—11月),《马克思恩格斯文集》第3卷,人民出版社2009年版,第226页。

分配个人消费品，实行按等量劳动领取等量报酬和多劳多得、少劳少得、不劳动者不得食的原则。按劳分配原则为劳动多样性的推进提供了制度基础，为尊重劳动的多样性提供了社会保障。而且，"在社会主义制度下，体力劳动者和企业领导人员是统一的生产集体成员，他们都极其关心生产的发展和改进，由此就产生出体力劳动者和脑力劳动者旨在改进生产的创造性的合作。"① 虽然"不能认为，在社会主义制度下，不用做工作就自然会出现劳动者和企业领导人的创造性合作"②，但不可否认，先进的社会制度是尊重劳动多样性的根本前提。尽管在长期"左"倾思想影响下，我们曾经以片面的政治性标准来简单评判不同劳动及其劳动者，形成影响深远的轻视知识和知识分子的恶劣社会风气，出现劳动单一、生产停滞的状况，但这是与社会主义相背离的做法。在改革开放的新时期，党中央一直强调要"努力形成全体人民各尽其能、各得其所而又和谐相处的局面"（党的十六大、十七大、十八大报告都明确提出这一要求）。认为"社会和谐是中国特色社会主义的本质属性，是国家富强、民族振兴、人民幸福的重要保证。"③ 这就是说，尊重劳动多样性，是实现中国特色社会主义理想及中国梦的重要社会条件，是建设社会主义和谐社会的重要因素。

四　尊重劳动创造是实现中国梦的强大时代动力

蕴含着创造的劳动才能产生更多的财富，根基于劳动的创造才能形成有益的前景，人类发展的历史证明，劳动和创造有紧密的联系。但是，在不同的思想观念和时代背景下，人们理解劳动和创造关系的

---

① 苏联《政治经济学教科书》修订第3版下册，人民出版社1959年版，第500页。
② 毛泽东：《读苏联〈政治经济学教科书〉的谈话》（1959年12月—1960年2月），《毛泽东文集》第8卷，人民出版社1999年版，第129—130页。
③ 《中共中央关于构建社会主义和谐社会若干重大问题的决定》（2006年10月18日），中共中央文献研究室编：《改革开放三十年重要文献汇编》（下），中央文献出版社2008年版，第1642页。

角度、对待劳动创造的态度是不同的。在农耕时代，普通民众在几十年甚至几百年中都不能看到创造性劳动给生产生活带来的显著变化，对劳动创造自然不会看重，只会关注具体劳动技术的改进。而统治者最关心的是江山的稳固，一旦新的创造冲击了旧的思想体系和政治秩序，就会"法不容情"，予以限制。在西方，波兰科学家哥白尼提出的太阳中心说，揭开了近代科学的序幕，但也是向神学和经院哲学的严重挑战。面对严峻的社会压力，哥白尼被迫在临终前才公开出版自己的著作，在他用颤抖的双手摸了摸书的封面后一小时就离开了人世。意大利科学家布鲁诺，因为信奉哥白尼学说而屡遭教会迫害，加之他的太阳不是"宇宙之心"的新的宇宙观的提出，最后在罗马被教会法庭处以火刑而死。在政治至上与伦理本位的中国传统社会，尽管也有重视科学技术的优良传统（李约瑟认为："道家对于大自然的玄思洞识，全与亚里士多德以前的希腊思想匹敌，而为一切中国科学的根基"①），且科学创造的成果及其水平长期居于世界领先地位，但在封建时代，众多的劳动创造并不能得到统治者及其正统文化的充分认可，即使为科学创造作出杰出贡献的张衡，在其正统的传记中，对他的科学成就也所言极少，对未知的科学探索常常被当成是奇技淫巧或旁门左道，不能与修齐治平的"大道"相比，甚至不能被视为"君子"之行。

如果说在传统社会环境下，生产力的进步十分缓慢，劳动创造的价值不能充分体现，那么，在近现代社会，劳动和创造已经密不可分。资本主义正是因为科技创造和资本运行才能"在它不到一百年的阶级统治中所创造的生产力，比过去一切世代创造的全部生产力还要多，还要大。"②而在中国，19世纪前期，尽管经济总量依旧占全世界的三分之一，但没有创造的劳动成果已经支撑不了一个"巨国"的辉煌。历史表明，离开劳动创造，中国就只有凄楚之梦。

---

① ［英］李约瑟：《中国古代科学思想史》，陈立夫主译，江西人民出版社2006年版，第3页。

② 马克思、恩格斯：《共产党宣言》（1847年12月—1848年1月底），《马克思恩格斯文集》第2卷，人民出版社2009年版，第36页。

要"振兴中华",仅仅依靠资产阶级性质的"三民主义",还是不能充分激发广大人民群众的劳动创造,《建国方略》的战略构想也难以实现。掌握了马克思主义的中国共产党人,既看到资本主义的强大发展动力:"资本已经加强了劳动的生产力而迫使它继续加强劳动的生产力;这个规律不让资本有片刻的停息,老是在它的耳边催促说:前进!前进!"① 也看到资本主义私有制对劳动创造和科技创新的压制与束缚。马克思主义既强调科学是一种在历史上起推动作用的、革命的力量,又强调科学运行的先进社会制度条件。针对科学及科学家与阶级和社会制度的关系,马克思指出:"只有工人阶级能够把他们从僧侣统治下解放出来,把科学从阶级统治的工具变为人民的力量,把科学家本人从阶级偏见的兜售者、追逐名利的国家寄生虫、资本的同盟者,变为自由的思想家!只有在劳动共和国里面,科学才能起到它的真正的作用。"② 科学学的创始人贝尔纳也讲道:"虽然资本主义使科学第一次具有实用价值,因而对早期科学发展是必不可少的,但是科学对人类的重要性在任何方面都超过资本主义的重要性,而且事实上,充分发展科学为人类服务和资本主义的继续存在是不相容的。"③

早在1945年,毛泽东就指出,人民,只有人民才是创造世界历史的动力。"只要我们依靠人民,坚决地相信人民群众的创造力是无穷无尽的,因而信任人民,和人民打成一片,那就任何困难也能克服,任何敌人也不能压倒我们,而只能被我们所压倒。"④ 在战争时期,中国共产党依靠人民的牺牲和创造,取得了革命的胜利。在社会主义建设时期,中国共产党同样依靠人民的奉献和创造,才

---

① 马克思:《雇佣劳动与资本》(1849年4月),《马克思恩格斯文集》第1卷,人民出版社2009年版,第737页。
② 马克思:《法兰西内战》(1871年5月),《马克思恩格斯文集》第3卷,人民出版社2009年版,第204页。
③ [英] J. D. 贝尔纳:《科学的社会功能》,陈体芳译,广西师范大学出版社2003年版,第477页。
④ 毛泽东:《论联合政府》(1945年4月24日),《毛泽东选集》第3卷,人民出版社1991年版,第1096页。

奠定了日益坚实的物质基础。恰如列宁在《答左派社会革命党人的质问》中所说："生机勃勃的创造性的社会主义是由人民群众自己创立的。"① 在改革开放的新时期，邓小平提出一系列重视科学研究和劳动创造的观点，他强调要"加强企业的科学研究工作"，认为农业的发展最终要靠科学技术，明确提出"尊重劳动，尊重人才"，并形成了"科学技术是第一生产力"的重要论断。在邓小平的积极推动下，中国社会的各种创造性劳动都得到应有的尊重，因此，中国的发展不断加速，民族振兴的梦想不断变为现实。世纪之交，党中央更加强调创新的意义，认为"创新是一个民族进步的灵魂，是一个国家兴旺发达的不竭动力，整个人类的历史，就是一个不断创新、不断进步的过程"②，并开始在全社会弘扬科学精神和创新精神。党的十六大报告旗帜鲜明地提出："必须尊重劳动、尊重知识、尊重人才、尊重创造，这要作为党和国家的一项重大方针在全社会认真贯彻。要尊重和保护一切有益于人民和社会的劳动。不论是体力劳动还是脑力劳动，不论是简单劳动还是复杂劳动，一切为我国社会主义现代化建设作出贡献的劳动，都是光荣的，都应该得到承认和尊重。"③ 正是由于我们顺应知识经济时代的要求，在马克思主义指导下，坚持尊重劳动和创造，才形成全社会创新智慧竞相迸发、各类创新人才大量涌现的历史新局面，使我们越来越接近民族复兴的中国梦。

总结近代以来中国发展的经验，可以说，尊重劳动的过程也是实现中国梦的过程。今天，我们在建设中国特色社会主义、实现中国梦的新的历史征程中，尊重劳动价值已经成为重要和根本的文化导向，尊重劳动者地位与人格已经成为有力和可靠的政治保障，尊重劳动多样性已经成为和谐与幸福的社会环境，尊重劳动创造也已经成为强大和持续的时代动力。对此，习近平总书记作了精练的概括："人世间

---

① 《列宁全集》第33卷，人民出版社1985年版，第53页。
② 江泽民：《科学的本质就是创新》（2000年8月5日），《江泽民文选》第3卷，人民出版社2006年版，第103页。
③ 本书编写组：《十六大报告辅导读本》，人民出版社2002年版，第14页。

的美好梦想,只有通过诚实劳动才能实现;发展中的各种难题,只有通过诚实劳动才能破解;生命里的一切辉煌,只有通过诚实劳动才能铸就。劳动创造了中华民族,造就了中华民族的辉煌历史,也必将创造出中华民族的光明未来。"[①]

[①] 习近平:《在同全国劳动模范代表座谈时的讲话》,《光明日报》2013年4月29日。

文化自信：历史、理论与逻辑

随着中华文化国际影响力的扩大和习近平总书记讲话的不断重申，文化自信开始受到人们进一步的关注。如何理解文化自信中的基本问题，是我们全面把握文化自信思想内涵的必要前提。我们认为，中华优秀传统文化的深厚积淀，近代中国革命文化的丰硕成果，社会主义先进文化的持续探索，奠定了当代中国文化自信的历史根基；马克思主义的指导、高度的文化自觉和理性的综合创新，形成当代中国文化自信的理论基础、思想前提和方略支撑；当代中国的文化自信是遵循"人民逻辑""实践逻辑""和谐逻辑"得出的基于现实又面向未来的论断。文化自信的研究，既蕴含丰富，意义重大，又任重道远。

自世纪之交以来，文化自觉和文化自信问题再度引起中国思想文化界的关注。站在民族复兴和文化繁荣新的历史起点上，习近平总书记《在哲学社会科学工作座谈会上的讲话》中指出："我们说要坚定中国特色社会主义道路自信、理论自信、制度自信，说到底是要坚定文化自信。文化自信，是更基本、更深沉、更持久的自信。"今天，文化自信已经成为中华民族实现"两个一百年"奋斗目标的重要精神支撑。我们的文化自信具有怎样的历史根基，形成了哪些理论依据，遵循了什么逻辑准则，是深入理解文化自信丰富内涵的基础。我们试图以中国化马克思主义为指导，结合中国近现代的历史文化，尤其是近年来对乡村文化建设的大量调研，对文化自信问题进行一些初步的探讨。

一 文化自信的历史根基

人类的文化是在历史中积淀形成的,一个民族的思维方式、精神品格和文明素质是在特定的历史环境和历史进程中积累起来的。真正的文化自信需要深厚的历史根基。当代中华民族的文化自信,是建立在优秀传统文化、近代革命文化和社会主义先进文化的历史基础上的,有充分客观依据的文化自信。

首先,有中华优秀传统文化的深厚积淀。

中华文化不仅历史悠久,博大精深,而且从根本的意义上说,可谓品类多样,品质优良。以百家争鸣为特征的"轴心时代",奠定了中华文化传统的根基。在这一根基中,蕴含自强不息、厚德载物的精神,形成各言其理、自由论辩的胸襟,产生顺变守道、矢志弘毅的追求,中华文明重大突破时期的这些元典文化,是我们文化自信的活水源头。

自秦汉以后,子学时代开始转向经学时代,中华文化也开始出现一系列新变化。儒家以其中庸中正、克己复礼的价值诉求,受到封建统治者的重视和推崇,思想文化与政治文化不断结合,尤其是借助于科举制度,使儒家文化不断被"制度化",成为社会的主流文化,也成为社会稳定的文化力量。地位有所弱化的其余诸家思想,也没有真正被禁绝,而是以"在野"的方式,"淡定"地在自己的空间里从事着自己的文化活动。普通的下层民众,既接受儒家的教化,"百家"的熏陶,有自己的民间信仰和抗争精神,也创造了大量的思想文化成果。这几种不同层面的文化,通过学术、文艺和起义的方式,在进行着人才、精神和政权的交流,这就在维持社会有序的同时,也保持了文化的活力,这是我们文化自信的深层历史依据。

在中华文化演进的历程中,有两个特点一直或强或弱地存在着。一是中华文化始终以"天下"的"大文化"观,保持着与其他各民族文化的交流和交融。从借助边境贸易和信使往来与周边国家或地区文化的交流和交融,到通过"丝绸之路"与遥远国家和民族文化的交流和交融，中华文化始终维系着不畏艰辛、"西天取经"的志趣。二是中华文化长久保持了自身反思和批判的能力和习惯。在一定意义上说，从先秦子学、两汉经学、魏晋玄学、隋唐佛学到宋明理学，都可谓是中华文化反思、批判和创新的成果，尤其是自明代万历年间开始，文化批判色彩更加鲜明，王阳明、李贽等思想家在反思中华历史文化的过程中，将批判的矛头直指孔孟及儒家经典，让中华文化在封建社会后期也呈现出近代"启蒙"的根芽，这是我们文化自信不可或缺的思想资源。

任何一种文化，都不会是"纯粹"和"单一"的，中华文化在博大中也有"驳杂"。在参与完成编审《中国思想家评传丛书》之后，茅家琦教授深有感触地谈道："在历史发展的长河中，中国社会也出现许多相互矛盾、相互冲突的现象：既出现治世又出现乱世；既出现明君又出现昏君；既出现岳飞又出现秦桧；既出现文天祥又出现贾似道；既出现海瑞又出现魏忠贤；既出现郑板桥又出现和珅；既出现林则徐又出现琦善；既出现孙中山又出现袁世凯……在社会基层有开明士绅、正人君子，也有土豪劣绅、偷鸡摸狗之徒。"① 但从主流和本质上看，中华文化是奋发有为、追求进步，并不断发展的，传统文化的缺欠，不能构成对我们文化自信的制约。优秀古典文化是我们文化自信的丰厚土壤和基础支撑，但却不能视其为核心内容和主导力量，将传统文化无限拔高，实际是有害而无益的。

其次，有近代中国革命文化的丰硕成果。

从根本的意义上说，革命是世界近代历史最为强大的开拓力量和推动力量，革命文化是革命事业最为有力的精神力量。而近代中国的革命，持续时间最长，影响范围最广，中国的革命文化，在世界三大革命（即法国革命、俄国革命和中国革命）中，所发挥的作用，所取得的成果，也应该是最为丰硕的。中国的革命文化不仅加速了中国革命的历史进程，促进了中国传统文化的现代化，也有力地影响和促进了世界革命。

---

① 参见茅家琦《思想文化与社会发展》，南京大学出版社2010年版，第4页。

在中国封建社会的后期，内部的思想启蒙和文化批判无法冲破旧的牢笼，当晚清的腐朽政治文化和传统农业文明，面对西方的工业文明及其资本支撑的炮舰与文化的进攻，中国社会开始出现"三千年未有之大变局"，中国文化开始出现三千年未有之不自信。从农民起义到"戊戌变法"，社会自身的革命因素在不断积累；从师夷长技到体用之争，文化自身的革命因素也在不断积累；自辛亥革命到新文化运动，革命文化与文化革命开始交织互动；至五四运动，革命文化已经成为中国社会的彻底而不妥协地反对帝国主义和反对封建主义的主流和主导文化。

从五四运动起，革命的话语、革命的道德、革命的精神、革命的价值都开始成为真理和正义的化身，革命文化开始在革命斗争实践中呼啸前行，不可阻挡。革命文化不断冲破腐朽落后的传统文化的制约，让中国文化增加现代知识、现代技术、现代观念，推动了中国传统文化的现代化。革命文化不断打破封建专制思想和等级观念的束缚，让中国文化充实民主的、自由的、科学的内涵，丰富了中国文化的人民性。革命文化不断冲击帝国主义带给中国人民的殖民意识和奴化思想，让中国文化充满爱国的、独立的、自强的精神，增强了中国文化的民族性。革命文化不断冲破传统的、狭隘的、保守的思维，让中国文化展现全球的、开放的、平等的气魄，赢得了中国文化的世界性。革命文化所凝成的这些重要特质，是我们文化自信的不可或缺的因素。

中国革命文化在每一个历史时期都有不负时代、反映人民革命要求的优秀成果，从《革命军》《警世钟》《驳康有为论革命书》，到《警告青年》《我的马克思主义观》《新民主主义论》，再到《狂人日记》《黄河大合唱》《白毛女》，从革命理论到革命文艺的成果，反映了中国文化的巨大进步和人民的快速觉醒。中国革命文化在每个历史时期都有代表人民利益、走在时代前列的杰出人物，从邹容、陈天华、章太炎、孙中山，到陈独秀、李大钊、毛泽东、鲁迅，再到郭沫若、冼星海、巴金、茅盾，从理论家、思想家到文艺家，他们的创造力和人格魅力，都达到了中国历史的新高度。中国革命的每个历史阶段都形成了独具特色的精神内涵，从集中体现于孙中山身上的矢志不渝、殚精竭虑、愈挫愈奋的精神，到中国共产党人创造的红船精神、井冈山精神、延安精神、西柏坡精神，这些让民族精神、时代精神和革命精神相统一的精神，汇聚成为民族团结进步的强大动力，并把中华民族的精神境界提升到新的层次。人民群众尤其是广大的农民，在革命斗争中不断摆脱落后的传统文化的束缚、继承优秀的传统文化的抗争精神，形成人民革命时代的特有人格和品格。在革命文化历史中形成的成果、人才和精神，已经具有了广泛的世界认可，这是我们文化自信的最切近最可靠的历史资源。

尽管在近代革命文化的历史上也曾出现过"激进主义"的偏颇，试图对传统文化采取否定一切的态度，但这也只是特定历史背景下的"矫枉过正"之举，且只是在个别时期（如新文化运动初期）和个别人物（如陈序经）那里存在。总的来说，革命文化是中国传统文化在革命历史阶段文化的必然反映，是中华文化在近代历史中的延续。革命文化否定传统文化的消极因素，继承传统文化的优秀成果，不能简单地以革命文化排斥传统文化。正是革命文化的蓬勃发展，才让中华文化在近代世界的地位有了根本改变。我们文化自信的双脚，注定要站在优秀传统文化和近代革命文化的历史基础上。

最后，有社会主义先进文化的持续探索。

新中国建立，尤其是社会主义改造完成后，在中国共产党的领导下，中国人民便开始了气势恢宏的社会主义先进文化建设。经过六十多年的持续探索，中国文化在继承传统的同时，走出了封建、半封建、半殖民的藩篱，在新民主主义文化的基础上，走入了社会主义文化，走出了中国特色社会主义文化发展道路，形成了中国特色社会主义文化理论和文化体系，越来越成为世界文化中具有生机和活力、具有人民立场和情感、代表正义和未来的文化力量。

在社会主义先进文化的不懈追求中，中国共产党首先倡导马克思主义指导下的共产主义思想体系，积极开展共产主义的思想教育。是否具有共产主义的理想信念和价值观念，是社会主义文化区别于封建主义和资本主义文化的根本标志。在社会主义制度确立后的不长的时间内，通过知识分子思想改造和城乡社会主义教育运动，马克思主义理论和共产主义理想就很快成为全国人民的指导思想和科学信仰，这就让中国人民在文化的核心层面上走在了世界的先进行列。在社会主义先进文化的不懈追求中，中国共产党大力提倡文化和文化人为人民服务的宗旨。社会主义文化，最本质的价值在于为最广大的人民群众服务，离开这一宗旨，就谈不上社会主义先进文化，而全心全意为人民服务的文化宗旨和方向，决定了中国的社会主义先进文化具有深厚的群众基础。

在社会主义先进文化的持续探索中，中国共产党明确提出"百花齐放，百家争鸣"的方针。在文学艺术和科学技术领域，如何对待不同的艺术和学术观点，是苏联和东欧各国都没有很好解决的问题。中国共产党冲破阻力，大胆探索，提出文艺上可以百花齐放，学术上需要百家争鸣，这就为社会主义文化的发展提供了广阔的空间。在社会主义先进文化的持续探索中，中国人民始终坚守着国际主义的情怀，把"全世界无产者联合起来，全世界人民团结起来"作为自己响亮的口号。在抗美援朝及抗法抗美援越战争中，中国人民的国际主义精神得到了全世界人民的广泛称颂，中国人民所倡导的"和平共处五项原则"，已经成为世界交流和交往的基本准则。在社会主义先进文化的持续探索中，中国人民敞开胸襟，真诚地向世界上一切先进的国家和人民学习，尤其是向苏联和东欧等社会主义国家和人民学习，获得了许多新知识新认识。在社会主义先进文化的持续探索中，大型音乐舞蹈史诗《东方红》成为传播中国革命文化和中国时代精神的经典，让世界看到了人类文化的"东方红"。"两弹一星"的成功研制，让世界看到了一个有影响力的大国崛起的强大气势。雷锋精神、铁人精神和红旗渠精神，让世界看到了新中国的新品格和新风貌。

进入改革开放的新时期，中国的社会主义先进文化有了新的视野新的境界，开始积极探索中国特色社会主义先进文化发展道路。在党和国家的工作重心开始转到经济建设上来的同时，社会主义精神文明建设也受到高度重视。中华优秀传统文化及其民间民俗文化开始继承、恢复和活跃，对世界先进文化及其科学技术知识的学习借鉴出现前所未有的力度。世纪之交，中国共产党和中国人民在继承革命传统文化的基础上，开始积极倡导和谐文化与法治文化，不断推动和谐中国与和谐世界的进程。今天，富强、民主、文明、和谐，爱国、敬业、诚信、友善，自由、平等、公正、法治的社会主义核心价值观正在全社会倡导和培育，这成为社会主义先进文化的灵魂。中国共产党始终代表先进文化的前进方向，中国人民从不放弃对先进文化的追求，这是我们文化自信的重要历史条件。

虽然在对社会主义先进文化的不懈追求中，我们也出现过"左"倾错误，甚至遭受过"文化大革命"那样的严重损失，但已经站起来的中国人民，面向未来、面向世界的文化志向却不曾改变，社会主义制度所内在规定的文化的人民性更是不会改变。在苏联解体、东欧剧变之后，中国社会主义先进文化所承载的国际共产主义运动的使命更加重要，在世界金融危机和经济危机之后，中国社会主义先进文化所承载的世界文化与价值的新期待也更加迫切。中国特色社会主义先进文化是在优秀传统文化和近代革命文化的双肩上站立的，我们不能割裂中国特色社会主义先进文化与优秀传统文化和近代革命文化的内在关联。当然，我们也必须承认，当代中国的文化自信，最主要的是我们的双手掌握着中国特色社会主义先进文化的"利器"。

二 文化自信的理论支撑

在丰富的文化系统中，理论常常居于基础和指导地位，发挥引导和保障作用。在当代世界文化多元并存、广泛交融、强调理性的背景下，文化自信对科学理论的依赖程度更高。只有理论彻底，抓住根本，提供科学思想方法，规定正确发展途径，占据真理和道义的制高点，这些理论支撑的文化才能给人以信心和力量。

首先，马克思主义是文化自信的理论基础。

如何对待马克思主义的理论基础和指导思想，如何看待马克思主义文化资源的历史地位和现实作用，是我们认识和思考当代中国文化自信的重大的和根本的问题。我们的文化自信，是中国特色社会主义文化的自信,而不是其他什么制度和主义的文化自信。没有马克思主义及其中国化马克思主义的武装和引领,我们的文化自信似乎就无从谈起,即使是勉为其难,也会丧失灵魂、迷失方向,丢失应有的立场。

马克思主义充分吸收了人类文化的优秀成果,深刻揭示了自然界、人类社会、人类思维发展的普遍规律,为人类社会发展指明了方向;马克思主义揭示了事物的内在本质和普遍联系,是"伟大的认识工具",是人们观察世界和分析问题的有力思想武器;马克思主义经典作家眼界开阔、知识丰富,思想体系博大精深,涉及历史、经济、政治、文化、社会、生态、科技、军事、党建的各个方面。① 中国化马克思主义是马克思主义基本原理与中国具体实际相结合,形成的指导中国革命、建设和改革的思想理论体系,是在不断总结世界历史、国际共产主义运动历史、中国近现代历史的经验教训的过程中形成的科学理论体系。马克思主义不仅自身是文化的精髓,而且还是照耀文化进步的灯塔,让人们对其所引领的文化充满信心。

自鸦片战争以来,世界上尤其是西方国家的各种"先进"的思想理论大量涌入中国,并逐步形成对中国传统文化的压倒优势。这众多的观点和学说(如进化论),虽曾解释了中国人的部分疑惑,虽也赢得了一些文化人的信赖,却未能在整体上形成中国人新的文化自信,即使是早期新文化运动那样"伟大而彻底的文化革命"(毛泽东语),国民党的声势浩大的新生活运动,也未能解决文化自信的问题。只有在马克思主义广泛传播,中国的先进分子运用辩证唯物主义和历史唯物主义的世界观,用阶级分析和矛盾分析的方法观察世界、认识中国,才视野大开,能力大增。在新民主主义革命胜利前夕,毛泽东曾自豪而自信地说:"自从中国人学会了马克思列宁主义以后,中国人在精神上就由被动转入主动。从这时起,近代世界历史上那种看不起中国人、看不起中国文化的时代应当完结了。伟大的中国人民解放战

---

① 参见习近平《在哲学社会科学工作座谈会上的讲话》(2016年5月17日),《光明日报》2016年5月19日。

争和人民大革命,已经复兴了并正在复兴着伟大的中国人民的文化。这种中国人民的文化,就其精神方面来说,已经超过了整个资本主义世界。"①

马克思主义的科学理论进入中国后,人们出现了不同的态度。教条主义者们主张一切从马克思主义的本本出发,以毛泽东为代表的中国共产党人主张"反对本本主义",把马克思主义与中国的历史和国情相结合,文化发展要在马克思主义指导下,形成中国作风和中国气派。正是马克思主义与中国历史文化的不断结合,正是中国化马克思主义的不断创新,才让中国文化的方向和性质、层次和力量都发生了历史性新变化,才让中国文化的巨大潜力和中国人民的巨大创造力得到了激发和展现。我们的文化自信是以马克思主义及其中国化马克思主义为有力支撑的,抽掉马克思主义及其中国化马克思主义这一中国文化的"脊梁"而谈文化自信,要么是无视历史,要么是曲意而为。虽说马克思主义是以欧洲的历史文化为重点形成的思想理论,但其基本原理对人类的发展却有普遍的指导意义,对无产阶级的革命事业是最锐利的思想武器。中国化马克思主义,虽然历经曲折,但中国共产党的先进文化使命始终都在担当。毛泽东早就指出:"我们共产党人,多年以来,不但为中国的政治革命和经济革命而奋斗,而且为中国的文化革命而奋斗;一切这些的目的,在于建设一个中华民族的新社会和新国家。"②

其次,文化自觉是文化自信的思想前提。

对一个走向现代化的文明古国和"巨国"来说,文化的自信不可能依靠"他觉",而只能依靠"自觉"来实现。有没有长期的理性的文化自觉的积累,有没有深刻的科学的文化自觉的伴随,是文化自信是否真正"可信"的重要前提。没有文化自觉的自信,很可能是盲目的自信。没有文化自觉思想理论的自信,很可能是偏颇的自信。

---

① 毛泽东:《唯心历史观的破产》(1949年9月16日),《毛泽东选集》第4卷,人民出版社1991年版,第1516页。
② 毛泽东:《新民主主义论》(1940年1月),《毛泽东选集》第2卷,人民出版社1991年版,第663页。

在宽泛的意义上说，中华民族的文化自觉意识可谓源远流长，从百家争鸣到历代的文化论争，都有一定程度的文化自觉的元素。到了近代，面对西方列强的不断侵略，在民族意识觉醒的过程中，文化自觉的要求越来越强烈。一大批爱国志士尤其是许多文化精英，利用自己所获得的西方近代文化知识，去对比和思考中国的传统文化①，并逐步打破内部的道统和派分，对中华文化进行大量的整体性反思，并形成了各种不同的意见和主张，这些思想观点又在民族革命和阶级斗争的实践中不断经受检验。新中国成立后尤其是进入改革开放的新时期，在文化热潮和民族复兴新的历史互动中，文化自觉再度成为重要而突出的文化进步的内在要求，国内的各种言说与海外的各种思潮相互激荡，大批文化人参与其中②，文化自觉的气势蔚为壮观。

正是在这样的历史和时代背景之下，著名社会学家费孝通先生于世纪之交明确提出文化自觉的概念和命题，并系统阐述了文化自觉的内涵和使命，使文化自觉由宽泛的思想形态上升到较为系统的理论形态。费孝通先生认为，文化自觉就是"人类发展到现在已开始要知道我们各民族的文化是从哪里来的？是怎样形成的？它的实质是什么？它将把人类带到哪里去？"③文化自觉的思想来源，历史很长，自20世纪前半叶以来中国思想的主流一直是围绕着民族认同和文化认同而发展的。"以各种方式出现的有关中西文化的长期争论，归根结底只是这样一个问题，就是在西方的强烈冲击下，现代中国人究竟能不能继续保持原有的文化认同？还是必须向西方文化认同？上两代中国的知识分子一生都被困在有关中西文化的争论之中。我们所熟悉的梁漱

---

① 20世纪初，王国维就提出"学术自觉"的思想，要求学人们对于中国人文学术和西方人文学术进行比较，以便看出它们各自的长短，以西方学术之长，济中国学术之短，将中学与西学的优点加以融合，为中国人文学术开拓道路。

② 著名学者钱钟书先生曾不止一次地讲过：他读了一辈子中西之书，但读来读去终究还是觉得中国的典籍更耐人寻味。西方之著作自有其长，但一经挤掉大量水分，所剩往往无几；而我国典籍中之三言五语，虽看似简略，寻绎起来却其味无穷。敏泽：《永留的丰碑——追忆钱钟书先生》，《一寸千思——忆钱钟书先生》，辽海出版社1999年版，第293页。

③ 费孝通：《关于"文化自觉"的一些自白》，《群言》2003年第4期。

溟、陈寅恪、钱穆先生都在其中。"① 费孝通先生还提出各美其美、美人之美、美美与共、天下大同的主张,他指出,21世纪人类的重大任务就是跨文化交流,要实现这一任务的前提是人类要有充分的文化自觉。只有文化自觉,才能让人类学会对话和交流,才可以张扬理解和宽容精神。

费孝通先生的文化自觉思想得到学术思想界的广泛响应,许多学者自觉或不自觉地投入文化自觉的"实践"中去。这种思想力量与马克思主义的辩证唯物主义的历史观相联系,与党中央不断强调的深刻认识人类社会发展规律、认识社会主义运动规律、认识共产党执政规律的要求相呼应,促使中国人民在新的世纪和新的思想理论高度上,形成文化自觉新的能力和水准,为中华文化的自信奠定了重要的思想理论基础。尽管我们的文化自觉仍在进行中,而且存在许多不足,但正是在文化自觉与文化自信的相互推动中,文化自信的力量才有了不断的加强,文化自强的进程才有了不断的加速。

最后,综合创新是文化自信的方略支撑。

在人类文化演进的历程中,虽然不同国家和民族之间的文化有所交流,但受到自然条件和社会条件的制约,各个国家和民族的文化还是保持着相对的独立性。在全球化速度不断加快,"世界历史"越来越清晰地呈现的当代,哪一个国家和民族的文化能够走得更快更高更好,从根本上说,就要看其是否能够最大限度地吸收和利用人类文化的一切优秀成果,并创造出自己新的文化成果。

近代以来,当中华文化面临西方文化的强力冲击之时,我们的文化要走出困境,走向复兴,应该确定怎样的方略,成为摆在中国人面前的一个重大文化课题。众多的文化精英们,从不同的知识背景和思想情感出发,提出了各种各样的方案,文化上的保守主义、激进主义和全盘西化论长期并存和论争,"东"和"西"、"体"和"用"之间长期交织和纷争,不同的党派及其团体也纷纷阐发自己的意见和主张。掌握了马克思主义的思想武器,有了领导中国革命文化事业初步

---

① 费孝通:《文化自觉的思想来源与现实意义》,《文史哲》2003年第3期。

经验的中国共产党人,在抗日战争期间就明确提出:"我们的态度是批判地接受我们自己的历史遗产和外国的思想。我们既反对盲目接受任何思想,也反对盲目抵制任何思想。我们中国人必须用我们自己的头脑进行思考,并决定什么东西能在我们自己的土壤里生长起来。"① 新中国成立后,中国共产党进一步将马克思主义的文化方略凝结成古为今用、洋为中用、推陈出新,并随着时代的进步而不断充实新的内涵。

经过长期的历史文化积淀,在20世纪80年代,著名哲学家张岱年先生明确提出了文化发展的"综合创新论"。在张岱年先生看来,文化是一个动态的系统,它具有可析取性,这就使得文化综合创新在客观上成为可能。张岱年先生认为,文化发展就是"兼赅众异而得其平衡",文化进步就是要在"兼和"理念之下展开。张岱年先生主张,"中国文化的现代化,只能走'古今中外,综合创新'的道路,就是以中国古典传统文化作为源远流长的母体文化,以西方近现代文化作为激发现代化活力的异体文化,以马克思主义指导下的社会主义文化作为起主导作用的主体文化,在马克思主义和建设有中国特色社会主义理论指导下,以中国现代化为主体目标,借鉴中西文化精华,创造出有中国特色社会主义的新型文化。"② 张岱年先生还充满信心地预测,中国文化在未来的新世纪,必将以建设中国特色社会主义新型文明为主题,在中华文明史乃至世界文明史上,作出具有历史意义的一系列新贡献,并熔铸成21世纪新型世界文明。

张岱年先生的文化发展"综合创新论"得到众多学者的支持和社会各界的广泛认同。方克立先生就是其最有力的支持者、阐释者和发挥者之一,他运用张岱年的综合创新论,考察当代中国文化建设的实际,并对近代中国体用之争进行历史反思,提出"马魂、中体、西用"的思想观点。文化的综合创新理论,作为一种重要的文化方略和

---

① 转引自习近平《在哲学社会科学工作座谈会上的讲话》(2016年5月17日),《光明日报》2016年5月19日。
② 参见张岱年、王东《中华文明的现代复兴和综合创新》,《教学与研究》1997年第5期。

思想方法，不仅促进了中国特色社会主义的文化发展，也大大增强了中国文化和文化人的自信。因为在当代世界，在开放的中国，文化综合创新的环境和条件应该是历史上最好的。尽管在我们的文化建设中依旧存在不同程度的食古不化、食洋不化、综合不够、创新不够的问题，但综合创新的思想主流和发展趋势却不可阻抑，它带给中国文化的信心和力量也同样不可阻抑。

三　文化自信的逻辑结构

文化作为一种国家的"软实力"，有其显著的精神性特征。同样的文化内涵和状况，当我们从不同的逻辑起点出发，按照不同的逻辑轨道运行，着眼不同的逻辑归宿，对其文化地位和文化价值的判断可能会有很大的差别。我们所讨论的当代中国特色社会主义的文化自信，所遵从的逻辑规则和逻辑结构，只能是马克思主义的"人民逻辑""实践逻辑"及"和谐逻辑"。

首先，文化自信是遵循"人民逻辑"得出的结论。

对于当代中国文化，是否有自信，该不该有自信？如果我们简单地得出一个"普遍"性的结论，可能就会出现许多的"漏洞"。假如我们将文化的创造仅仅看成是文化圣贤们的"玄想"、社会精英们的"杰作"、政治豪杰们的"创举"，那我们就很难有坚定的文化自信；假如我们把文化的进步放在五千年文明历史和全体中国人民共同奋斗的基础之上，那我们今天的文化自信就绝不是虚言。

在漫长的中国古代历史文化中，有着悠久的民本思想渊源，许多思想家将王朝和天命归于民心；有着长期社会阶层流动的机制，以科举制度为核心的人才选拔，让下层民众也有文化参与的动力；有着持续的有教无类的文化追求，通过塾师授业、士人居乡和书院广设等方式，使普通人也能受到教化和影响。虽然这些主张和做法的实际文化作用是有限的，但其文化基因的传承却是不可忽视的。孙中山所领导的资产阶级民主革命，尽管也不能超越阶级的局限，但与西方资产阶级革命也有很大的不同，其中重要的一点，就是天下为公、革命为民的思想。

五四时期，民众的觉醒达到空前的高度，"劳工神圣"成为响亮的时代口号。在马克思主义广泛传播的过程中，广大人民群众的文化创造力被最大限度地激发出来，中国文化的性质和方向也开始了历史性的新变化。用马克思恩格斯的话说："过去的一切运动都是少数人的，或者为少数人谋利益的运动。无产阶级的运动是绝大多数人的，为绝大多数人谋利益的独立的运动。"① 中国百年的历史文化巨变反复证明："历史活动是群众活动，随着历史活动的深入，必将是群众队伍的扩大。"决定历史文化发展的是"行动着的群众"。②

在马克思主义指导下，中国的文化发展越来越坚定地遵循"人民的逻辑"。一方面，人民群众的文化创造成为中国文化进步的基础力量。大革命时期，工农运动及其文化觉醒成为革命胜利的重要动因和保障。抗日战争时期，仅在陕甘宁边区，经广大群众运用民间曲调改编的抗日革命歌曲就有几百首，包括著名的《东方红》在内，成为鼓舞革命斗志、争取抗战胜利的重要文化因素。新中国成立后，人民群众的文化潜力进一步得到展现，从雷锋日记、"铁人"誓言、"两弹"元勋的选择，到群众的文艺创作，都成为中华文化的不可或缺的新内容。另一方面，无产阶级的文化理论工作者也把"为什么人"的问题，作为文化创作和人生价值的核心问题，始终坚守着人民是历史创造者的观点，始终坚持着走与工农相结合的道路。我们的文化自信，很大程度上是源于我们坚持社会主义，坚持知识分子与广大劳动群众的紧密结合，全体人民共同进行文化创造，共同促进文化发展。当我们把人民作为"上帝"一样去"信仰"，作为"大地"一样去"依靠"，我们的文化自然会有无穷的力量，会有充分的自信。我们的文化自信，正是源于这样的人民立场和人民逻辑，这也是社会主义的本质要求，是社会主义的优越性所在。

其次，文化自信是按照"实践逻辑"作出的判断。

---

① 马克思、恩格斯：《共产党宣言》（1847年12月—1848年1月底），《马克思恩格斯文集》第2卷，人民出版社2009年版，第42页。

② 马克思、恩格斯：《神圣家族，或对批判的批判所做的批判》（1844年9—11月），《马克思恩格斯文集》第1卷，人民出版社2009年版，第287页。

如果文化仅仅停留于纯粹的精神层面，只承担灵魂"救赎"的任务，只按照"思维逻辑"运行，那我们就很难获得自信的客观依据。当代中国的文化，是马克思主义理论体系中的文化，是社会政治和经济的反映，而又反作用于社会政治和经济的文化，是在人们能动地改造世界的感性物质活动中形成和凝结的认识成果和精神成果。也就是说，我们的文化来源于社会实践，我们的文化自信是依据"实践逻辑"作出的客观性判断。

在中国古代哲学中，"知"与"行"就是一对有重要意义的概念，但其中的"行"或"践行"更多的是指道德伦理行为。中国的古典文化，尽管是唯物论、唯心论和二元论并存，且偏重于政治和人伦，但各家各派一般都有"务实理性"的追求，而没有陷入"形而上"的严格意义上的宗教追求中。中国的文化人，"其知识对象集中在现实人生政治、社会、教育、文艺诸方面。"① 马克思主义认为，人们的实践活动，是以改造客观世界为目的、主体和客体之间通过一定的中介发生相互作用的客观过程，实践是人类生存和发展的最基本的活动，是认识产生和文化发展的基础。毛泽东指出："实践的观点是辩证唯物论的认识论之第一的和基本的观点。"② 正是在马克思主义这一"实践哲学"的指导下，中国的文化在中国的实践中步入了"实践的逻辑"，获得了快速的切实的发展。

在艰难曲折的新民主主义革命实践中，既形成了农村包围城市、武装夺取政权的革命道路，形成了无产阶级领导的、人民大众的反对帝国主义封建主义的革命总路线，也形成了民族的、科学的、大众的新民主主义革命的文化纲领，产生了毛泽东思想，产生了一大批文学艺术成果，让革命人民在斗争中形成坚定的文化自信。在大规模的社会主义建设实践中，既初步探索形成了适合中国国情的经济和政治发展道路，也初步探索形成中国社会主义文化发展的方针政策，既有毛

---

① 参见钱穆《中国知识分子》（1951年），《民主评论》第21、22期，钱穆《国史新论》，广西师范大学出版社2005年版，第118页。

② 毛泽东：《实践论》（1937年7月），《毛泽东选集》第1卷，人民出版社1991年版，第284页。

泽东的《论十大关系》和《关于正确处理人民内部矛盾的问题》的理论创新,也有大型音乐舞蹈史诗《东方红》那样的文艺经典,使新中国的社会主义建设实践充满文化的信心和自豪。

在中国改革开放的伟大实践中,我们既坚信中国特色社会主义道路是实现社会主义现代化的必由之路,是创造人民美好生活的必由之路,坚信中国特色社会主义理论体系是指导党和人民沿着中国特色社会主义道路实现中华民族伟大复兴的正确理论,是立于时代前沿、与时俱进的科学理论,坚信中国特色社会主义制度是当代中国发展进步的根本制度保障,是具有鲜明中国特色、明显制度优势、强大自我完善能力的先进制度[①],又坚信中国特色社会主义文化是推动民族复兴和人类进步的先进文化。也就是说,我们的文化自信是按照"实践逻辑",是在道路自信、理论自信和制度自信的基础上形成的,而不是主观臆想出来的。中国特色社会主义文化的自信,源于实践,伴随实践,回归实践。我们只有在"实践的逻辑"中才能获得对文化自信的真切判断,因为中国特色社会主义改革与发展的实践既取得了辉煌的成就,又依旧在不断深化和行进中,我们的文化也必然随之不断丰富,不断进步,这是不可阻挡的历史趋势。

最后,文化自信是依据"和谐逻辑"给出的分析。

文化的繁荣发展需要自由民主的氛围,需要交流论辩的过程,需要静思存想的心境,而人类文化变迁的历史却长期存在不同的理路:一种是依据文化发展内在的要求,循着"和谐的逻辑"运行;一种是依据文化发展外在的要求,借助权力和资本的力量,循着"霸权的逻辑"运行。当代中国的社会主义文化建设,虽然并不否认文化的阶级性、矛盾性和斗争性的存在,但我们发展的基本途径是和谐开放,根本目的是和谐共存,我们的文化自信正是依据"和谐逻辑"给出的源于文化自身的分析判断。

在中国的文化传统中,有深厚的和谐思想的蕴涵。中华民族自古

---

① 参见习近平《在庆祝中国共产党成立95周年大会上的讲话》(2016年7月1日),人民出版社2016年版,第13页。

崇尚为政仁和、民风纯和、为人谦和，"和合是中国文化人文精神的精髓和首要价值"①，按张岱年先生的总结，"兼容多端而相互和谐"是中国文化的基本精神。被孙中山称为"唯一了解中国的英国人"罗素，在分析中国人的性格时也承认："中国至高无上的伦理品质中的一些东西，现代世界极为需要。这些品质中我认为和气是第一位的。以公理为基础而不是以武力去解决争端。"② 在近代中国的"戊戌变法"和辛亥革命中，都一定程度地存在对严峻的斗争形势估计不足，过多和过早地依靠或幻想"和谐"，从而带来严重的消极后果，这既反映了资产阶级政治上的不成熟，也反映出中国文化和谐追求的深刻影响。

在无产阶级领导的革命事业中，似乎也存在着两种逻辑：一是斗争的逻辑，即在解决民族矛盾和阶级矛盾的过程中，以武装斗争和流血牺牲的方式达到革命目的；一是和谐的逻辑，即在争自由求解放的过程中，通过加强内部团结、扩大统一战线的方式达到革命的目的。第一种逻辑是显在的强大的，第二种逻辑是潜在的弱小的，但却是更为本质的。在无产阶级革命运动中，之所以有无数的先烈不惜生命的代价，就是因为在他们的心目中有一个坚定的共产主义信仰，那样的社会就是："代替那存在着阶级和阶级对立的资产阶级旧社会的，将是这样一个联合体，在那里，每个人的自由发展是一切人自由发展的条件。"③ 在中国革命运动中，之所以有无数的爱国青年和革命志士不畏艰险，奔赴中国共产党领导的根据地或解放区，最重要的就是那里的平等自由和谐的社会环境和文化氛围。透过革命文化表层的壮怀激烈，我们很容易看到其深层的团结和谐，这是革命者革命理想和革命信心的重要源泉。

社会主义制度刚刚建立，毛泽东就提出要调动一切积极因素，团结一切可以团结的力量，进行社会主义建设，提出要造就一个又有集中又有民主，又有纪律又有自由，又有统一意志，又有个人心情舒畅、生动活泼，那样一种政治局面。

---

① 参见张立文《和合学》上卷，中国人民大学出版社 2006 年版，第 11 页。
② ［英］罗素：《中国问题》，秦悦译，学林出版社 1996 年版，第 166—167 页。
③ 马克思、恩格斯：《共产党宣言》（1847 年 12 月—1848 年 1 月底），《马克思恩格斯文集》第 2 卷，人民出版社 2009 年版，第 53 页。

直到"文化大革命"时期,毛泽东依旧强调,要团结不要分裂。正是这种团结和谐的文化追求,让中国的社会主义赢得了道义,站稳了脚跟,获得了发展,克服了失误。在改革开放的新时期,"解放思想,实事求是,团结一致向前看",一直是我们时代的思想主题。进入新世纪,和谐文化开始成为全体人民团结进步的重要精神支撑,中国人民关于和谐中国与和谐世界的呼声得到世界的广泛响应,中国和平发展、共享发展的理念和行动得到世界的广泛支持。当代中国的文化自信,是依据"和谐逻辑"给出的分析,因为"和谐逻辑"是人类社会发展的大逻辑和大趋势。尽管当代中国的文化依旧存在许多不和谐的因素,但和谐文化作为社会主义先进文化的本质特征和内在要求,其前进的主流地位不可动摇,"和谐逻辑"的轨道不可移易。

不可否认,当代中国文化,还存在着内部的落后甚至腐朽文化的影响和侵袭,存在着外部的强权甚至霸权文化的制约和挤压,我们的文化发展在很多领域还存在水平不高、能力不强、影响不大、机制不活、人才不足等诸多问题,但今天的中国文化已经和过去的中国文化大不相同了,我们已经有了比较强大的国力的支撑,有了解决发展中的文化问题的决心和思路。正如习近平总书记所说:"站立在960万平方公里的广袤土地上,吸吮着中华民族漫长奋斗积累的文化养分,拥有13亿中国人民聚合的磅礴之力,我们走自己的路,具有无比广阔的舞台,具有无比深厚的历史底蕴,具有无比强大的前进定力,中国人民应该有这个信心,每一个中国人都应该有这个信心。"[①] "当今世界,要说哪个政党、哪个国家、哪个民族能够自信的话,那中国共产党、中华人民共和国、中华民族是最有理由自信的。"[②] 全党要坚定道路自信、理论自信、制度自信、文化自信,全国人民同样要坚定道路自信、理论自信、制度自信、文化自信。其中,文化自信是更基本、更深沉、更持久的力量。

[①] 习近平:《在哲学社会科学工作座谈会上的讲话》(2016年5月17日),《光明日报》2016年5月19日。

[②] 习近平:《在庆祝中国共产党成立95周年大会上的讲话》(2016年7月1日),人民出版社2016年版,第12页。

建设文化礼堂构筑农民群众精神家园
——浙江临安市村级文化礼堂建设的实践与思考

进入新世纪，中国的农村尤其是沿海经济发达地区，基层农民群众的物质生活条件进一步改善，人们对精神文化的重视程度越来越高。浙江省临安市在多年探索的基础上，率先开始有计划的村级文化礼堂建设，拉开了新阶段浙江省乡村文化跨越式发展的序幕。临安市委通过科学论证，制订完整的规划，采取典型示范、分步推进的方式快速展开，形成"两堂"即礼堂和学堂，"五廊"即村史廊、民风廊、励志廊、成就廊、艺术廊的基本建设格局。文化礼堂建设发挥了传播现代文明、弘扬主流价值，展示村庄形象、传承村庄文化，促进邻里和睦、改善干群关系，优化村庄环境、助推经济发展的重要功能。文化礼堂建设也形成科学规划设计、珍重村庄历史传统，突出专家作用、调动各种智力资源，重视多元包容、明确先进文化方向，坚持因地制宜、形成一村一品格局的基本特点及其经验。

进入新世纪，广大农村的经济条件和社会生活都发生了根本性变化，农民群众对精神文化的需求越来越强烈，如何在新的历史条件下构筑农民群众的精神家园，成为农村文化发展繁荣的重大课题。浙江省临安市委市政府认真总结农村文化建设的历史经验，探索通过"文化礼堂"来推动农民的文化自觉、文化自信和文化自主，在实践中已经取得一定成效，形成一些重要经验，我们在认真调研的基础上，进行初步的总结和思考。

一 建设文化礼堂构筑农民群众精神家园的历史背景

临安市建设农村"文化礼堂",构筑新时期农民群众精神家园的探索和尝试,得到社会各界的广泛支持和众多好评,因为这一创新性举措有着深厚的历史底蕴、良好的社会条件和广泛的群众基础。

1. 我国文化大发展大繁荣的社会环境

文化是民族的血脉,是人民的精神家园。我们党历来高度重视运用文化引领前进方向、凝聚奋斗力量,团结带领全国各族人民不断以思想文化新觉醒、理论创造新成果、文化建设新成就推动社会主义事业不断向前发展。改革开放特别是党的十六大以来,我们党始终把文化建设放在重要战略地位,坚持物质文明和精神文明两手抓,走出了中国特色社会主义的文化发展道路。党的十七大提出推动文化大发展大繁荣的历史任务,党的十七届六中全会对推动社会主义文化大发展大繁荣,进一步兴起社会主义文化建设新高潮作出了全面部署,我国的文化建设开始进入新的历史阶段。

在我国五千多年文明发展历程中,各族人民紧密团结、自强不息,各地群众相互交流、融通促进,创造出源远流长、博大精深的中华文化,为中华民族发展提供了强大精神力量,为人类文明进步作出了不可磨灭的重大贡献。近代以来,面对全球化进程不断加快的世界趋势,面对民族危机的严峻考验,中国人民以救亡图存、振兴中华的决心和勇气积极吸收世界各国的先进文化成果,逐步实现了传统文化的现代化,开创了中华文化的新时代。中国共产党成立后,马克思主义开始成为民族进步的主导思想,反帝反封建的新民主主义革命文化,成为人民奋斗牺牲的强大精神动力。改革开放以来,中国人民开始面向世界、面向未来,以锐意进取、不断创新的精神,创造着新时期的新文化。

目前,我国文化领域正在发生广泛而深刻的变革,文化事业取得了丰硕的成果,全社会重视、参与文化建设的热情日益高涨,为文化建设营造了良好的社会氛围；人民群众快速增长的精神文化需求，为文化发展拓展了巨大空间；我国的国际地位显著提高，为中华文化"走出去"提供了重要契机。同时，我们也要看到：我国文化发展同人民日益增长的精神文化需求还不完全适应，文化在推动全民族文明素质提高中的作用亟待加强；一些领域道德失范、诚信缺失，一些社会成员人生观、价值观扭曲，用社会主义核心价值体系引领社会思潮的任务十分紧迫；城乡、区域文化发展不平衡，束缚文化生产力发展的体制机制问题尚未根本解决。我国文化传统的深厚历史根基，促进文化大发展大繁荣的新形势和新任务，为农村文化建设提供了良好的社会环境。

2. 浙江加速新农村建设的总体形势

从历史来看，浙江实施城乡一体化，推进新农村建设的基础曾经比较落后。到1978年，浙江省非农人口只占11.4%，远低于全国平均水平，即使像杭州、宁波、温州三大城市，规模也很小，缺乏带动周边农村地区发展的能力。经过二十几年的快速发展，到新世纪初，浙江部分农村的经济条件明显改善，农民的精神风貌和文化需求都发生了重大变化。浙江省在2003年就形成了加快推进城乡一体化的战略思路。2004年，浙江省明确提出要在全国率先走出一条以城带乡、以工促农、城乡一体化发展的路子。2004年年底，浙江省委、省政府制定了《浙江省统筹城乡发展推进城乡一体化纲要》，指出统筹城乡发展、推进城乡一体化，就是要打破城乡二元结构，缩小城乡差别，充分发挥城市对农村的辐射带动作用和农村对城市的支持促进作用，实现城乡互补、协调发展和共同繁荣。

针对农村经济社会发展不协调、城乡差距扩大的问题，浙江省委、省政府于2003年和2008年先后两次推进"千村示范、万村整治"工程。全省上下以村庄整治建设为龙头，把村庄整治与"乡村康庄""万里清水河道""千万农民饮用水""万里绿色通道""生态家园"等工程有机结合起来，形成了村庄整治建设的整体力量，进一步改善农村基础设施。

2006年4月，浙江省委、省政府作出《关于全面推进社会主义新农村建设的决定》，提出要通过推动产业新发展、建设新社区、培育新农民、树立新风尚、构建新体制，把农业建设成为具有市场竞争力、能致富农民和可持续发展的高效生态农业，把村庄建设成为让农民享受现代文明生活的农村新社区，把农民培育成为能适应分工分业发展要求的有文化、懂技术、会经营的新型农民，形成城市和农村互补互助、共同繁荣的城乡一体化新格局。2012年，中共浙江省第十三次代表大会提出为建设物质富裕精神富有的社会主义现代化浙江而奋斗的目标，强调新农村建设是统筹城乡发展的重要基础。

社会主义新农村建设开始全面推进后，农村的各项事业也出现了新局面。在经济发展、政治进步、环境改善的基础上，人们对文化生活的需求也在迅速提高，农村文化发展呈现出新的形势。

3. 临安经济社会发展提供的基础条件

临安地处浙西北，东邻杭州，西接黄山，是距离上海、杭州等大都市最近的山区市，全市共有298个村。2011年，实现生产总值340.8亿元，人均GDP达1万美元，财政总收入、地方财政收入达39.2亿元和21.1亿元，城镇居民人均可支配收入、农民人均纯收入分别达27594元和13926元，全面小康实现程度居杭州五县（市）首位。

1986年，临安被国家教委公布为全国100个基础教育先进县之一，1988年又被国家教委公布为全国扫除文盲100个先进县之一。1993年，临安被文化部命名为"书画艺术之乡"，同年，临安进入全国综合实力百强县（市）行列。2000年，临安被国家旅游局命名为"中国优秀旅游城市"，2006年，临安市被全国爱卫会命名为"国家卫生城市"。2009年，在第二届中国和谐城市可持续发展高层论坛上，临安获"中国十佳和谐可持续发展城市"称号，2010年2月，临安荣膺"国家环保模范城市"。

近年来，临安市实施"绿色家园、富丽山村"工程，"乡风文明进万家"活动，计划用十年时间，分三期建设生态环境优美、村风民风和谐、产业模式多样、社会保障健全、乡土文化深厚、农民生活安康的社会主义新农村，实现"村美、家富、社兴、人和"的新家园。

在首批精品村和特色村创建规划中，突出五个注重，即注重对传统村落进行改造、注重对生态村落进行提升、注重对集镇村落进行整治、注重对文化村落进行培育、注重对旅游村落进行规范。经过几年建设，"一村一品、一村一景、一村一业、一村一韵"的特色和魅力初步彰显，极具临安人文风情的村落开始点缀在临安的山山水水之间。

在我们课题组的调查中，关于"文化礼堂建设具备哪些条件"一项选择"经济宽裕"和"政府支持"的最多。临安市经济社会的快速发展，为临安加快文化设施建设，繁荣农村文化生活提供了重要的基础条件和许多基础设施。

4. 农民文化生活日益丰富的崭新景象

中国文化博大精深，来源于内部生成元素的多姿多彩；中华文化历久弥新，取决于内部结构的和谐与活力。在几千年的文明进程中，中华民族的文化始终处在不同民族之间的不断交融、不同区域之间的不断交流、不同阶层之间的不断交汇之中。广大农民群众，既是经济社会发展的主体力量，也是精神文化进步的依靠力量。在改革开放中，农民群众创造了巨大的物质财富，也创造了巨大的精神文化财富。

早在1999年，浙江就提出了建设文化大省的战略目标，2000年制定了《浙江省建设文化大省纲要（2001—2020年）》，对建设文化大省的指导思想和基本原则、总体目标和近期目标、主要任务和工作要求都提出了具体意见。力图展现和提升"文化软实力""思想凝聚力"和"精神原动力"。2005年，浙江省委又通过了《关于加快文化大省建设的决定》。

在这样深厚的历史基础和政策基础上，广大农民群众提升文化生活的要求也日益强烈，文化活动也日渐丰富，他们在耕种土地的同时，也开始"播种文化"。有的村庄开始自发修建文化广场、文体活动中心，定期举办农民文化艺术节；有的村庄开始挖掘本村的历史文化，整理家史族谱，修缮祠堂；有的村庄开始组织书法绘画培训、比赛，进行传统武术表演；有的村庄开始整理革命历史遗存，宣传英雄模范人物。

当各种文化需求不断增长，各类文化成果不断展现之时，通过怎样的场所、途径和方式，来传承、汇聚、宣传文化知识，满足文化需求，就成为一个必须解决的重大问题。在我们的问卷调查中，93%的村民认为建设"文化礼堂"非常必要或有一定必要，多数村民认为"群众欢迎"是建设"文化礼堂"的前提条件。在问卷"基本生活条件有保障之后，您最为期待的变化"一项中，选择"文化娱乐"和"村庄环境"的占89%。

二 建设文化礼堂构筑农民群众精神家园的实施进程

村级"文化礼堂"建设是一项系统工程，也是一项惠民工程。这项工程实施近一年来，得到了临安市各级党委、政府的高度重视。在建设过程中，既做到了科学论证、制订总体规划，又做到典型示范、分步扎实推进；既落实各方责任、形成合力，又加强督促检查、严格考核。

1. 科学论证，制订规划

搞好临安市村级"文化礼堂"建设工作，首先必须要经过反复论证，有一个科学的规划，从总体上解决好建设工作的突出问题，建立良好的筹资、建设、使用与管理机制。

2012年年初，临安市委、市政府领导对村级"文化礼堂"建设工作进行了前期专题调研，梳理文化建设所取得的成就，查找文化建设的不足，明确将村级"文化礼堂"建设作为推进临安市新农村文化建设的重要载体，并将"开展文化惠民活动，建成村级文化礼堂50个"写入2012年的《政府工作报告》。市委宣传部会同市文广新局、市委党史研究室和市文联等多次到农村调研，召开座谈会和论证会，并成立由建筑、文化、地方史、新农村建设等方面专家或能手组成的指导组，拟定《临安市村级"文化礼堂"建设方案》。

2012年3月28日，临安市十三届市委常委会举行第七次会议研究村级"文化礼堂"建设工作。会议听取了全市村级"文化礼堂"

建设方案汇报。会议认为，建设村级"文化礼堂"，是一项推进社会主义核心价值体系建设、满足农村群众精神需求、挖掘弘扬传统优秀文化的探索性工作。会议强调，在推进建设的过程中，要按照"传承、活动、教育、展示"的功能定位，以修建修缮为主要途径，坚持试点先行、典型引路，抓好规划、体现特色，充分调动社会各方面的力量参与建设，努力把村级"文化礼堂"建成农村群众的文化殿堂和精神家园。

《临安市村级"文化礼堂"建设方案》由市委办公室、市政府办公室正式以临委办发〔2012〕53号通知的形式下发给各镇党委、政府，各街道党工委、办事处，市直属各单位、省市各驻临机构。《临安市村级"文化礼堂"建设方案》明确了村级"文化礼堂"建设的重要意义、建设目标、建设原则、主要功能、内容设计、管理使用、强化保障和建设步骤等问题，对临安市村级"文化礼堂"建设作出了全面规划与部署，为临安市村级"文化礼堂"建设工作提供了基本依据，指导临安市村级"文化礼堂"建设工作有序推进。

为了总结首批村级"文化礼堂"建设工作示范点的建设经验，并将村级"文化礼堂"建设工作向纵深推进，2012年6月20日，市政府裘小民副市长召集市府办、市委宣传部、文广新局、农办、财政局等部门负责人专题协调"文化礼堂"建设工作。2012年6月27日，临安市召开"文化礼堂"建设工作现场会。市委常委、宣传部长章燕，副市长裘小民，以及各有关单位、镇街负责人参加会议。会议要求，下一步，各镇街要选择思想觉悟高、战斗力强、积极性高、基础好的村建设"文化礼堂"。会后，各镇（街道）迅速行动，上报确定了今年要建成的50个村的名单。2012年7月10日，临安市召开行政村"文化礼堂"建设推进会，市领导章燕、楼国富、裘小民以及各有关部门、镇街、行政村负责人参加会议。会议要求，各相关行政村要按照各村实际，把握不同村庄文化资源的内涵，合理确定建设规模，科学设计和规划。各有关部门和单位要按照要求，结合当地实际情况，做到"保证质量、保证进度、保证让农村群众得到实惠，让群众满意"。会上，市委常委、宣传部长章燕就"文化礼堂"建设的必要性和重要性、定位以及如何建设提出了具体要求。

2. 组建机构，单列经费

为了落实具体建设工作，确保取得实效，临安市建立市级领导小组，加强领导。根据《市委办公室、市政府办公室关于印发〈临安市村级"文化礼堂"建设方案〉的通知》的规定，临安市"文化礼堂"建设领导小组由市委书记、市长担任组长，市委常委、宣传部长和政府分管副市长担任副组长，各市属部委办局和镇（街道）的主要负责人担任成员。

临安市村级"文化礼堂"建设的具体工作由市委宣传部统筹协调，办公室设在市文广新局。镇（街道）、村负责实施。各镇（街道）、村也成立了相应组织，市、镇（街道）、村一把手亲自抓，把"文化礼堂"建设作为重要任务，部委办局通过结对的形式积极帮助搞好村级"文化礼堂"建设工作。

临安市委、市政府高度重视村级"文化礼堂"建设工作，多方筹措经费，采取上级补助、市财政投入、镇（街道）投入与村级自筹相结合，为村级"文化礼堂"建设提供必要的财力保障。把村级"文化礼堂"建设列入2012年市里需要办理的十件实事之一，市财政每年安排500万元以上的资金，并与新农村建设资金有效地整合起来。经验收合格，市财政给予新建综合型"文化礼堂"奖励50万元/个，改建综合型"文化礼堂"奖励30万元/个，特色型"文化礼堂"奖励10万元/个。

3. 典型示范，分步推进

临安市村级"文化礼堂"建设严格遵循典型示范、分步推进的原则进行。在地域上以点带面，内涵上以点促面，充分发挥首批礼堂的示范带动作用。

根据市委常委会和《建设方案》确定的"试点先行、典型引路"的建设原则，市委宣传部会同文广新局等部门依据不同村庄文化资源的基础和全市村级"文化礼堂"建设的总体部署，对申请的村展开摸底和实地考察，最终确定太湖源镇光辉村和板桥镇上田村、花戏村为全市首批村级"文化礼堂"建设工作示范点。这三个村在市委宣传部和文广新局等的指导下，认真制订实施方案，并于2012年3—4月多次邀请相关部门领导、专家学者进行论证，具体实施方案通过论证后进行建设。

太湖源镇光辉村和板桥镇上田村、花戏村等三个首批村级"文化礼堂"建设工作示范点圆满建成并投入使用，得到了各级领导和当地村民的高度好评。光辉村围绕"荷塘新曲，人文光辉"这一主题，将烈士公园、荷花广场、农耕文化陈列室等一批文化项目串联在一起，更加凸显了自身的特色。根据统一要求和自身实际，除了"两堂"（学堂和礼堂）外，光辉村还精心打造了励志廊、企业廊、文化廊、书画廊和村训廊这"五廊"。上田村"文化礼堂"建成落地面积约500平方米，包括"两堂""五廊"和文化广场，始终贯穿"茶香竹海，文武上田"这一主题。"两堂"（学堂和礼堂）合为两层大楼，徽派风格，与已有的文化展示馆、文化广场建筑整体相协调。礼堂内设书法创作基地、农家书屋、励志廊等，舞台和座位设计成移动式，主要用于召开村民大会和举办报告会、文艺表演、播放电影等活动，并可开办党校、夜校等各类培训。此外，恢复上田文昌阁，周围辅以拱桥、护栏、溪坝、亭子等景观。"五廊"包括村史廊、民风廊、艺术廊、成就廊、励志廊，基本设在现有展厅内。民风廊里增加"上田村训"，励志廊安置在大礼堂内四周，展示市级以上"道德模范""平民英雄""阳光少年"等的事迹和照片。花戏村"文化礼堂"除了完成基本建设要求外，也彰显了自己的特色。

另外，在行政村申报、镇（街道）推荐的基础上，领导小组、专家指导组成员实地考察，审查方案，经讨论研究后确定2012年内建成50个具有示范意义的村级"文化礼堂"。这50个村级"文化礼堂"分布在临安全市的每一个角落，就像50颗璀璨的文化明珠点缀着临安的美丽乡村。50个村级"文化礼堂"（包括三个示范点）的建设为全市村级"文化礼堂"的建设提供了经验，起到很好的示范作用。

4. 检查验收，完善管理

后续的检查验收、完善管理是临安市村级"文化礼堂"建设的重要环节，对于规范村级"文化礼堂"的建设行为和提高村级"文化礼堂"的利用效率具有重要意义。

村级"文化礼堂"建成后，需要严格把好验收关。市委宣传部和文广新局等部门制定了《临安市村级"文化礼堂"验收办法》，组织有关领导和专家指导组人员对完成建设的礼堂进行验收，并将验收结果向全市公布，验收结果作为市财政给予奖励的重要依据。

村级"文化礼堂"建成后，制定管理办法，维护礼堂有效运行，为今后新建的礼堂提供管理样本。（1）村级"文化礼堂"实行分级管理。"文化礼堂"管理实施"市—镇（街道）—村"三级管理，相关部委办局负责业务指导，各镇（街道）负责统筹推进，各村是管理主体，具体负责"文化礼堂"的日常管理及使用。（2）建立与村级"文化礼堂"管理相应的配套制度。建立全市"文化礼堂"建设考核办法，由领导小组定期对相关各村"文化礼堂"建设情况进行检查、考核。各镇（街道）制定"文化礼堂"管理办法，对各村"文化礼堂"的管理、使用进行督查。各村建立"文化礼堂"管理制度、活动安排，由村级宣传文化员负责日常管理。

三　建设文化礼堂构筑农民群众精神家园的功能成效

经过设计论证、制订方案和建设实施，临安市村级"文化礼堂"的试点村已经建设完成，计划2012年完成的50个村也正在建设中，"文化礼堂"以其特有的文化功能，发挥出重要的文化成效，开始构筑起新时期农民群众的精神家园。

1. 传播现代文明，弘扬主流价值

通过农村"文化礼堂"建设，构建村级公共文化服务设施的基本框架，让社会主义核心价值体系建设进入农村"文化礼堂"。以文化设施项目为载体，突出各村特色、需要及村民意愿，科学规划建设"两堂五廊"。所谓建设"两堂"就是建设礼堂和学堂，用于安排红白喜事，召开村民大会，举办报告会，开展表彰活动、文艺活动等。利用"两堂"开设乡村业余学校，包括党校、夜校、各类培训班，用于中小规模的政策宣讲、主题教育、知识学习、技能培训等；开展实用知识和致富技能的培训，提高农民的劳动技能和经营能力，推进农村各行业人才队伍建设；开展现代科学、法律、网络、健康生活等知识的教育，增进农民科学素养，提高农民的现代生活质量。所谓建设"五廊"就是建设村史廊、民风廊、励志廊、成就廊、艺术廊。利用"五廊"宣传当地先进人物的事迹，激励村民向先进典型学习，争做道德正、为人好、本领强、受村民尊敬的人，形成崇尚榜样之风。在农村"文化礼堂"的实际建设和运行中努力使"两堂"之间形成内在关联，产生相互支撑和相互促进的作用。注重本地民俗文化和现代主流文化、现代文明的紧密结合，使"文化礼堂"成为传播现代文明、弘扬主流价值的主渠道和大平台。

通过建设农村"文化礼堂"，把社会主义核心价值体系教育工作纳入新农村建设之中，培育和弘扬了新时期的"临安精神"，大力弘扬和体现了优秀农村传统美德，初步构筑起了农民群众的"精神家园"。

2. 展示村庄形象，传承村庄文化

通过农村"文化礼堂"建设，展示村庄的投资潜力、商业价值、人居环境、名胜古迹、土特产品、朴实乡风以及特有的乡村看点，传播村庄的知名度或美誉度，让优美的村庄形象和丰富的村庄资源展现在农村"文化礼堂"。挖掘村庄独有的历史文化资源，整理村庄古代先贤事迹，介绍本村古代学堂、书院的优秀学子。陈列本村当代优秀学子以及专家学者的照片、证书，介绍他们在读在学期间的重要成果，传承先贤精神，弘扬传统美德；陈列市级以上"道德模范""平民英雄""阳光少年""好青年"的事迹和照片；陈列市级以上诚信仗义、助人为乐等方面的典型人物的事迹和照片；陈列其他集体及个人的奖牌、荣誉证书等。运用已有文化设施和地方建筑，广泛吸收村庄文化中有利于经济发展、村民进步、村庄和谐的要素，努力推出各村的特色文化。在农村"文化礼堂"建设中，注重历史继承和与时俱进的相互统一，在传承的基础上不断创新，为各地共同交流和学习提供了一个良好的平台，从而促进村庄与各地相互联系和协调发展。

通过建设农村"文化礼堂",全面展示了村庄历史文化和各项建设事业的成就,梳理了村庄特有的文脉,挖掘了村庄优秀的传统文化资源,开展了卓有成效的传统文化教育和普及活动,推进了农村文化资源的保护和传承,为建设具有地方特色的先进文化奠定了坚实的基础。

3. 促进邻里和睦,改善干群关系

通过农村"文化礼堂"建设,以"两堂"为平台,组织开展春节、元宵节、清明节、端午节、中秋节、重阳节等重大节庆的祭祖、庆典传统活动,让和睦的邻里关系和干群关系形成于农村"文化礼堂",使得农村"文化礼堂"成为村民筹办红白喜事,看大戏、看电影的场所,为民间艺术提供了传承的阵地,为民间艺人提供了展示的舞台,为文体爱好者提供了交流的平台。以定期开展促进邻里间和睦相处的各项活动为媒介,大力宣传邻里互助、家庭和睦、村民和谐、礼尚往来的良好风尚。设立"寿星榜""孝悌榜",展示"好婆婆""好媳妇"的事迹和照片,陈列"文明示范户""五好家庭"的奖状和奖杯,倡导以孝为先,促进家庭和睦、邻里和睦,传播中华民族优秀传统美德和现代文明;设立"议事堂",协商解决村民之间、邻里之间的各种矛盾和纠纷,实现村民之间、邻里之间的和谐相处。事关广大村民切身利益的问题实行一事一议,调动村民参与村庄经济和社会发展的积极性,增强村民自治能力,体现村民的主体性;设立"贡献榜",陈列村中历届各级人大代表、政协委员、村干部的先进事迹和照片,宣传党的方针政策,特别是新时期的惠农政策,增强广大村民对党的路线、方针和政策的理解,架起干部和群众联系沟通的新桥梁,增强广大村民对村干部的认可和信任,改善村庄的干群关系。在农村"文化礼堂"建设中,注重各项活动形式与村民切实受益相结合,关注村民的现实生活和思想实际,符合本村村民的兴趣爱好,便于村民参与,体现农村"文化礼堂"的社会效益,让村民在喜闻乐见的活动参与中得到引导,受到教益。

通过建设农村"文化礼堂",丰富了村民的业余文化生活,传播了中华民族优秀的传统美德,展现了现代文明风尚,使仁爱、民本、和谐成为广大村民的价值追求,极大地促进了家庭和睦、邻里和谐,以及村庄干群关系的改善。

4. 优化村庄环境,助推经济发展

通过农村"文化礼堂"建设,促进农村文化工作体制机制创新,打造富有地方特色的文化品牌,培养有文化、懂技术、会经营、善管理的新型农民,让文化搭台、经济唱戏实现于农村"文化礼堂"。积极推进村庄环境整治工作,使得村庄的布局优化、环境净化、群众文化。按照"实用简约、依托现状、彰显特色"的要求,以新建、改建和修建三种途径建设农村"文化礼堂"。根据各村实际,"文化礼堂"建设分为综合型和特色型。综合型有新建和改建两种,特色型一般为修建。在市委、市政府,各乡镇党委、政府的领导、关心支持下,通过行政村干部和村民的共同努力,村容村貌出现了可喜的变化,综合文化设施得到完善,农村文化阵地建设得到加强,村庄整体环境得到进一步优化,活跃了农民群众的文化、精神生活。以农村"文化礼堂"建设为精神动力,聚民心、汇民智、凝民力,提升了村民在经济社会发展中的主体意识、创新意识和创业精神。在农村"文化礼堂"建设中,注重精神文化建设与物质经济建设的互推互进,以两者的协调发展促进村民的物质富裕和精神富有。

通过建设农村"文化礼堂",实现了农村公共文化产品的有效供给,发挥了村务管理、文化传承、培训学习、教化熏陶等功能,达到了融先进文化与地方文化、现代文明与传统文化、文化建设与经济建设为一体的目标成效,真正成为新时期农村居民的美好精神家园。

四 建设文化礼堂构筑农民群众精神家园的主要特点

临安市"村级文化"礼堂建设,是新时期推动农村文化大发展大繁荣、构筑农民群众精神家园的一项创造性活动,经过一段时间的积极工作和不懈努力,不仅取得了可见的成果,而且形成了一些潜在的和显在的新特点,必将会在临安农村文化建设的历史上留下深刻的印记。

1. 科学规划设计，珍重村庄历史传统

临安村级"文化礼堂"，根据新建、改建、修建三类情况及不同的建筑风格分类实施。准确把握和确定村庄发展的定位，挖掘村庄独有的历史文化资源，运用已有文化设施和地方建筑，广泛吸收村庄文化中有利于经济发展、村民进步、村庄和谐的要素，努力推出各村的特色文化。注重地方民俗文化和现代主流文化、现代文明的紧密结合，继承历史和与时俱进相统一，在传承的基础上不断创新。注重尊重农民群众意愿，坚持民主决策，听取各方意见。已建成的三个试点村"文化礼堂"的内容设计、建筑样式、装饰手法上都有鲜明的特色与风格。光辉村的农民祖祖辈辈以农耕为业，拥有勤劳的传统美德。该村的"文化礼堂"建设中，特设了一个"农耕文化"展览室。所有反映该村传统农业生产、生活的用具都是村民自发捐赠的。农耕文化陈列室俨然是陈列农具的小型博物馆：水磨、石磨、酿酒蒸、蓑衣、笠帽、铡草刀……几十种农具有序摆放着。每一件"文物"上都贴有农具名称，让人看后，对反映多个年代生产生活变迁的农具农耕用品一目了然。讲解员可以现场讲述每一件农具的功能和用法。陈列室成立没多久，本村和邻村就有不少人前来参观。陈列室就像一本农耕教科书，但又比书本更形象更生动，对培养本村青少年健康的价值观很有帮助。"文化礼堂"不仅充分挖掘了农村文化、文明资源，树立各方面典型，弘扬农村先进文化，也是农村民间文化资源发掘、整理和保护的重要平台。

2. 突出专家作用，调动各种智力资源

在临安村级"文化礼堂"建设中，成立由建筑、文化、地方史、新农村建设等方面专家或能手组成的专家指导组。邀请浙江农林大学专家学者组成临安市村级"文化礼堂"建设的高校专家组。专家组对"文化礼堂"的规划和建设提出必要性、可行性、适用性等方面的论证，对建设过程中的相关问题接受咨询。专家组成员一致认为"文化礼堂"建设要与周围的自然山水环境有机融合，反映当地乡村风情和乡土文化气息，注重延续地域原有的建筑文化特色及乡村固有的空间格局、特有的民俗文化活动。具体内容设计和布局，要方便村民参观学习，从而起到凝聚村民精神的作用。临安市委党史研究室、史志办、市文广新局和市文联通过翻阅地方志书、年鉴、党史书籍和其他有关文化典籍资料，结合实地走访，先后整理出当地的历史沿革、民间传说、地方特色、知名人物、党史大事和村级企业发展情况等文字资料十余万字。充分发挥试点村多位"老艺人""田秀才""土专家"的作用，特别是一些根植乡土的文化老人，作为土生土长的本地人，对乡村有着特殊的情感。总之，几方面的专家齐心协力，为"文化礼堂"建设决策的正确性和实施的科学性提供了保障。

3. 重视多元包容，明确先进文化方向

当代农村，既有相传千年的优秀传统文化，也有早已不适应现代文明的旧俗陋习和封建迷信，既有富含特色的地方文化，也有改革开放新时期进入农村的现代文明。"文化礼堂"建设过程中，各村有意识地把本村各种类型的文化汇聚到"文化礼堂"中来，同时又鲜明地以社会主义核心价值体系来统领。大力发展先进文化，支持健康有益文化，改造落后文化，抵制腐朽文化，倡导科学、文明，克服愚昧、落后，促进农村物质文明、政治文明、精神文明协调发展成为基本准则。文化礼堂建成后村民们逐渐远离了一些封建迷信、低级庸俗的活动，精神面貌焕然一新。村民们聚会交流，表演内容不但有十八般武艺、南拳，更有钻圈、抢滩、翻刀、扑摊、一支香等一系列套路，有的家长也把自己的小孩送来培养锻炼。上田村舞狮队不仅参加了杭州市和浙江省级的多项比赛、表演活动，而且培养出了一批热爱武术的体育人才。上田村在民风廊里增加"上田村训"，构建学习科技、诚信守法、开拓进取、艰苦创业的村风。上田村还于"文化礼堂"建设期间，编排了60名村民集体表演的"文武操"。重文习武的风尚回到上田村，正体现了村民对积极健康的精神文化生活的自觉追求。

4. 坚持因地制宜，形成一村一品格局

为做到一村一品、各具特色，各村深入挖掘文化遗产的内涵，对其内容进行嫁接、改造和发展，使之既能反映时代风貌，又被人民群众喜爱和接受，成为各村特色的文化亮点设计。上田村依据扎实的历史底蕴、浓厚的文化氛围和蓬勃发展的特色农业，提出了"茶香竹海，文武上田"的主题。民国时期，该村鱼坑里钱氏后裔就编创了上田村十八般武艺，新世纪初，成立了上田村十八般武艺队，2010年正式更名为上田村国术队。该村在"文化礼堂"建设中，把十八般兵器中的"手"作为"文武上田"的标识，并在广场显眼处做村标识雕塑和十八般武艺的兵器雕塑。上田村在临安成立了首个村级书法协会，书法作品多次获省、市各奖项。上田村在"文化礼堂"中突出了书画创作基地的地位和作用，持续开展"全国第一书法村"的创建活动。利用"文化礼堂"举办书法节、钱氏灯会、武术节。光辉村则提出了"荷塘新韵，人文光辉"的主题。该村的农民画创作几乎家家都参与，全国有名，"文化礼堂"建设则把这一民间艺术作为重点设计内容。根据老村名"荷花塘"的历史，恢复了荷花塘，组织起了一支30人的荷花灯队，请来专业老师指导，结合光辉村历史编排，用舞蹈表现光辉村人积极进取的精神风貌。

五　建设文化礼堂构筑农民群众精神家园的基本经验

经过近一年的准备和建设，临安市村级"文化礼堂"建设的3个试点村已经完成，另外近50个村的"文化礼堂"正在建设，在积极探索和不断实践的过程中，已经形成了一些重要经验和基本共识，值得我们认真总结。

1. 明确时代发展要求，把握乡村文化特点

农村是中国传统文化存在的重要空间，农民是中国传统文化传承的重要载体。五四以后，中国传统文化的性质和格局发生根本变化，农村文化也在不同程度上随之发生了改变。新中国成立以来，社会主义文化开始居于主导地位，农民也经受了长期的社会主义教育和改造。进入改革开放新时期，社会主义先进文化快速发展，传统文化和西方文化也在快速复兴和传播，尤其是沿海发达地区，多种性质和类

别的文化快速汇聚于农村，农村在进行新的文化选择和文化创造。

虽然农村文化在不断进步，但我们也要看到，由于长期城乡二元结构的制约，农村文化的发展与城市相比依然有很大差距。农村文化中的传统因素更多，农民的思想观念虽然也在变化和分化，尤其是大量农民工的出现，但农村文化还保持着相对的统一性和整体性，还可以大体清晰地体现自己的许多特点。

时代的进步，文化的发展，迫切需要农村建设形成适应时代要求，反映农民文化需要，体现社会主义核心价值体系，融汇多元文化内涵的场所和设施。正是在这样的历史背景下，临安市在几十年文化发展和探索的基础上，大胆创新，提出村级"文化礼堂"建设的思路和方案。在我们的座谈走访中，有不少村民认为"文化礼堂"建设恰逢其时，顺应民心。上田村的干部们经常讲到这样一个例子：上田有深厚的武术传统和尚武精神，改革开放初期，部分村民无事可做，到处去打架斗殴，"打不赢不回村"，村干部们经常忙于处理纠纷。现在，村里的"国术队"远近闻名，屡获大奖，武术成了村民强身健体、传承文化、攻坚克难的有效途径。

调查表明，农民对文化礼堂中的"村史廊"和"民风廊"关注程度最高。走访中我们体会到，紧跟时代步伐，掌握乡村文化的规律和特点，是村级"文化礼堂"建设获得成功的首要经验。

2. 明确农民主体地位，满足村庄文化愿望

人是文化的创造者、传承者，也是享有者，而文化的创造者、传承者和享有者能否统一，是检验社会制度先进与否的重要标志。在社会主义制度下，人民群众成为国家的主人，具备了实现文化创造者、传承者和享有者内在统一的前提条件，但在社会主义初级阶段，三者统一还受到各种因素的制约。实践证明，精神文化建设，如果不能明确主体对象和活动宗旨，就会失去核心与方向，就很难持续。我国农村的文化社会建设和文化活动，毫无疑问，应该以广大农民为主体，即文化建设内容来源于农民，文化活动形式适合于农民，评价文化成败的标准取决于农民。

基于这样的思想认识，临安市在村级"文化礼堂"建设中，从规

划、设计、建设到使用，始终坚持农民群众的主体地位不动摇，坚持满足村庄文化愿望的目标不动摇。"两堂"的建设，既考虑农民文娱活动、体育活动的需要，又考虑农民学习知识理论和举办重要庆典活动的需要；村史廊中展示的就是村民熟知的自身的村庄史及家族史；励志廊中书写的就是村民身边及自己家中的故事和人物；艺术廊中陈列的就是村民们自己创作的书法绘画作品。武术比赛、体操训练、书画培训、农技讲座的主持者、参与者和观看者，主要也都是村民自己。在"文化礼堂"中，村民从事着自己的文化活动，展示着自己的文化才能，增长着自己的文化素养，体会着自己的文化主体作用，呈现着村庄自身的文化活力。

尽管村级"文化礼堂"建设和运行的时间还不长，但从我们调查的情况看，多数村民已经表现出对本村"文化礼堂"的亲近感、自豪感。在回答"文化礼堂"满足和服务的对象问题时，62%的人认为是"满足村民愿望"，69%的人认为是"服务本村群众"；在回答"对文化礼堂建设的内心感受"时，92%的人选择的是"充满自豪""感到愉快"；在回答"是否经常走进文化礼堂参与活动"时，63%的人选择的是"每天走进"或"经常走进"。在走访中，有的村民动情地讲道：在"文化礼堂"里唱歌、跳舞、演出，我们不觉得和城里有什么差别了，不是还有那么多城里的干部和大学生到我们这来参观学习吗？我们感到，以农民群众的民生需求为第一信号，以农民群众的实际生活为第一内容，以农民群众的踊跃参与为第一主体，以农民群众的愉悦满意为第一准则，是村级"文化礼堂"建设的核心经验。

3. 明确智力依托对象，利用各种文化资源

农村中潜藏着丰富的文化资源，农民中蕴藏着巨大的文化潜力，中国文化的独特魅力和巨大影响力，在很大程度上珍藏于农村。但由于历史和国情的制约，农村中培养成长起来的文化人才，大量进入城市，国家的文化投入，重点也集中于城市，这就形成了农村文化人才和设施严重不足。在这样的历史前提下，仅仅依靠农村自身的智力资源和经济力量，难以实现农村文化的跨越式发展，促进农民的全面发展。但是，在中国，有许多关注和研究农村、农业和农民的高等院

校、科研院所，有大量从事"三农"问题和文化问题研究的专家学者。

要将农村中的潜在资源和能力转化为现实的文化实力，就需要统筹城乡文化发展，利用各种文化资源，支持和帮助农村加速文化建设，只有这样，中国的文化现代化才有可能真正实现，中国文化的无穷力量才可能真正全部展现出来。而中国特色社会主义的根本优势就是有作为中国社会核心力量的中国共产党的坚强领导，就是有坚持全心全意为人民服务的各级政府及其广大党员干部。

在临安村级"文化礼堂"建设中，市委市政府及其相关部门发挥了领导、组织和协调的作用。一是从基层开始，寻求对村庄历史文化有了解、记录和研究的村干部、年长者、中小学教师、大学生村官等的积极参与；二是从文化、宣传、教育等主管部门中寻求对农村文化有长期关注和研究的领导（包括离退休领导）的支持；三是在地方文化艺术单位和企业中寻求相关人才的帮助；四是在高校中寻求相关的专家学者的指导。在党和政府部门的协调下，各方面的文化人才各展所长，共同去整理、挖掘村级"文化礼堂"建设所需的各种文化资源，设计、规划建设方案。

在问卷中"对本村文化礼堂建设规划的评价"一项，多数人选择"科学完整"或"比较完善"。我们感到，明确智力依托的众多对象，充分利用各种文化人才和文化资源，调动多种因素为农村文化发展服务，是村级"文化礼堂"建设的重要经验。

4. 明确礼堂综合功能，展现精神文化成效

目前农村居住相对分散，很多村庄远离中心城镇，特别是在以山区为主的临安，有山脉的阻隔，又有交通的制约。对于一个村庄来说，文化设施建设，不可能像城镇那样体系完整，类别齐全，散在各处，独自管理的村级"文化礼堂"必然要承担起综合性文化职能，使其具有文化传承、教育、展示、活动、交流等多样化的作用。同时，又要根据每个具体村庄的历史和现实情况，用其所长，避其所短，顺应民愿，展现特点。

临安的村级"文化礼堂"建设充分考虑到农村文化设施的特殊

性、历史性，在"文化礼堂"建设方案中，就区分了综合型和特色型两种不同类型，而在实际规划和建设时，二者又不是绝对界限分明的。综合型的礼堂也会有自己村庄的特色呈现，有的还很鲜明（如光辉村的农民画、农耕馆就极具特色）；而特色型的礼堂，在突出特色的同时，也兼具综合功能，因为村民全面发展的文化需要和个体化的文化需要本身就是多方面的，特色不能代替全部。在我们的调查问卷"您认为本村的'文化礼堂'具有那些功能？"的八个选项（A 传播现代文明　B 弘扬主流价值　C 展示村庄形象　D 传承村庄文化　E 促进邻里和睦　F 改善干群关系　G 优化村庄环境　H 助推经济发展）中，选择"展示村庄形象"的偏多一些，但总体比较均衡。在我们的调查问卷"您走进本村'文化礼堂'时，有过怎样的精神心理感受？"的八个选项（A 更敬重先贤　B 更理解村史　C 更追求进步　D 更崇拜模范　E 更热爱文艺　F 更想锻炼身体　G 更有生活乐趣　H 更有人生自信）中，选择"更敬重先贤"和"更理解村史"略多一些，其余各项也比较均衡。

村级"文化礼堂"具备多种文化功能，如何使其最大限度地发挥作用，产生成效，是一个更为根本和长久的问题。从几个典型村"文化礼堂"的运行和管理中，也初步形成了一些有效的做法。一是形成制度，科学管理，制定完善的管理办法，形成有效的运行机制；二是突出特色，强调重点，把特色和重点文化项目持久深入地做好做强，以形成"品牌"，培养人才；三是综合思考，全面关注，对村民的多种文化需要都要给予重视和支持，不能顾此失彼；四是城乡互动，开放创新，积极吸收引入城市中的各类文化人才资源，以多种方式建立有效联系，以开放的心态、创新的思维利用"文化礼堂"。

我们感到，明确村级"文化礼堂"的综合功能，最大限度地发挥其精神文化成效，是村级"文化礼堂"建设的基本经验。

5. 明确建设根本意义，突出自身文化价值

伴随着经济的快速发展，社会事业的不断进步，党和政府以及农村的干部群众对文化建设重视的程度越来越高，这是自然的历史的过程。改革开放以来，尤其是进入新世纪以来，党和政府制定的涉及农

村文化建设的各项政策举措连续不断，但在具体实施中，文化建设这一"软实力"，常常被"硬实力"有意无意地挤压或排斥，总是处在"服务"或"搭台"的地位，文化本身很难成为"主人"，站在"台上"。一些所谓的文化活动，也不能按照文化自身的特点和规律运行，形成文化建设名高实低、有中见无的局面。

　　面对这种情况，在村级"文化礼堂"建设中，临安市政府主管部门，从一开始就明确建设根本意义，突出自身文化价值。"文化礼堂"标识语——"文化礼堂，精神家园"这八个字，旗帜鲜明地确定了礼堂的文化性质和文化定位，礼堂的建设，也始终围绕着这一中心展开。礼堂建设的过程，是村庄文化继承和挖掘的过程。临安的历史积淀深厚，许多村庄都有悠久的历史传统和丰富的文化资源。花戏村有500多年的村史，村民演唱越剧的历史非常悠久；上田村自明代起就形成了"上田古十景"和独特的"十八般武艺"，还有近现代太平天国和抗日战争的历史遗迹；光辉村的荷花塘、古庙、驿道等历史传说和历史遗存众多，解放战争中的英雄故事、旧时的生产生活用具多种多样。这些潜在的文化资源都在文化礼堂建设中得到继承和展现。礼堂建设的过程，是村庄文化整理和创造的过程。在文化礼堂建设中，整理出一批有价值的"文物"、"人物"、文艺形式等，创造出文武操、村训、村歌、筷子舞等一批历史和现实结合的文化新成果。礼堂建设的过程，也是村庄精神凝聚和提升的过程。在文化礼堂建设中，广大干部群众开始重新认识和理解村庄的历史传说、典型人物，从文字、照片、图片中看村庄的文化脉络和精神价值，让从村中走出的人有了"根基"，让生活在村中的人们有了"梦想"，让所有与村庄有关联的人们有了共同的精神家园。对问题"您觉得本村文化礼堂建成后给自己的生活带来了什么？"（选项有：A村庄有了灵魂　B活动有了场所　C学习有了条件　D城乡差别有了缩小　E对外交流有了空间　F其他）选择"村庄有了灵魂"和"学习有了条件"的分别占41%和29%。

　　我们认为，明确礼堂建设根本意义，突出礼堂自身的文化价值，使农村文化保持独立的地位和空间，是临安村级"文化礼堂"建设最突出的经验。

六　建设文化礼堂构筑农民群众精神家园的若干思考

　　临安村级"文化礼堂"建设取得了许多重要理论和实践成果，获得了许多重要的经验和认识，同时，在建设中也遇到很多值得认真思考的问题，需要我们在未来的工作中予以正确对待和认真解决。

　　1. 认清发展困境，保持历史自觉

　　在村级"文化礼堂"建设和探索中，我们也遇到一些发展中的困难和矛盾。一是"文化礼堂"建设和运行所需经费与村级集体经济支撑的矛盾。目前的村级"文化礼堂"建设需要大量的经费投入（以原有的学校、祠堂等改建为主的投入少一些，新建扩建需要经费投入更大），前期的部分示范村、典型村的建设以政府的政策性支持为主，但经费不足的问题还是普遍存在。"文化礼堂"建设完成后的运行、管理、维护、充实，每年仍需要有足够的经费，而这部分支出多数村还没有确切的来源（据我们的调查了解，几个示范村的维护运转经费每年至少需要 15 万—20 万元）。现在临安村级集体经济收入还不足以支持"文化礼堂"的建设和运行，而各级政府部门对村级文化建设的关注和投入还相对不足。二是村级文化建设快速发展与自身文化人才支撑的矛盾。村级"文化礼堂"建设完成后，文化条件设施发生了根本变化，村民文化活动的热情迅速高涨，文化活动类型不断丰富，文化活动层次逐步提高，而村庄内部的文化人才却远远不能满足需要。目前每个村只有一名文化活动员，大学生村官的数量也很少，他们又担负着多方面的工作任务，很难满足现实需要。仅仅依靠外部的力量（政府的文化宣传部门、高校、地方文化机构等）很难持久深入。三是集中的物质设施建设与持续的精神文化功效的矛盾。村级"文化礼堂"在政府的引导和政策的支持下，物质设施建设迅速完成，从目前部分示范村的情况看，村级精神文化活动虽然迅速升温，但如何健康、持续、均衡发展，仍存在一些问题。有的文化活动项目参与人数偏少，有的文化项目只在节假日及特定需要时才能开展。对于这些矛盾和问题，需要我们以科学的历史的态度，保持清醒的认识。

2. 厘清发展思路，坚定奋斗目标

村级"文化礼堂"建设，是符合社会主义新农村建设和社会主义文化大发展大繁荣规律和要求的一项探索性实践，面临众多的问题是必然的，厘清发展的思路是必要的。通过广大干部、群众和专家的共同努力，一些问题也开始有了新认识新思路。关于建设和运转经费问题，目前各级政府部门投入农村文化建设的专项经费还是明显不足（无论从实际的数量还是从不同类别的相对比较看均是如此）。随着经济的发展及和谐社会建设的深入，增加文化建设投入势在必行。有的基层干部建议，在企业的税收中，明确留取一部分村级文化建设的经费；在政府的预算中，充分考虑"文化礼堂"运行所需的人员和费用支出。关于文化人才问题，迫切需要在统筹城乡文化建设的大思路下考虑一些具体问题。一方面要加大传统的文化"三下乡"、大学生村官等项活动，鼓励高等院校、科研院所与农村建立更加密切的联系，不仅支持农村的经济发展、技术进步，还要支持文化建设；另一方面，更重要的是挖掘和培养乡土文化人才，充分利用现有的乡村知识分子（教师、医生、农技人员等）。关于精神文化成效问题，需要我们以务实的态度和长远的眼光来考虑问题。一方面，村干部，包括上级领导，要像对待重要经济建设项目一样，高度重视"文化礼堂"建设。而礼堂的文化性质，决定它需要的建设和管理任务比经济更复杂更艰难（如编写村史、村志等），学会建设文化、管理文化是新时期村干部面临的一项重大的历史任务。另一方面，也要学会促使农村文化事业和文化产业并进，使一些有特色有影响的文化项目，通过交流、赛会、举办专项文化节等活动扩大影响，创出品牌（如书法作品、农民画等），进而将文化发展和经济发展融合起来，打造整体的村庄形象，促进村庄的发展。村级文化礼堂建设有很强的生命力，有很好的发展前景，需要我们认准目标，坚定信心，坚持不懈地建设和完善。在我们对村民的调查问卷中，"您怎样看待村级'文化礼堂'

建设的前景？"一项，选择"越来越好"的占97%。

3. 廓清理论问题，把握实践脉搏

村级文化礼堂建设需要尝试和探索的问题很多，有深刻的理论自觉和理论自信，才能有实践上的主动性和预见性。一是要在农村文化发展史的意义上理解"文化礼堂"建设的地位。在传统的农业文明时代，文化传承主要在农村展开，文化人才大量活动在农村，文化设施也广泛分布于农村。伴随近代工业文明，城市的地位日益突出，文化人才、文化成果不断汇聚于城市，文化也呈现城乡二元分解的状态。新中国成立后，党和政府采取多种方式推进农村文化建设，也取得了一些重要成果。村级"文化礼堂"，就是要承继和融汇传统文化、近代革命文化、现代和谐文化等成果，在改革开放的新阶段，创造社会主义农村新文化。二是要在科学发展观的视野上认识"文化礼堂"建设的作用。科学发展观的核心是以人为本，科学发展包含着人的精神文化的发展，全面落实科学发展观，自然要把科学的文化观放在重要的地位。社会主义新农村的科学发展也要充分考虑农村文化建设，考虑农民的思想道德素质和科学文化素质提高。村级"文化礼堂"建设是实施科学发展观的内在要求。三是要在世界农村发展经验的基础上把握"文化礼堂"建设的价值。从世界农业现代化和农村发展的经验看，西方国家农村的文化紧紧跟随城市文明的步伐，独立独特的空间和设施并不充分；苏联和东欧的计划经济体制时期的农村文化也没能找到可以满足农民精神需求的有效实现途径和方式；在一些经济落后的非洲国家，传统文化和现代文化更是没有条件去充分融合和建设。村级"文化礼堂"建设，虽然刚刚起步，但就它所承载的探索农村文化建设新途径的价值看，也许具有一定的世界意义。

从省市领导，到普通村民，从文化专家，到乡村干部，都对临安村级"文化礼堂"建设投入了大量的时间和精力，尤其是临安市的宣传文化主管部门，更是不遗余力。临安村级"文化礼堂"建设值得研究总结的内容很多，角度也很多，我们所作出的概括还只是初步的，随着建设的扩展和深入，思想认识也会不断提高。

（2012年9月15日修改完成，本文内容完全保持原貌。）

农村文化礼堂在乡村治理中的地位和作用
——以慈溪市农村文化礼堂建设为重心的调查与思考

经过几年不懈努力，农村文化礼堂在建设和运行过程中，地位和作用呈现不断增强的态势，人们开始从不同的角度来观察和审视农村文化礼堂。一直走在浙江农村文化礼堂建设前列的慈溪市，积极探索农村文化礼堂在乡村治理中的地位和作用问题，并取得了一些重要成果和经验。实践证明，文化礼堂引领了乡村治理的政治方向，支撑了乡村治理的人才队伍，汇聚了乡村治理的多重力量，展现乡村治理的先进典型。我们确信，在农村文化礼堂内涵不断充实的过程中，对乡村治理的促进作用必将越来越大。

按照浙江省委省政府关于"文化礼堂、精神家园"的建设定位和要求，慈溪市结合实际，坚持"以文化为本、以礼仪为要、以建堂为重，提升文化阵地，增强农民群众归属感和认同感"及"建、管、用、育"一体推进的总体目标和思路，有计划大规模地进行农村文化礼堂建设。经过几年的努力，至2015年，慈溪市农村文化礼堂总数达到102家，覆盖全市37.2%的行政村，今年仍在积极推进。同时，慈溪市作为沿海经济发达地区，在创新和完善乡村治理，探索多元共治农村社区方面也卓有成效。在文化礼堂建设和运行的过程中，农村文化与经济、政治、社会相互渗透、相互促进的良好态势不断呈现，农村文化礼堂对乡村治理的影响尤为显著。我们试图通过总结慈溪市文化礼堂建设和运行的经验，挖掘农村文化礼堂与乡村治理的内在关联，分析农村文化礼堂在乡村治理中的地位和作用，以深化对农村文化礼堂建设意义和价值的认识。

一 文化礼堂引领乡村治理的政治方向

进入新世纪，我国的乡村治理在加速从传统走向现代，尤其是沿海经济发达地区，一直在积极探索"中国特色"的乡村治理方式和途径，这一探索背景广阔，空间巨大。在探索实践中，能否坚持社会主义的性质，坚持为人民服务的宗旨，坚持中国共产党的领导，坚持促进村民的自由全面发展，是乡村治理的根本问题。农村社会进步的历史证明，农村文化对乡村治理有着潜在而重要的影响和引领作用，从近些年慈溪市农村文化礼堂建设和运行的经验看，文化礼堂在乡村治理中居于特殊的地位，并产生了积极的作用。

农村文化礼堂能够将党的理论、路线、方针和政策及时而有效地传达给广大的农民群众。在改革开放初期，随着个体经营和个体经济的迅速发展，公共的文化和政治的场所与空间被挤占或移用，党和政府"声音"的传播受到一定制约。农村文化礼堂建成后，公共文化场所和空间得以恢复并有了跨越式的发展，今天的每一个农村文化礼堂中都设有"讲堂"。在村域经济发达的慈溪市，走进每一家文化礼堂，都能看到设施先进、宽敞明亮、颇有气派甚至略显豪华的"三北讲堂"，这些"三北讲堂"与很多大学中的"报告厅"相比，毫不逊色，这在中国农村文化设施建设的历史上都应是标志性的。在这些"三北讲堂"里，进行党的路线、方针、政策的宣传教育是其重要内容之一。在慈溪市的农村文化建设进程中，以"三北讲堂"为依托，开展了一系列党的路线、方针、政策的宣传教育活动。

慈溪市在文化礼堂建设的过程中，始终坚持党和政府的坚强领导和正确指导。在农村文化礼堂建设之初，就成立了由党委宣传部协调，党政各相关职能部门共同负责的领导小组，来指导和推进文化礼堂建设的各项工作。2015年年初又调整充实了农村文化礼堂领导小组成员，进一步加强了文化礼堂建设的领导力量。2015年2月10日召开了全市农村文化礼堂建设领导小组会议，明确全年的创建目标、思路、具体举措等。慈溪市建立起联系和督导制度，明确市农村文化礼堂领导小组26家成员单位与文化礼堂进行结对，对文化礼堂的创建、管理和使用工作进行一对一指导，并把农村文化礼堂创建工作纳入市级文明村（社区）的评价体系中，确保全年创建任务顺利完成，这就把文化礼堂建设和乡村政治及乡村社会建设直接统一起来，使乡村治理和文化礼堂建设紧密结合起来。

慈溪市在文化礼堂建设和运行中始终坚持以党的理论、路线、方针和政策作为文化礼堂的灵魂和导向。市委市政府整合市委讲师团、镇及街道宣讲团的师资力量，及时在农村文化礼堂中巡回宣讲党的十八届三中、四中、五中全会的精神，宣传党的社会主义新农村建设的理论和政策，宣传党的农村文化建设的思想和方针。尤其是慈溪市的微型党课巡回宣讲团，结合慈溪当地党的建设的实际，结合乡村党员干部的先进事迹，进行生动有效的宣讲，使乡村党员干部的党章知识、党员意识和党性修养有了明显提升，也让"业余党校"发挥了重要作用。慈溪还紧紧围绕社会主义核心价值观的培育和"慈孝、包容、勤奋、诚信"的市民共同价值观的宣传，在文化礼堂开展"五星红旗飘起来"、"做一个文明有礼的慈溪人"文明礼仪教育、"感动慈溪"人物进礼堂活动。这些活动和做法让乡村治理有了党的理论的正确指导，有了党的路线、方针和政策的科学引导，有了社会主义核心价值观的有力支撑，保证了乡村治理的社会主义方向。

在慈溪市的农村文化礼堂中，有一条特色鲜明且脉络清晰的红色文化"主线"，并将文化礼堂作为"红色阵地、精神家园"。慈溪是革命斗争历史悠久的地区，也曾是新中国社会主义建设的典范。当我们走进慈溪市的每一家农村文化礼堂，几乎都能看到村庄的红色记忆，看到革命烈士的图片和事迹，看到无产阶级革命领袖的大幅照片，看到农家书屋中的大量红色经典图书。毛主席关于五洞闸合作社的批示，周总理关于慈溪农业发展的谈话及棉花姑娘的故事[①]，都是

---

① 慈溪棉花闻名全国，慈溪棉花的主产区在五洞闸。早在20世纪60年代，时任慈溪县委书记的黄建英同志曾被周恩来总理亲切地接见，并称她为"棉花姑娘"。

慈溪乡村的历史性自豪。这样深厚的红色传统，让慈溪的乡村治理具有深厚的红色情愫，具有坚定的"跟党走"的历史积淀。在国庆节期间，慈溪市还在文化礼堂中组织开展"五星红旗高高飘扬"升旗活动；在清明节，慈溪市组织开展了"红色故事进礼堂"、缅怀先烈和爱国主义教育活动等，让广大农民群众能够承继优良的革命文化传统，使乡村治理坚定地保持着社会主义的政治方向，也让乡村层面的自我治理与国家层面对乡村的治理紧密联结起来。

二　文化礼堂支撑乡村治理的人才队伍

乡村治理的水平和状况，与支撑乡村治理的人才队伍密切相关。20世纪初，科举制度废除后，"乡土社会"的"乡绅治理"的人才基础开始从根本上发生动摇。① 此后，随着中国社会"半封建"的进程不断加速，乡绅"劣化"开始成为乡村"乱局"的重要成因。新中国成立后，中国共产党的党员干部和先进群众成为乡村"治理"的主要人才支撑。进入新时期，在经营方式多样化、经济主体多元化、乡村利益关系多重化的进程中，乡村社会"治理"的难度也在增大，对参与乡村社会治理的人才队伍的要求也在不断提高。在农村文化礼堂建设和运行的过程中，凝聚起一大批人才，这些人才类型多样，来源多种，如果是在城市，可能是"各司其职"，但在乡村中，这些看似只是乡村的"文化人才"，实际上都是乡村的"治理人才"，因为在乡村这个毕竟还是"熟人社会"的相对比较狭小的空间内，各种人才几乎都会是"多功能"的，尤其是文化和社会治理之间，人才更是"互通"的。

慈溪市农村文化礼堂建设，推进的速度快，力度大，在文化礼堂中汇聚起来的人才的数量和质量，相对来说也更多更高一些。实践经验证明，这些文化建设人才在乡村治理中具有重要地位和作用。

---

① 参见费孝通《乡土中国 生育制度 乡土重建》，商务印书馆2011年版，第6—11、25—32、62—66页。

现在，慈溪已经建立起一支由400余名文艺骨干、乡村教师、文体志愿者和民间艺人组成的"六大员"队伍（文化礼堂讲解员、市政宣讲员、文体辅导员、文明督导员、文化普查员和舆情信息员），并动员全市百支优秀文体团队、百名优秀文体骨干与文化礼堂进行"结对驻堂"，充实文化礼堂文体辅导员的力量。这支文化"合成军"，在引领和推动乡村文化建设的过程中，已经蕴含了促进乡村和谐的因素，而且，这支队伍中的市政宣传员和文明督导员等本就担负着社会治理的使命。这"六大员"的队伍，都是在慈溪有文化推动力和社会影响力的人才，他们的每一次"文化之旅"，实际上也都是社会治理的"和谐之旅"。

在慈溪市的乡村中潜藏着许多文化能人，他们的"身份"虽然是农民，却热爱并从事着"文人"的活动，承担着社会的责任。从宏观的历史来说，这是近代以来人民解放、社会进步的成果；从具体的历史环境来说，这是慈溪社会主义新农村建设的成就。长河镇垫桥村的吴兆祥，就是这样的一位典型人物。今年已经75岁的吴兆祥老先生，从事乡村文学创作已经50多年，他已经写出了30多个反映乡村文化社会生活的原创剧本，被当地群众称为农民剧作家。吴兆祥创作的剧本，很多题材和内容都是针对乡村社会的"治理"，本着乡村社会的"和谐"。看到乡村中离婚率偏高、家庭不稳定的社会状况，吴兆祥就创作了《血迹鸳鸯》，警示那些"一见钟情"的人，不要"赔了夫人又折兵"。看到乡村中赌博的风气偏重，影响了社会的安定，吴兆祥就创作了《卢家姐妹》，规劝那些嗜赌者"改邪归正"。在卢兆祥老先生的家里，拥有藏书1500多册，每年还订阅报纸杂志。他的家里，既是周边群众学习交流的乐园，有时也是化解矛盾的乐园。①在慈溪，像吴兆祥一样，借助文化活动，推动社会治理的文化人才还有很多，有的收集整理家谱的乡村文化人，已经有了十分丰厚的"家当"，开始走进大学的讲堂，承担国家层面的文化研究任务。

---

① 参见慈溪市长河社区教育中心教育读本编辑委员会编《竹簧墅——农民剧作家吴兆祥作品选》，2015年编印。

在农村文化礼堂建设和运行的过程中，一些村庄也开始利用文化方式，发挥文化礼堂的作用，来解决乡村社会的矛盾和纷争，调整人们的心态。在慈溪市历史文化悠久的天元村，因为道路改造、房屋拆迁以及商铺转换等因素引发的村庄矛盾纠纷一度比较严重，致使村庄的"治理"一度陷入困境，村民们甚至搬着村委会的牌子到市政府去"信访"。在文化礼堂建设的过程中，天元村开始积极考虑利用文化活动化解社会矛盾。他们首先通过"名家进农家"活动，让文艺名家成为"名誉村民"，每年组织有影响的文艺活动（"走进天元"已搬上央视舞台），让天元形成了"文化品牌"，而文化在村民心目中也有了"社会效应"。在此基础上，天元村开始进一步把村中的"社会问题"纳入"文化轨道"，对于那些促进社会和谐的先进人物及其事例，那些影响社会和谐的"后进"人物及其事例，都编成故事、小品、快板等，使之在每周的文艺演出中呈现出来。时间长了，一些村民就认识到，有了矛盾，做了错事，不一定怕干部批评，但却怕被搬上舞台。现在，文化繁荣了，上访的村民没有了，团结的氛围形成了，不仅社会治理有了显著成效，经济发展也出现了活力。

　　在文化礼堂建设的几年里，像天元村一样，借助文化活动，助推社会治理的思维和行为开始初步形成，社会治理也开始由规则整合上升到文化价值的整合阶段。文化礼堂的建设，让更多的人才通过文化的"中介"，进入社会治理的"空间"，社会治理走向开放现代、民主法治，城乡一体的"后备队"扩大了，力量增强了。

三　文化礼堂汇聚乡村治理的多重力量

　　乡村治理能走多远，能走多快，取决于乡村治理的推动力量有多少，有多大。在传统的中国社会，等级和秩序森严，"治理"的"逻辑"清晰，但动力却是单一而"贫弱"的，社会长期处于"超稳定"的结构中，但进步却很缓慢。在二十世纪上半叶的"工农运动"兴起后，社会"治理"主体的重心开始下移。新中国成立后，农民群众开始成为社会"治理"的主人，乡村社会呈现出欣欣向荣的局面。

但在"左"倾思想的影响下,却一度出现了"内乱"。进入新时期,社会治理的"主体"越来越活跃,治理的动力也随之形成"多边形"。在这种背景下,社会治理如果没有先进文化的根基,没有核心价值的引领,就会出现各种力量的"碰撞",给社会治理带来伤害。农村文化礼堂的建设,正是在社会治理动力多元、向度不一的状况下产生和发展的。借助文化的力量和文化礼堂的空间,社会治理开始有了文化的蕴涵,有了社会主义核心价值的引导,多种力量开始有了共同的目标和方向。

慈溪市在文化礼堂建设和运行的过程中,逐步形成了多种社会治理的方式和途径,有的方式和途径已经产生良好的"治理"成效,并受到社会各界的肯定和赞誉。慈溪市以农村文化礼堂为主要场所,创新推行"圆桌夜谈"工作法,动员组织市、镇、村三级党员干部联村包片,利用晚上的时间与群众面对面,化群众的"小圆桌"为干部的"办公桌",听取群众意见建议,解决群众实际困难,着力畅通联系和服务群众的"双向通道"。"圆桌夜谈"的内容,小到养老敬老、婚姻调解等家庭矛盾或邻里纠纷,大到村庄规划、征地拆迁、社保医保等重要事项,都可在文化礼堂里进行公开讨论、评议、听证,搭起村民与村民之间、党政与群众之间平等开放交流的平台。通过"圆桌夜谈",党员干部与群众在文化礼堂中谈心交心,把村里、自身周边的大事小事都摆到"桌面"上来,及时发现村民的各种问题、矛盾及不良情绪。

同时,在每个村聘请2—3名农村老党员、老干部作为党员老娘舅,在邻里发生纠纷、家庭出现矛盾时及时介入,将矛盾双方召集到"圆桌夜谈",变"圆桌"为调解桌,及时进行劝说调解,把问题解决于萌芽状态,为"维稳"提供前置性的预防机制。"圆桌夜谈"的特色经验被《光明日报》《中国组织人事报》《浙江日报》等媒体广泛报道。"圆桌夜谈"形成党员干部自上而下、深入村庄、融入礼堂的新局面,产生了推动村庄治理健康稳定发展的富有成效的力量。

在文化礼堂中,不同兴趣、不同爱好、不同岗位、不同特长的村民可以自由地"组合"在一起,从事"志同道合"的文化活动。在文化活动中，发现或感受到村庄治理面对的矛盾和问题，他们自然会去呼吁，去推动问题的解决。但这种呼吁和推动，是在文化活动的场景中进行的，大家的心态和情绪，一般都会是稳定和愉快的，不容易产生对立和冲突。无论是对于村民之间的矛盾，还是对于干群之间的问题，一般都会以和缓的方式呈现。一些村庄在文化礼堂建设起来之后，人们发现，大家呼唤团结和谐的"声音"虽然多了，但导致纷争纷乱的"杂音"却少了，面对大家要求"做这件事做那件事"的话语多了，干部的压力大了，但干部群众的心情却顺了。大量的邻里矛盾和干群矛盾，在文艺演出和体育比赛中化解了。这种在文化礼堂中人们广开言路、集思广益、推动社会完善的力量，在一定程度上，可称之为自下而上的动力。

经济发达、中小企业众多、位于全国百强县前列的慈溪，外来人口数量很大，外来文化与本地文化的交融与碰撞并行，外来人口的利益保障与当地人口的利益保障并存，这是慈溪社会治理中长期面临的难题。农村文化礼堂建成后，"新居民"与"老居民"之间的沟通交流的空间拓展了，渠道畅通了，面对利益"纠结"，文化差异似乎是难以跨越的障碍，但面对文体娱乐活动，文化差异则成了可资利用的"源泉"。对于发展中的乡村治理问题，虽然复杂，却没有解决的"模式"，"新居民"和"老居民"可以在愉快的文化活动中各抒己见，形成乡村治理的不同"方案"，这就形成推动乡村治理的"内外交织"的动力。

乡村治理可以达到什么层次，走到什么高度，从根本上说，是由参与治理的人的思想观念和知识水平决定的。农村文化礼堂是一个开放的空间，是城乡文化统筹的重要媒介，城市治理中的一些先进经验和做法，会通过农村文化礼堂传递给农村居民，让他们可以在保留农村传统文化积极因素的同时获得城市治理的启示。农村文化礼堂是一个综合性的文化场所，它不只是文体娱乐活动的空间，也是知识理论学习的空间。在慈溪市的很多文化礼堂中，都安排了数量众多的社会文化知识的普及讲座报告，这些讲座报告的内容，很多都与社会治理紧密相关。广大村民接受了现代社会治理的学习培训，提高了对现代社会治理的认识，提升了参与现代社会治理的能力，水平的提高和能力的提升必然转化为对乡村治理的一种"拉动"力量。

在慈溪市农村文化礼堂建设的过程中，村规民约普遍开始"登堂入室"（有的是早已有之，有的是新近订立），并处于显著地位。开展村规民约的制定和宣传，进行文明乡风评议，成为慈溪农村文化礼堂的重要活动内容。村规民约是村庄的居民按照党和国家法律法规要求，结合地域文化特点和村庄生活实际制定的规矩和约定。村规民约蕴含着法律、道德和习俗等多种力量，对村民具有很强的约束力，一项好的村规民约对于乡村的社会治理具有很强的辅助作用。与村规民约"结伴而行"的是家风家训的传扬。传统的中国，是一个家国同构，家族观念浓厚的民族，慈溪更是如此。在文化礼堂建设的过程中，一些优秀的家风家训被整理出来，并走进文化礼堂，受到村民们的关注和重新认识。在这些家训中所普遍存在的崇德尚礼、尊老爱幼、遵纪守法的"训诫"，虽然直接的对象是家族内部的成员，但对村民来说也具有影响力，对乡村社会治理也是可利用的有效文化资源。慈溪市依托文化礼堂开展的"我们的家风家训"传诵与评比等活动，正是在这样的思想认识基础上进行的，受到农民群众的欢迎，也给社会治理带来了具有乡村特色和传统习俗的内在推动力。

经过几年的实践，我们看到，这种与农村文化礼堂密切相关的乡村治理的多重动力的存在，已经成为慈溪乡村治理的一种优势，随着这些动力的增强，慈溪的发展速度也许会更快。

四 文化礼堂展现乡村治理的先进典型

乡村治理能取得怎样的实际成效，能获得怎样的认可程度，常常与乡村治理过程中的典型人物和典型事件的影响示范作用密不可分。即使是乡村治理的制度设计和机制构建十分完美，失去典型人物和典型事件的示范作用，发展进程也会受到一定制约，尤其是在人们的"治理"知识和观念还相对薄弱的农村来说，更是如此。先进典型会以自己的行动或人格诠释和展示出乡村治理的现实需要和未来方向，使大家可以沿着"示范者"的形象和途径"行动"。

慈溪市在文化礼堂建设和运行中挖掘整理出许多在乡村治理的历史上有作为有影响的人物和事件,文化礼堂让这些历史人物和历史事件重新走进人们的视野,同时还不断加大对现实中出现的促进和谐、推动乡村治理的人物和事物的宣传教育力度,进而,文化礼堂也就成为培育社会治理先进典范的有效空间,成为推动社会治理现代化的有效途径。

在每一家农村文化礼堂里,几乎都有为乡村治理作出了历史性贡献的"创始人"、老支书、老村长、老干部、老党员的姓名,在一些文化礼堂中还把他们的感人故事书写在"村史廊"中。在龙山镇方家河头村的文化礼堂中,关于村庄的历史沿革有这样的记载:首批进入是在北宋末年(公元1121年),因方腊起义失败后,一部分兵士转战到了浙东三北地区,有的在河头岙及上、下茅蓬等地居留,随后或隐姓埋名,或改姓换名。始祖桂四公迁入后,与方腊部族、正学公后裔做到和睦相处,进而慢慢融入方氏门下,更因先祖管理有序、族规严厉,方姓成为名门望族。在大岐山村的文化礼堂中,详细记载了大岐山村的前身岐山、长岐山、利济塘、岐南、岐东、上八等六个独立行政村的历史沿革及合村过程。这些看似"纯历史"的记述,必定会向村民们渗透出村庄迁徙、分合、融汇的历史必然性,向村民们传达出和睦共荣、有序治理的必要性。

同时,在大岐山村的文化礼堂里,也记载了前任村党总支书记沈秀英①的事迹,其中写到:自2004年沈秀英被选为村党总支书记,成为观海卫镇40多个村社区中唯一的一位女带头人。在任期间,凭着一身正气和一股攻坚克难、勇于进取的劲头,通过开展全村范围内庭院整治及环境整治,推行工程建设"阳光操作",实施农贸市场、村落文化宫、景山公园、农民公寓建设、生活污水治理等一系列工程,

---

① 女,2004—2013年任大岐山村党总支书记、经济合作社社长,第十四届、十五届慈溪市人大代表,获得宁波市劳动模范、慈溪市优秀共产党员、2012感动慈溪年度人物等荣誉。

推进省级中心村培育建设,使大岐山村摆脱原来环境脏乱、村民收入低、经济发展滞后的困境,稳步向经济发展、村强民富,设施良好、环境优美,社会进步、保障齐全,乡风文明、管理民主的社会主义新农村迈进。龙山镇西门外村的文化礼堂中记述:自 1995 年担任龙山镇西门外村党总支书记的陆永康同志,始终坚持党的基本路线,热爱党的事业,以身作则,无私奉献,为了集体事业早出晚归,废寝忘食;为了强村富民,他舍小家顾大家,放弃了自己经营多年的公司,全身心投入村工作中,任劳任怨,勤政为民。十多年来,他不拿村里的报酬,不报销交通费、通信费,以自己的一腔热血,为群众谋利益,积极探索农村发展的新路子,带领西门外村走上了一条致富之路。这样一些切近的先进典型,不仅展示出党的基层干部的形象,也给乡村治理的领导者们树立了现实的典范。

文化礼堂建成后,各类新典型尤其是乡村和谐及乡村治理的典型,直观而鲜活地呈现在村民和村干部的面前。对广大村民来说,那些遵纪守法、仁爱慈孝、邻里互助的典型,每天都在影响和浸染着他们,他们会在评论、议论中感受到先进典型的道德人格力量;对乡村的党员干部来说,那些克己奉公、一心为民的典型,每天也都会影响和浸染着他们,"标杆"就在眼前,他们不能不时时"衡量"自己的言行。经常进出于文化礼堂的人们,注定要受到这些先进典型的"教化",这种力量与党和政府的教育,与社会主义核心价值观的宣传结合起来,必然会成为社会治理现代化的一种重要精神道德推动力。

在农村文化礼堂运行的过程中,在先进典型的影响下,农村中开始涌现出一大批新的社会治理的先进人物,出现推动社会治理的诸多新的形式。面对乡村老龄化及其引发的社会问题,在很多农村文化礼堂中建起老年人日间照料服务中心,有的照料中心的志愿服务者,全部都是党员村民担任,不仅有效化解了由老年问题引发的社会矛盾,而且树立起党员的新形象。在一些村庄的文化活动中,成立了和谐促进会,成员不断增多,他们调解纠纷,联络"新""老"居民,成为社会治理的重要推动力量。在有的村庄,伴随文化礼堂建设和文化活动的开展,平安志愿者、新居民志愿者、爱心志愿者等大量涌现,以这些志愿者为骨干创办起来的"假日学校"或"春泥乐园",有效解决了"新居民"子女假期教育看护的问题,化解了外来人口与当地人口之间的文化情感问题,在一定程度上,这也成为推动社会治理的一种力量。

农村文化礼堂在乡村治理中的地位和作用,除了以上所探讨的、在实践中有集中体现的几个相对比较完整的方面之外,还存在其余多种关系,虽然目前展现得还不是很充分,但它们对乡村治理的重要价值却是不可忽视的。随着农村文化礼堂的完善与乡村治理的深化,这些关系及其价值可能会进一步呈现出来,需要我们予以关注,展开思考。农村文化礼堂建设起来后,各类公共文化活动日益丰富。在慈溪市的很多农村文化礼堂中,都建有设施完备、服务体系完善的"农民大戏台",红白喜事、节日庆典都可以在此操办或举办。一部分农村文化礼堂还举办"邻里文化节",评选"和睦邻里"(如崇寿镇傅家路村文化礼堂),在这种浓浓的乡情和友情气氛中,很多小矛盾、小摩擦已经无须"言说",未见"风雨",就随之"烟消云散"了。在文化礼堂中经常举办的各类礼仪活动,从成人礼、重阳敬老礼到国庆爱国礼等,让广大村民在继承民族优良传统、继承慈溪优秀的慈孝文化传统的过程中,增强了道德修养和行为规范,矛盾也很难大量产生了。在一些村庄的文化礼堂,端午节开展包粽子、喝雄黄酒等民俗活动,大家都其乐融融,社会矛盾和纠纷形成的"土壤"已经改变了。春节期间,部分文化礼堂举办的"新老慈溪人·共度欢乐年"春节戏剧演出等活动,也让本地和外来居民不断加快了"融通"进程。此外,在一些村庄的文化礼堂里,集中张贴的"全家福",精心设计的"笑脸墙",安康慈祥的"寿星榜",都在以一种温馨的文化方式,呼唤着社会治理的进步,期盼着村庄的团结和谐。在现实社会生活中,各种矛盾的产生是必然的,出现一些纠纷更是难免的,社会环境的好坏,不是看有没有矛盾和纠纷的存在,而是看有没有解决矛盾和纠纷的有效方式、途径和氛围。农村文化礼堂的建设,正在越来越充分地发挥着这些方面的功能和作用。

习近平总书记指出:"社会治理是社会建设的重大任务,是国家治理的重要内容。""社会治理的重心必须落实到城乡社区。"要"创新农村社会治理,重视化解农村社会矛盾,学习推广'枫桥经验',争取做到'小事不出村,大事不出镇,矛盾不上交'。"① 慈溪市的农村文化礼堂建设,虽然基本的出发点是农村文化,但在建设和运行的过程中也对社会治理产生了重要推动作用,也可谓是创新农村社会治理的新途径新方式。完善农村社会治理是一项复杂而艰巨的历史任务,我们将在继续关注农村文化礼堂建设的过程中,进一步探索文化礼堂在乡村治理中的地位和作用问题,不断思考乡村治理的思路和空间。

---

① 中共中央宣传部编:《习近平总书记系列讲话读本》,学习出版社、人民出版社2016年版,第224—226页。

"四自"：从经验到目标
——以浙江临安村级文化礼堂建设为重心的调查与思考

在新世纪乡村文化建设受到广泛关注并稳步推进的过程中，全国各地积累了许多成功的经验，制定了各自的建设目标。根据全程参与浙江省临安市村级文化礼堂建设的观察与思考，我们认为，重视挖掘乡村文化历史，促进农民文化自觉；着力展现乡村文化特色，提升农民文化自信；强调独立乡村文化活动，推动农民文化自主；科学制订乡村文化规划，实现农民文化自强这四条根本经验，应该转化为乡村文化建设的重要目标，以保证乡村文化建设更好地为农民群众文化发展服务的方向和宗旨，修正某些偏重外在物质形式，偏离乡村文化主体的倾向。

在社会主义新农村建设和城乡文化统筹的进程中，乡村文化发展的重心在逐步向村级推进。作为争取率先实现现代化和努力建设文化强省的浙江，也在积极探索乡村文化尤其是村级文化建设的新途径。近年来，由临安市先行试点，已经在全省实施的村级文化礼堂建设已经取得了新的阶段性成果，受到当地农民群众的欢迎，也得到社会各界的肯定。作为临安市村级文化礼堂建设全程参与的专家组成员（参与临安市村级文化礼堂建设的浙江农林大学专家组成员，还有李勇华教授、高军教授、雷志松副教授和程珂副教授。本书的一些基本思想，是课题组成员在调研和参加省、市相关座谈会的过程中集体讨论形成的。特别是2015年1月中旬，受浙江省委宣传部理论处委托，浙江农林大学农民发展研究中心和马克思主义学院的部分专家学者，组成三个调研小分队,分别在浙江慈溪、长兴、乐清等地进行了深入调研,获得了许多新经验新感受,获得国家社会科学基金项目后,我们又进行了新的思考。笔者在此基础上做了进一步的概括和补充,观点的正误由笔者负责),在经历了当时的热情投入和之后的冷静反思,以及在其他县市的观察对比后,我们感到,推动农民群众的文化自觉、文化自信、文化自主和文化自强,既是村级文化礼堂建设中凝结出的根本经验,也应该作为今后乡村文化建设的具有本质意义的目标。在此提出我们的思路和观点,以期为乡村文化建设提供更具内在价值的评价标准,甚至希望借此修正某些偏重外在物质形式、偏离乡村文化主体的倾向。

一 重视挖掘乡村文化历史,促进农民文化自觉

乡村文明是中华文明史的主体。在传统的农业文明时代,文化人才重点在乡村里活动,文化设施也广泛分布于乡村,农民是中国传统文化承传的重要载体,乡村是中国传统文化存在的重要空间。伴随近代工业文明的兴起,城市的地位日益突出,文化人才、文化成果、文化设施不断汇聚于城市,文化也呈现明显的城乡二元状态。尤其是近代中国的殖民地、半殖民地、半封建社会,导致现代化的"革命性"特点突出,乡村的文化传承演变出现断裂和破坏,致使农民群众对乡村历史的认识出现一定困难。但中国的农村中依旧保留着大量的历史文化遗产,它们以各种方式存在着。在一些村庄,历史文化保留得还十分完好。深入了解乡村和家族的历史,是农民群众文化自觉的重要根基。

对于历史悠久的浙江临安来说,广大乡村的文化遗产非常丰厚,历史超过几百年甚至过千年的村庄随处可见。在村庄的建立和演进中,留下许多生动感人的故事和人物,留下许多见证历史的实物和文物,也留下许多代代相传的艺术和技能。光辉村的"荷花塘传说"流传久远,引人入胜,村中的大庙、古井、驿站古朴悠远,已消逝的古树名木,令人追思遐想;上田村五百多年前迁徙和初创的故事亦真

亦幻，充满神奇色彩，村里钱氏和刘氏两大家族的历史业绩光彩辉煌，"古上田十景"令人神往，村庄独创的"十八般武艺"颇具匠心；花戏村的"花戏台"精致古朴，亭亭玉立，地方戏曲在这个秀美幽静的山区小村庄里的舞台长久地演绎着，村风、民俗、戏情、古韵尽在其中。

浙江临安的村级文化礼堂建设，将挖掘整理村庄历史放在首位。对于挖掘村庄的历史，村民们多有热情，许多人拿出族谱家谱，献出珍藏的文物器物；村干部们态度积极，千方百计想办法，千辛万苦挖"资源"。村庄中的历史文献被大量挖掘出来，经过农民、村庄中的文化人和有关专家的整理，展示在文化礼堂之中。当人们走进"村史廊"及"民风廊"，村庄的历史脉络清晰展现出来，村庄的传统和格调明晰呈现出来。生长生活在这里的人们，对于我是什么人、我从哪里来、该到哪里去、要做什么事，这些有关文化自觉的大问题，会在文化礼堂中找到依据，并在村民们的交流和议论中得到认识的深化。因为这里记述的历史，直接联系着现实，也指向了未来。在我们调研时，上田村的党总支刘书记，站在庄重典雅的花牌楼前，站在当过三十年本村支书的父亲的黑白照片前，他明确地表示，"我知道我现在该做什么。"当我们看到，那些在文化礼堂中习练书法绘画的孩子们宁静淡定的神情，也真切地感到，他们的脸上没有疑惑，走向明天，他们是坚定的执着的。高度重视挖掘和整理村庄的历史，以此促进农民的文化自觉，这是临安村级"文化礼堂"建设的一条重要经验。

由这一经验我们感到，乡村文化建设应该将农民群众的文化自觉作为重要目标。这一看似潜在，又无法量化，难以直接呈现为工作业绩的目标内容，实际更具文化建设的本质意义。具备了更强的文化自觉能力，乡村居民才能全面、清晰、准确地理解村庄的历史和现实，把握个人的地位和方向，他们的文化、政治、经济行为才能更加科学和理性。我们两次到山西大寨考察，看到他们曾经的辉煌，也看到他们曾有的艰辛和曲折。他们能坚定地走出困境，其重要原因，就是他们对自己的历史有比较深刻的自觉。在大寨，真实的历史足迹，完整地呈现于乡村文化建设之中，正是这种源于历史的自觉，让他们没有

"倒下去"。① 在安徽凤阳，作为中国农村改革的发源地的小岗村，单独建有大包干纪念馆，纪念馆通过文字、图片、音像、实物、群雕等多种手段展示了"抉择""追梦""关爱"三大主题，真实再现了当年大包干从酝酿到发生、发展的历史过程。小岗村的群众，不仅有历史的自豪，而且有文化的自觉。作为全国十大名村之一浙江花园村，他们的村史内容非常丰富，村庄带头人的人生足迹也十分翔实②，花园村剧团经常进行的文艺演出，更是将村庄的历史表现得完整生动，因此，全体村民对历史的自觉程度很高，发展的步伐也一直快速而稳健。当然，我们也看到部分乡村的文化建设，偏重于对现实成果的展示，缺少对乡村历史的关注，不能让村民们产生历史感，自然也难有真正的未来感。看来，乡村文化建设不仅需要把文化自觉列入目标体系，而且还要放到关键位置上来。

二 着力展现乡村文化特色，提升农民文化自信

人是自然的存在物，更是文化的存在物，人类及社会群体的发展进步，精神动力具有重要意义，而精神动力的产生和维系常常与文化的自信密切相关。文化自信，既源于文化的高度和力量，更源于文化的特色和活力。在漫长的中国传统社会，虽然政治上强调"大一统"，但却难以管控到乡村。在地域广阔的乡村社会，村落和家庭零散地分布于各处，加之山川河谷、语言交通的制约，相对的独立性和连续性很强，进而形成乡村和家族历史文化的独特风貌和思想内涵。这种乡村的文化特色，成为生长生活于这里的人们，绘就人生美丽画卷的底色，是他们获得自信力的重要根源。

临安市地处浙西天目山区，居于吴越文化中心地带，许多村庄文

---

① 大寨不仅村史翔实，陈永贵的传记思考得也很深刻。参见陈春梅《我的爷爷陈永贵——从农民到国务院副总理》，作家出版社 2008 年版。

② 参见金光强主编《花园足迹 30 年》，中国美术学院出版社 2011 年版；东方涛《邵钦祥传奇》，浙江人民出版社 2006 年版。

化内涵丰富，特色鲜明，历史久远，充满生机①，虽然遭受过战争和动乱的破坏，新时期也受到西方所谓"普世价值"的冲击，但依旧顽强地大量地保存着。在上田村的多次调研，我们了解到，上田村有深厚的武术传统和尚武精神，习武之风世代相传，远近闻名。上田村的书法底蕴同样深厚，很多村民都认为，在上田，"村里的一份领款签名单，就是一幅集体书法作品。"因此，对于高悬村口的"文武上田"四字，村民们都确信无疑，坦然承之。在临安的杨溪村，长期流传着一个远近闻名的孝子故事：明初，村中文士陈斗龙，辞去书院山长之职，辗转数省，卖文乞讨，寻母尽孝，明世宗亲笔为其题写"孝子"二字。在《昌化县志》中也记有："孝子祠者，敕旌元孝子陈斗龙而建也。"今天，望着村中的孝子祠堂，村民们无不自信。杨溪人，敬老睦邻、忠孝诚信定为先进。

在临安的文化礼堂建设过程中，乡村干部群众都十分关注村庄的文化特色。一是对特色的继承发展。上田村继承书法传统，成立村级书法协会，并致力于建成全国书法文化特色村；花戏村组建戏曲演出团体，每天歌声缭绕；光辉村的农民画协会，生机盎然，画室正厅，"老画家"周览老师的农民画乡村韵味十足，功底深厚，内间的儿童画，稚嫩淳朴，想象丰富。二是对特色的改造创新。上田村将多支松散的传统武术队伍，组建成国术队，以前的"散兵游勇"，变成了发展生产和传承文化的"主力军"，还创编出更适合普通人习练的"上田文武操"；光辉村在继承传统的基础上，创编出具有浓郁乡村传统特色的筷子舞、扇子舞、荷花灯。各村纷纷提炼和制定出自己的村训，创作出自己的村歌，概括出本村的文化主题（如光辉村的"荷塘新曲，人文光辉"、上田村的"茶香竹海，文武上田"）。生活在独具特色的文化环境和文化成果之中，村民们自然精气神十足，充满独具乡村特色的文化自信。正如有的村民所讲："我们和城里有什么差别！那么多城里的干部和学生不是经常到我们这来参观学习吗？"在我们的调查问卷中，有关文化自信一项，80%以上的人选择的是充

---

① 参见章燕主编《临安市文化志》，2008年版。

满自豪和幸福。通过展现乡村的文化特色和优势，提升农民的文化自信，这是临安村级文化礼堂建设的一条十分宝贵的经验。

在对这一经验的思考中我们觉得，提升农民文化自信，应该成为乡村文化建设的目标。这一目标虽然不能完全直观地展现和评价，也有程度和分寸把握上的难度，但对于正在走向文化现代化的乡村和农民来说，这确实已是必要的目标和任务。没有文化自信，前进的脚步就不可能坚定不移，克服困难的勇气就不可能持久无畏。广东中山市的翠亨村，是中国民主革命先驱者孙中山的故乡，同时也是中山历史名人辈出的地方。该村拥有孙中山故居、杨殷故居、陆晧东故居，还保存了完整的古民居群，这些古建筑的装饰艺术极为丰富，其结构、雕刻、书画均展示了中国建筑文化的较高水平，极有研究价值。在文化建设中，翠亨村着力突出这种既有古代文化底蕴又有近代革命文化影响的鲜明特色，让村民们形成高度的文化自信。福建武夷山区的下梅村，曾是清康熙、乾隆年间武夷山的著名茶市，兴盛一时，留有清代古民居建筑30多座，精美的砖雕、石雕、木雕和别致的墙头彩绘，是下梅古民居的一枝奇葩，村落中祠堂、古井、老街、旧巷与民谣、山歌、龙舞、庙会交融出独特的魅力。"山环水抱聚宝盆，青龙白虎遥山横。财源广进流不去，乡关肘里鸡犬闻"的下梅村，文化建设非常注重这些历史文化特色的展示，使村民们在生态文化和商业文化时代充满自信。在浙江的诸葛村，村庄的建设布局就是八卦图形，村中的传统文化思想底蕴深厚，乡村的文化也着力突出这一亮点，因而，村民们都有很强的思想智慧的自信。在浙江临安的集贤村，文风蔚然，贤才辈出，曾养育出十八个进士，故名"集贤"。至今，村中的读书学习风气依然浓厚，他们的文化建设重点强调这种传统，所以村中的青少年历来有学习进步的自信。浙江慈溪的五洞闸村，在海滩上种植棉花的先进经验，20世纪50年代受到过毛泽东的充分肯定，并写入《中国农村的社会主义高潮》一书，村中还涌现出被周总理称为"棉花姑娘"的劳动能手，全村的群众始终坚定地保持着可以克服一切困难的精神信念。如果我们的乡村文化建设，没能带来乡村群众文化自信力的提高，即使设施完好，活动丰富，也难说是真正意义的文化进步，虽然也要警惕盲目自信，但这应该是第二位的问题。也就是说，乡村文化建设不仅要把文化自信作为目标，而且应该置于突出的地位。

三 强调独立乡村文化活动，推动农民文化自主

人是文化的创造者、传承者，也是文化的管理者、享有者，而文化的创造者、传承者、管理者和享有者能否统一，是检验社会制度先进与否的重要标志。在剥削制度下，这几者之间是分离的。在社会主义制度下，人民群众成为国家的主人，具备了实现文化创造者、传承者、管理者和享有者内在统一的前提条件。马克思恩格斯指出："代替那存在着阶级和阶级对立的资产阶级旧社会的，将是这样一个联合体，在那里，每个人的自由发展是一切人的自由发展的条件。"[①] 但在社会主义初级阶段，内在统一还受到各种因素的制约。精神文化建设，如果不能明确主体对象和活动宗旨，就会失去核心与方向，就很难持续。乡村的文化建设，毫无疑问，应该以广大农民为主体，即文化建设内容来源于农民，文化活动形式适合于农民，文化管理依靠于农民，评价文化成败的标准取决于农民。

浙江临安是古代吴越国的发祥地，杭州城的创始人、吴越王钱镠的出生地，尽管在众多的"王朝"和帝王中，吴越国和钱镠并不是特别辉煌和引人注目，但吴越国内部的治理，钱氏的家训家教却颇受赞誉，以致今天钱氏家族仍旧人才辈出。[②] 抗日战争时期，在极端困难的环境中，临安人民一面积极抗战，一面努力进行有序的经济建设，形成天目山区社会秩序和自我管理相对稳定的局面，当时就有"全国抗战看浙西"的说法。这样的历史传统，铸就了临安人自主、自立、勇敢、坚强的品格。在改革开放新时期，临安人同样坚定地自

[①] 马克思、恩格斯：《共产党宣言》（1847年12月—1848年1月底），《马克思恩格斯文集》第2卷，人民出版社2009年版，第53页。

[②] 参见许林田、施爱乐主编《钱王传说集成》，中国文联出版社2012年版，第1—10页。

主创业，出现最早的一批乡镇企业和民营企业。临安的一些村庄很早就开展自主的文化创建活动。光辉村独立修建了鲇鱼山公园，公园内还建有土地革命战争时期在这里牺牲的年轻的红军战士的塑像。朱村自新中国成立以来，一直是临安民间文化活动的典范。新时期，农民群众更是大力开展"种文化"活动，他们自己组建了"夕阳红"腰鼓队，"凤辇花轿""岸龙舟""龙腾狮跃"等民间艺术活动队伍，展现了村民们的自主文化能力。

浙江临安的村级文化礼堂建设，从规划、建设、管理到各类具体活动，始终坚持乡村群众的主体地位不动摇，坚持满足乡村群众文化愿望的目标不动摇。"礼堂"和"学堂"的建设，既考虑农民文娱活动、体育活动的需要，又考虑农民学习知识理论和举办重要庆典活动的需要。"村史廊"中展示的是村民熟知的自身的村庄史及家族史；"励志廊"中书写的是村民身边及自己家中的故事和人物；"艺术廊"中陈列的就是村民们自己创作的书法绘画作品。文化礼堂中的武术比赛、体操训练、书画培训、农技讲座的主持者、参与者、观看者和评判者，主要也都是乡村中的知识分子、文化能人和广大农民。在文化礼堂中，村民从事着自己的文化活动，展示着自己的文化才能，增长着自己的文化素养，体会着自己文化管理者的主体作用。我们多次到几个村的文化礼堂参观调研，看到在这里活动的村民，他们完全是以主人的态度和表情，在向我们介绍村中的文化活动。村级文化礼堂建设，完全是以乡村群众为主体，农民们是在多种外部力量的帮扶下，尤其是在内部各种文化人才的带动下，独立自主地从事乡村文化活动，这是临安村级文化礼堂建设的一条核心经验。

在对这一经验的分析中我们感到，推动农民的文化自主，也应该成为乡村文化建设的目标。这一目标虽然不如经济指标那样具有"硬道理"，也存在实际运行和管理中的困难，但对于提高乡村的民主意识和政治能力来说，这是很重要的目标和任务。没有文化自主，乡村的民主进程就缺少思想根基，就难以顺利推进。号称"天下第一村"的江苏省华西村的文化建设，就一直重视村民的自主管理。华西村的老书记吴仁宝曾总结说："我们华西就坚持这样一条做法：凡是老百姓拥护的，我们就去做。""多年来，我们坚持民主、法治建设，达到民主讨论、民主决策、民主管理。最重要的一点，就是能够把什么事情都交给老百姓讨论，并认真听取群众意见，实行民主集中。"①在浙江富阳的龙门村，有大量明清时期的祠堂、厅堂、古塔，对于这些乡村文化的宝贵资源，村民们是在自主地管理和展示，并成为乡村文化建设和乡村文化旅游活动的主体力量。浙江千岛湖的芹川村，更是家家户户映现古代民居景象，人人参与乡村文化建设和管理。在这些乡村中，独立的文化活动，成为推动农民文化自主的重要途径。应该说，乡村文化建设不仅要把文化自主作为目标，而且必须置于重要地位。在调研中我们也要看到，坚持党的领导和马克思主义的指导，与农民群众的文化自主，在根本的意义上是一致的，因为党的宗旨和马克思主义的灵魂就是全心全意为人民服务，就是要推动农民群众的文化进步。当然，我们也要强调对乡村文化活动的先进文化引领，也要重视乡村传统文化现代化的正确路径选择。

四 科学制订乡村文化规划，实现农民文化自强

一个人的精神状态，一个社会群体的精神风貌，与他们的现实地位有关，更与他们的理想追求有关，志向高远、目标明确、规划合理，就会日益走向强盛。当然，一个人，尤其是一个社会群体目标的设定和选择，并非凭空而出，而是需要各种社会环境和条件的。在计划经济时代，处在基层的乡村常常会失去个性，被统一的"计划"所"覆盖"，难有自己的"规划"。而在改革开放初期，文化这一"软实力"，又常常受到经济"硬实力"的挤压，总是处在"服务""搭台"的地位，本身很难成为"主人"，站在"台上"，谋划自己的发展。一些所谓的文化活动，也不能完全按照文化自身的特点和规律运行，形成文化建设名高实低、有中见无的局面。推动农民文化进步，又常常将立足点过多地放在外面的"大"专家学者的帮助上，

---

① 参见《吴仁宝文集》，新华出版社2011年版，第69、375页。

对乡村内部知识分子和文化人才的"孵化"作用认识不足。乡村的文化建设，只有按照农民群众自身的需求，结合乡村文化人才基础的实际，科学规划发展的路径和进程，才能创造乡村居民文化自强的可靠条件。

规划与设计本身，就是一种理性思维方式，是一种有文化蕴涵的活动。在浙江临安的历史发展中，从钱王搬山治水的传说，到定家训、行家教、重家风的故事，就已经具有了规划未来、规范行为的因素。黄宗羲的强调理气心性一体圆融，重视人类主体性对于宇宙全体的直接渗透的思想，王阳明的强调身心意知物统摄于主体的存在实性，重视将本体的纯粹存在转化为实践理性的思想，这些"浙东"学派的重要主张，在"浙西"同样有重要历史影响。[①] 新中国成立后，临安的乡村人才培养，青少年教育，各级文化机构的建设，都开始进入政府和基层组织的规划，尽管有前面所说的"左"倾的不足，但还是留下科学思维的历史基础。相反，十年动乱时期，乡村文化的无序状态，大量历史古迹及文化成果的破坏，也给乡村群众留下沉痛的教训。

浙江临安在村级文化礼堂建设中，站在新的时代高度，总结历史的经验教训，从文化建设自身的立场出发，研究制订村庄文化发展的规划。一是设计出全市村级文化礼堂建设的总体规划，从初期的几个示范村，到50个重点建设村，再逐步推进到全市的298个村。二是制订每个村自己的具体文化建设规划，如上田村明确了建设全国书法文化名村、武术文化名村的目标；光辉村选择了全国农民画名村及农民画"产业化"的路径；花戏村要坚定地按计划唱响自己的戏曲文化品牌。三是明确了文化发展方向，在文化礼堂中既汇聚从传统到现代、从家族到社会的各类文化成果，同时又以社会主义核心价值观为统领。村级文化礼堂的建设，使前一阶段乡村丰富而不健康、娱乐而不向上的自发松散的文化，开始得到修正。在文化礼堂中，村民们唱

---

① 参见沈善洪主编《浙江文化史》上卷，浙江大学出版社2009年版，第168—169、276—277页。

歌跳舞，强身健体，愉悦身心，他们感受幸福的空间更为广阔。在文化礼堂中，农民们学习书法绘画、农业科技、经营管理，"田秀才"和"土专家"们已经有条件成长为"真专家"。在文化礼堂中，孩子们读书写字，与外界沟通交流（有的村幼儿园还聘请了"外教"来教授英语），他们的未来，令人期待。科学规划村庄文化发展目标，推动农民逐步走向文化自强，这是临安村级文化礼堂建设的一条理性而务实的经验。

在对这一经验的不断思考中我们体会到，乡村文化建设应该将农民群众的文化自强作为重要目标。这一似乎有些虚化，也不好直接相互比较的目标，其实是很有历史和现实针对性的。近代以来的中国社会，在文化一元和线性发展的观念制约下，在学习西方理论和经验的过程中，我们总是将农业文明和乡村文化视为一种落后的保守的存在，看不到或不认可在中国历史文明背景下，乡村内部存在的和谐性与先进性因素，农民文化自强的心理愿望长期受到压抑。我们认为，只有通过合理的规划，稳步的发展，农民真正实现文化自强，他们的创造潜力才有可能被进一步激发出来，并转化为现实的文化成果。在湖湘文化发祥地、少年毛泽东曾读书学习的湖南湘乡，在实施农村文化基本保障工程的同时，已经有计划地培育起乡村文艺团队700多支，尤其是龙洞镇仙女山文学社、银河文学社、褒忠山文学社三个农村文学社已在湖南远近闻名，因为它们创造出了丰富的文化成果。在作为"文化大院示范点"的吉林省榆树市直立村，一方面经常邀请专业剧团到村里表演精彩节目，另一方面，村里有计划地组织开展读书竞赛、科技培训、文艺表演等活动，现在，村民们经常自编自演一些文艺节目，文化能力明显增强。在浙江，长兴的数十支百叶龙演出队、杭州的西湖农民乐队、奉化的布龙演出队、台州几百人的农民锣鼓队、诸暨的板凳龙演出队经常应邀演出，活跃在全国各地。临安朱村26位农民组成的民间艺术团，还代表中国，参加了捷克国际民间艺术节，并到布拉格等4个城市去表演。他们的文化自强，不仅推动了当地经济的发展，而且丰富了农民群众自己的精神生活，促进了社会的文化繁荣。① 毫无疑义，乡村文化建设不仅要将文化自强作为目标，而且理应摆在核心地位。

目前，社会各界都认识到推动乡村文化发展繁荣的必要性和迫切性，从中央到地方，在统筹城乡文化的大思路下，都不断加大对乡村文化的支持力度，这是时代提供的重要机遇和条件。但现在乡村文化建设也出现了某些"虚热"症状，将建设的目标过多地放在"可见"的设施设备上，过多地放在"可算"的统计数字上，过多地放在"可观"的外部人员的报告讲座上，对于"不可见""不可算"和"不可观"的乡村文化的主体，实际的内在的文化发展，却相对关注不足。临安市及浙江省的农村文化礼堂建设提供的众多经验，最具价值的就是高度重视农民群众自身的文化发展，将乡村内部的知识分子和文化能人作为最可靠的中坚力量。我们认为，社会主义新农村的文化建设，一定要将乡村农民群众的文化自觉、文化自信、文化自主和文化自强作为与物质设施建设同等重要甚至更具根本意义的建设目标，这样才不至于偏离发展方向，让文化发展始终围绕农民发展这个主体和中心展开。

---

① 参见陈立旭、潘捷军等《乡风文明：新农村文化建设——基于浙江实践的研究》，科学出版社2009年版，第158—160页。

从"送文化""种文化"到"孵文化"
——从浙江农村文化建设历史和现实中引发的思考

如何认识和发挥乡村知识分子和文化能人在乡村文化中的孵育教化作用,是新世纪乡村文化建设面临的一个重要理论和现实课题。来自乡村外部的"送文化"和来自乡村内部农民群众的"种文化",虽然具有必要性和基础性,但相对于乡村文化的巨大需求和快速发展来说,都有局限性,需要乡村内部文化人才的"孵文化"的有力支撑。以"孵文化"为枢纽,"送文化""种文化"与"孵文化"相互配合,统筹城乡文化建设才能更加有效地推进。

新世纪,在中国特色社会主义文化大发展大繁荣的进程中,推动乡村文化进步的力量越来越多样,越来越强大。有来自城镇的"送文化",有源自乡村农民的"种文化",这些力量已经受到社会的高度重视,得到广泛宣传。还有一种以乡村知识分子和文化能人为中坚力量,对乡村农民和青少年进行教育、影响和带动的文化"孵育"活动,我们可以称之为"孵文化"。在调查了解中我们感到,"孵文化"是一种在乡村文化建设中居于关键地位、有重要推动作用的潜在而现实的力量,值得倡导,需要研究。

一 从"送文化"和"种文化"说起

谈到当代乡村文化建设的推动力量,各种媒体关注最多的是"送文化"和"种文化",这确实是新世纪以来为乡村文化进步注入巨大活力、增添无限魅力的两类文化活动,它们占据了道义和自立的制高点,值得人们去鼓励和评说。我们要讨论"孵文化"问题,不能不从"送文化"和"种文化"说起。

20世纪末,党和政府就积极推动文化科技卫生"三下乡"活动,进入新世纪,又倡导科教文体法律卫生"四进社区"和"送欢乐下基层"。这些活动的力度不断加大,广大农民群众真切感受到外部"送来"的文化成果的丰富,一些报刊也开始借用"送文化"来形象地概括这类对乡村文化的扶持活动,形成人们对"送文化"的认可和支持。"送文化"是产生于中国的历史国情及其城乡差别基础上的一种选择。近代中国,在殖民地半殖民地的社会环境中,资本—帝国主义从它们侵略剥削的自身利益出发,将大批的工厂企业设立于沿海、沿江和沿铁路线附近,半封建社会中的国家力量和民族资本又无力改变这种趋势,这就逐步形成以城市为中心的对乡村资源和劳动力的残酷盘剥,造成乡村经济的凋敝,社会的混乱,文化的衰败,城乡差距的不断扩大。南京国民政府也曾试图"救济"和"复兴"农村,将"新生活""送到"乡村;一些怀抱救国理想的志士也曾致力于"乡村建设""平民教育""乡村改造",但这些做法在实践中都昙花一现,收效甚微。只有中国共产党为农民"送去"的马克思列宁主义和新民主主义革命文化,让农民群众获得了"从前当牛马,现在要做人"的切身感受。

新中国成立后,虽然为了加速推进工业化,导致中国的城乡二元结构不断强化,城乡差别有所扩大,但党和政府却一直在积极探索改进城乡关系的途径,不断实施对乡村文化的帮扶政策。早在20世纪50年代,中央就发出知识青年到农村去安家落户的号召,全国各省市的志愿垦荒队纷纷组建并进入乡村和边疆。[①] 从1962年到1966年,共有129万城镇知识青年来到农村。1968年12月,《人民日报》发表毛泽东的指示:"知识青年到农村去,接受贫下中农的再教育,很

---

① 参见定宜庄《中国知青史·初澜(1953—1968)》,当代中国出版社2009年版,第26—45页。

有必要。"此后，全国掀起知识青年上山下乡运动的高潮。从1967年到1976年，共有1640多万知识青年上山下乡，他们在一些不发达地区传播了先进文化，普及了科学知识。① 这可以说是近代以来规模最大的"送文化"。

新时期，在党和政府的支持下，"送文化"的方式和类型更是多种多样，持续不断地开展。随着乡村文化的进步，农民群众对文化需求的层次日益提高，类别日益多样，"送文化"也开始遇到一些困难。由于调查不足，对接不够，"送者"很难满足"用者"所需，而且还有冷热不均、分布不匀、效率不高的问题。

2007年浙江杭州等地的一些乡村创办"种文化·农民新文化运动讲习所"，推出农民"种文化"百村赛等各种活动，丰富了乡村农民的文化生活，增强了农民文化的兴趣和自信，还受到城市居民的青睐。于是，"种文化"一语开始频频出现于各种媒体之上。②

"种文化"本身虽然是一个鲜活生动的新词语，但它所包含的思想内容却是有历史根基的。中华民族创造了具有5000多年悠久历史的灿烂文化，重要原因之一是占人口大多数的农民群众，从来不是文化的旁观者，而是文化的积极参与者、创造者和传承者。中国高度发达的民间文学和民俗艺术，创造和传播的主体就是农民群众，文人士子也要"采风"于民。

近代以来的革命文化更是不断唤起千百年来农民群众反抗压迫反对剥削的斗争热情。据延安大学的学者考证，延安时期，仅陕北群众利用民歌的曲调创作改编的包括《东方红》在内的革命歌曲就超过五百首。毛泽东非常看重农民群众的文化能力，认为"民众就是革命文化的无限丰富的源泉"。毛泽东在鲁迅艺术学院曾动情地讲道："夏天的晚上，农夫们乘凉，坐在长凳子上，手执大芭蕉扇，讲起故事来，他们也懂得胡适之先生的'八不'主义，他们不用任何典故，

---

① 参见当代中国研究所《中华人民共和国史稿》第3卷，人民出版社、当代中国出版社2012年版，第89页。

② 参见陈立旭、潘捷军等《乡风文明：新农村文化建设——基于浙江实践的研究》，科学出版社2009年版，第160页。

讲的故事内容却是那么丰富,言辞又很美丽。这些农民不但是好的散文家,而且常是诗人。"① 毛泽东还预见:"将来大批的作家将从工人农民中产生。"

改革开放新时期,全国各地的农民"自办文化"早就出现于大江南北,"文化书屋""文化大院""文化广场"星罗棋布,繁荣了乡村文化事业,还推动了乡村文化产业的兴起。中国农民在改革开放和市场经济中的不断探索和丰富实践,让他们有文化创造的思想资源和时代激情,他们播种文化、收获文明的脚步不可阻挡。但近几年来,农民的"种文化"也遇到了困惑,他们的期待和效果、付出和收益、设施和人才都出现反差,受到许多制约。在我们的调查了解中发现,很多干部群众看到了面临的问题,都在思考破解的方法和途径。

二 "孵文化"的可能性和必要性

对于当代中国的乡村,"送文化"和"种文化"都必不可少,但仅仅依靠这两种力量,又难以解决发展繁荣所面临的诸多问题。根据我们的观察和研究②,目前工作生活在广大乡村的教师有 500 多万人,医生有 200 多万,还有农技推广人员、文化工作者、大学生村官,加之退休人员,总计有近千万人。这些"体制内"的知识分子活跃在乡村的教育、卫生、科技、文化领域,还有大量的"体制外"的乡村文化能人及民间艺人。这些乡村内部的文化人才,他们了解农民的文化需求,热爱乡村的文化传统,长期与农民生活在同一文化空间,自身又具有较高的文化专业知识和技能,他们是乡村文化建设的"母

---

① 毛泽东:《在鲁迅艺术学院的讲话》(1938 年 4 月 28 日),中共中央文献研究室编:《毛泽东文艺论集》,中央文献出版社 2002 年版,第 19 页。
② 2013 年浙江农林大学农民发展研究中心组织撰写了《改革开放 35 年中国农民发展报告》和《改革开放 35 年浙江农民发展报告》,大家已经认识到挖掘利用乡村内部文化人才的必要性。另外,我们的乡村文化研究课题组成员近两年在浙江杭州、黑龙江大庆、河北廊坊等地的部分乡村走访调查时,更加清晰了汇聚乡村文化人才形成现实的可持续的文化力量的意义。

鸡",我们似乎可以将他们培育乡村文化的活动称为"孵文化"。

我们认为,重视乡村知识分子和文化能人的"孵文化"工作,将已经长期存在并广泛发挥着作用的这种文化孵育活动,进一步有效地组织整合起来,形成一种与"送文化"和"种文化"相互补充相互支撑的统一的乡村文化建设力量,不仅是可能的,而且是必要的。

中国知识分子,有传道乡里的悠久传统。儒家的有教无类,墨家的生活乡间,佛家的普度众生,都重视在普通群众中的文化教育传播。"宋明以后,由于佛教和理学的内在转向,士大夫从单一的上行路线转而下行,注重民间的教化职能,从士大夫变为士绅。"[①] "居乡"教化民众,成为许多理学士人的一种生活方式和价值取向。

在近现代的乡村革命事业中,乡村文化人发挥了重要的宣传教育作用,许多革命家尤其是无产阶级革命家,出身于乡村知识分子,在农村革命斗争中锻炼成长,为革命作出了重要贡献。新中国成立以来,很多历史文化名村的形成,都凝结着乡村文化人的辛勤劳动。我们发现,在那些农民画(渔民画)、书法、武术、地方戏曲等在全国或一定区域内有影响的名村,几乎都有一位或几位乡村文化"名人"多年在那里默默耕耘,持久努力。甚至在有"文化名人"居住的乡村,农民群众的思想观念和行为习惯都会受到积极的影响,他们的言行往往会成为村民们日常生活的"榜样"和"谈资"。[②] 这些历史积淀大体可以证明,以乡村知识分子和文化能人为核心的"孵文化"工作,是具备发挥更大文化促进作用的可能性的。

进入新世纪,高等教育大众化在快速推进,全国大专以上学历的知识分子队伍已经扩大到1.2亿[③],大学生必然要大量走入乡村,并在服务乡村、服务农民、促进乡村文化发展中展现自己的才华。现在

---

① 《从知识分子研究的视野看近代士绅》,许纪霖:《读书人站起来》,中国人民大学出版社2011年版,第123页。

② 在笔者家乡所在的黑龙江省林甸县花园镇中心村,有一名林甸县第一位特级教师邹志忠老师,他的中国语言文学知识功底非常深厚,而且为人耿直,为学勤奋,生活简朴,每天坚持跑步、练太极拳,他就是乡村居民行为的楷模。

③ 参见袁贵仁《高度重视知识分子工作》,《人民日报》,2013年9月10日第16版。

的乡村文化人才,不仅知识和学历有了提升,并且有相当一部分人积极参与高等院校、科研院所的学术研究和社会调查工作,他们的文化科技水平也有较快的进步。

随着农业现代化及乡村文化建设的进展,农民群众对新知识新技术的需求在不断增加,对思想道德、休闲娱乐、体育健身等各个层次的文化要求也不断提高。"送文化"一般只能在一定的时间条件下,满足少部分人的文化需要,"种文化"一般还停留于农闲时的文艺体育类活动,都难以完全满足多方位的需求,这就呼唤乡村知识分子和文化能人的全面参与。

对于来自城市的"送文化"者,他们也逐步感到"力不从心"。过去,相对于乡村文化比较初级的要求,"送去"的文化有新鲜感好奇感,但在网络电视等新媒体大量进入农村、乡村的文化基础不断改善的情况下,不熟悉乡村生产生活,没有充分的时间精力投入,已经不能达到农民群众的要求了,他们也期待数量更大、乡情更熟的当地文化人才与他们结合起来,共同努力。

党和国家也看到培养乡村当地文化人才的重要性,开始通过多种政策和措施补充和提高乡村文化人才的数量和水平。2005年11月,中共中央办公厅、国务院办公厅《关于进一步加强农村文化建设的意见》就提出:"充分发挥农村中小学在开展农村文化活动方面的作用,提倡中小学图书室、电子阅览室定时就近向农民群众开放,把中小学校建成宣传、文化、信息中心。"接着国家又实施大学生村官计划。在浙江等经济比较发达的地区,各行政村也开始设立单独的文化员,专门负责村里各类文化设施管理和文化活动组织工作。这些情况说明,无论是乡村知识分子和文化能人,"送文化"和"种文化"者,还是政府部门,都开始将"孵文化"看成是乡村文化建设的一项必要性工作。

三 以"孵文化"为枢纽完善乡村文化动力体系

今天的中国乡村文化建设,已经汇集了多种推动力量,并且都在发挥着各自的作用,但这些不同源头的动力,如何进一步完善其体系和结构成为一个值得探索的问题。虽然各乡村的实际情况不同,对不同类型文化动力的依赖程度不同,但从总体看,我们认为以"孵文化"为枢纽,进一步完善乡村文化动力体系应该是可行的。

首先,以"孵文化"为枢纽,协调"送文化""种文化"与"孵文化"三者之间的关系。

就现在影响最大、持续时间最久的"送文化"来看,它是以城市的科研院所、大专院校、专业文艺团体为主形成的一种推动乡村文化建设的力量,它有国家政策的支持,有自身文化能力和水平的优势,对于乡村文化进步具有引领、示范和带动作用,是乡村文化事业不可或缺的先进力量。这种力量虽然强大,但分散到广大的乡村,就很难发挥出普遍性的作用,农民群众在文化生活中遇到的各种具体问题,不可能"就地解决",因此"重心"放在"送"上也就不现实。

近些年社会多有关注的"种文化",可以调动最广大的农民群众自身的积极性,挖掘潜藏于乡村社会的各种传统和地方文化资源,是乡村文化建设最为基础的力量。但在目前的发展阶段上,大多数农民群众没有专业性的文化教育训练,他们的文化活动还具有自发性、分散性、季节性,可以促进乡村文化的繁荣,却不能更多地承担乡村文化发展的使命,这种力量也不能够居于乡村文化建设的枢纽地位。

只有乡村知识分子和文化能人有文化的专业基础和文化的某些特长,这支队伍数量庞大,专业类型多样,大多数都居住在乡村,与农民群众朝夕相处,如果能够给予必要的体制机制的支持,他们就完全可以担当重任,成为孵育乡村文化建设的中坚力量。如果我们能够将"孵文化"的力量最大限度地动员起来,并与"送文化""种文化"紧密配合,形成乡村文化建设的动力体系,乡村文化的发展才能具有更加可靠的保障。现在,这种动力体系的完善,已经具备了许多新的条件,尤其是在经济发达地区,思想认识、经济基础和政策环境都有了新变化,尤其是部分城市知识分子开始"乡居",大量乡村知识分子开始"城居",这是一个重要的资源,如果利用好,完全可以使他们为乡村文化建设做出很多有益的工作。

在这里，我们还要进一步分析"孵文化"内部的各种力量及其关系。对于乡村文化建设和农民文化发展来说，影响力最大的无疑是乡村学校和乡村教师，因为他们直接承担着乡村青少年的培养教育任务，引领着乡村未来的文化思想方向，间接承担着乡村社会道德、人格、思维、行为的示范责任。尊师重教是中国当代文化精神的重要内涵，也是中国传统文化的重要内容。如果我们借用"孵文化"之意，那么在乡村文化人的这一群"母鸡"中，乡村教师应该是"第一母鸡"，在乡村的文化生活中，又应该是"头鸡"。在乡村文化快速发展的新形势下，适当调整政策方向，将"分内"教学任务与"分外"社会工作结合起来，让乡村学校更多地承担起乡村文化的"大使命"很有必要。

乡村医生，虽然本职工作是救治"人的病"，但与城市的医生有很大的不同，他们和患者之间常常是"熟人"，治病的过程中，还会问询或"闲聊"一些病痛以外的生活、健康甚至人生的"大问题"，因此乡村医生还要救治"病的人"。很多优秀的乡村医生，有着很高的社会声望，这就需要我们在帮助乡村医生提高医疗技术水平的同时，赋予他们乡村文化的责任。乡村的农业技术人员，与农民群众的联系也很紧密，他们在指导农民改进生产技术的同时，也直接间接地传播着先进的文化思想和现代观念，这是一种将科学技术和思想文化结合的力量，如果我们能够有意识地去推动和深化这方面的工作，它的潜力是很大的。现在，乡村文化的专职人员也在不断增加，在部分地区开始设置专门的村级文化工作人员。此外，乡村中的各类文化能人和民间艺人，在传统文化与现代文化的结合中大量涌现，成为新阶段乡村文化事业和文化产业的一支不可忽视的力量。

目前，这几种内部的文化力量，还未能在乡村文化建设的意义上汇聚成为有主导有计划的统一的力量。我们认为，在党和政府的领导下，以乡村教师为骨干，协调乡村的多种相关文化力量，共同致力于乡村文化建设是可行的思路。

其次，以"孵文化"为枢纽，充分发挥统筹城乡文化中各种推动力量的作用。新世纪以来，党和政府不断加大城乡统筹工作的力度。

乡镇综合文化站、村文化室、广播电视村村通、文化信息资源共享、农村电影放映、农家书屋等基础设施和惠民工程快速推进，这些设施和工程的建设改善了农民的文化生活条件。但这些设施和工程在运行、维护尤其是如何高效利用的过程中，最大的制约就是文化人才的问题，现在已经出现很多设施闲置，信息不畅、书屋无人的尴尬局面，究其原因，主要还是人才支撑不足。这就迫切需要在统筹城乡文化硬件设施的同时重视文化"软环境"和"软设施"的建设，甚至要优先考虑，这才会产生真正的实效。

伴随城乡文化统筹的不断深化，许多城市和乡村的学校、医院、农技部门都开始建立各种形式的联系。一些城市的学校与乡村学校建立了稳定帮扶关系，对乡村学校的教学、管理、设施进行直接的指导和帮助，南京等地还制定了城市中小学教师必须到乡村学校工作一定时间的政策。一些城市的大医院与乡村的医院建立了诊断、医疗、急救、保健、设备维护等联系和支持渠道。一些乡村农技站与高等农林院校和科研院所也在不断丰富联系渠道。在这种联系中，乡村文化人才得到了培训和提高，增强了他们"孵文化"的能力。但不可否认，目前的这些工作，主要还是针对具体的专业知识和技能，如果我们能够有目的有意识地增加与乡村社会有关的历史文化知识，增加与农民实际生产生活需要密切相关的技能，就可以获得事半功倍的效果。

就现在的实际情况看，各级政府积极推动的乡村文化基础设施、基本条件建设，得到广大的乡村知识分子和文化能人的广泛支持和实际参与，才能顺畅运行。城乡文化机构的联系与合作，真正提高了乡村文化人才的能力和水平，才能将服务乡村的各种努力，惠及到广大农民身上。尽管目前乡村知识分子和文化能人的这支队伍还不能完全满足乡村文化发展繁荣的需要，但这却是在新中国成立后尤其是改革开放以来积累起来的乡村中最可靠的一支力量，城乡文化统筹工作，抓住这支队伍，就能获得连接内外、承上启下的主动性，也就找到了枢纽。

四 以"人文乡村"为思路建设未来美好乡村社会

无论是"送文化""种文化"还是"孵文化",其目的都是要促进乡村文化发展,推动社会主义新农村建设。那么,中国特色社会主义新农村到底应该有怎样的格调,怎样的方向,人们的愿望和思路可能都会不同。结合我们的研究和观察,我们认为,以"人文乡村"为总体思路建设未来美好乡村社会也许是可行的。

首先,从城乡和谐发展的视角看,城市的进步,在很大程度上是依靠现代科技驱动和支撑的。城乡统筹,并非性质和方向的完全"同构",乡村也并非一定"尾随"于城市之后。只有乡村发展中呈现出自己的内涵、特点和优势,才能形成与城市互补的功能。从逻辑上说,相对于"科技城市","人文乡村"的建设更是必要的。

其次,从中国的历史文化基础看,在五千年文明的积淀中,农村社会一直是文化和文化人积蓄、积累、传承和创新的主要地域和空间。中国的文化,又是以人文道德为主要内容的文化,人文整体性在乡村和农民这里的浸染和呈现是相对完整的和连续的。建设未来的人文乡村,是有深厚历史根基的。无论是学者还是农民群众,都在不同程度上有这样的文化自信。

再次,从社会主义制度的本质看,社会主义就是要最大限度地满足人民群众的物质文化需求,是促进人的自由全面发展。马克思坚定地认为"彻底的革命"是"普遍的人的解放",而不仅仅是"局部的纯政治的革命"。[①] 马克思恩格斯在《共产党宣言》中提出的共产主义理想正是,"代替那存在着阶级和阶级对立的资产阶级旧社会的,将是这样一个联合体,在那里,每个人的自由发展是一切人自由发展的条件。"[②] 在中国特色社会主义的探索中,应该有可能实现马克思、

[①] 马克思:《〈黑格尔法哲学批判〉导言》(1843年10月中—12月中),《马克思恩格斯文集》第1卷,人民出版社2009年版,第14页。

[②] 马克思、恩格斯:《共产党宣言》(1847年12月—1848年1月底),《马克思恩格斯文集》第2卷,人民出版社2009年版,第53页。

恩格斯在东方社会理论中所期待的让乡村社会跨越"卡夫丁峡谷"，走入美好的社会主义和共产主义。

最后，从部分乡村的具体实践看，在浙江及全国的部分乡村，已经探索和实践着从儿童教育到老年赡养完整的人文教育和帮扶体系，让人们真切感受到了人文乡村的曙光。我们在浙江慈溪市的多个农村文化礼堂中，都观察体会到人文精神、人文情怀、人文理想在乡村社会生活中的展现。那些设施完备、服务周全的儿童和老人照料中心，使调研中的我们觉得共产主义并不遥远，乡村的人文社会建设切实可行。美丽乡村和人文乡村的同行，必将给社会主义新农村开辟出更加广阔的空间和更加温馨的前景。

"孵文化"这一乡村文化中久已存在，传统深厚，当今仍在运行，却没有占据应有地位、发挥应有作用的文化力量，现在具备了重新"抖擞精神""恢复功力"的社会环境和条件。面对中国社会进步和乡村文化发展的新形势新任务，需要我们进一步研究和思考"孵文化"问题，为乡村文化再创辉煌，为乡村文化人才再展雄风提供有益的思想资源，也为人文乡村建设增添新的力量。我们这里所谈的，还仅仅是在浙江农林大学农民发展研究中心近几年学术积累的基础上，结合课题组的部分调查研究所做的一点探索性的思考，也是本书的总结性思考。这里的思路和观点是否恰切，还需要进一步充实、修正和完善，更期待得到专家学者们的批评指正。

马克思恩格斯文化理论对当代农村文化建设的启示

马克思恩格斯认为，生活决定意识，文化是以人为主体不断生成的文化；在阶级社会中，意识形态承担着"阶级社会维护意识"的责任；在社会结构中，经济、政治、文化交互作用。当代农村文化建设存在着基础设施落后、不良文化的影响、工具主义严重和专业人才匮乏等问题，这些问题是由部分领导认识上存在着误区、农民文化素质偏低、农民文化建设主体意识缺失、相关制度不完善等深层原因导致的。马克思恩格斯文化理论对我们解决上述问题具有重要的启示。

在文化全球化和社会转型的双重境遇下，文化理论研究和文化建设问题成为学界的前沿问题是必然的事情。现代市场经济的建构正在从根本上触动和改变中国农村传统社会文化结构。多元的利益群体和社会阶层，必然导致农民思想观念、价值取向的多元化，进而形成多元思想文化交互激荡的局面，并在一定层面上显现了原有的主导性文化模式的失范问题。尽管经典文本不可能给我们提供针对农村文化建设的现成理论，但马克思恩格斯关于文化的基本立场、观点和方法还是深藏于经典文本之中，对当代农村文化建设仍具有重要的理论价值与实践价值。

一 马克思恩格斯文化理论的基本内容

马克思恩格斯并非是天生的历史唯物主义者。作为人类的"盗火"者，马克思也经历了一个由理性历史决定论的信奉者到新的历史观的开创者的转变过程。而这一转变的实现，恰恰是对这种理性决定论的观念史逻辑的逐步矫正的结果。就其领域来说，是以宗教批判为前提，依次经历了法哲学批判、政治经济学批判、意识形态批判，涵盖了整个社会的政治、经济和文化三大领域，逐步实现了对文化史观的矫正，从而确立了马克思恩格斯的文化理论。① 马克思恩格斯文化理论丰富而深刻，就其基本内容而言，涵盖以下几个方面：

第一，马克思恩格斯文化理论是唯物主义的文化理论。马克思恩格斯从"现实的个人""他们的活动"和"他们的物质生活条件"这些经验前提出发，对社会意识依赖于社会存在的原理作了深刻而简明的概括："意识在任何时候都只能是被意识到了的存在，而人们的存在就是他们的现实生活过程"，"不是意识决定生活，而是生活决定意识"。② 这一原理把对文化现象的说明从唯心主义的迷雾中解脱出来，不仅为考察和描述人类文化和历史找到了现实的前提，也确立了文化理论的唯物主义解释原则。

马克思恩格斯在社会意识依赖于社会存在的思想基础上，从总体上阐发了文化根源于社会生活的理论原则。首先，文化一开始并永远是社会生活的产物，意识、精神、观念等文化现象能够在人们的实际生活过程中得到说明。"人们的观念和思想是关于自己和关于人们的各种关系的观念和思想是人们关于自身的意识"。③ 人们的观念"都是他们的现实关系和活动、他们的生产、他们的交往、他们的社会组织和政治组织的有意识的表现，而不管这种表现是现实的还是虚幻的。"即使是虚幻的意识表现，"还是由他们狭隘的物质生活方式的局限性以及由此而来的他们狭隘的社会关系所造成的"。④ 其次，文化只能是被意识到了的人们的实际生活过程，是随着人们社会生活的

---

① 胡海波、郭凤志：《马克思恩格斯文化理论：一个被遮蔽的唯物史观重要视域》，《学术月刊》2010年第1期。
② 《马克思恩格斯选集》第1卷，人民出版社1995年版，第72—73页。
③ 《马克思恩格斯全集》第3卷，人民出版社1960年版，第199页。
④ 《马克思恩格斯选集》第1卷，人民出版社1995年版，第72页。

变化而不断变化的。马克思恩格斯指出:"发展着自己的物质生产和物质交往的人们,在改变自己的这个现实的同时也改变着自己的思维和思维的产物。"①

第二,马克思恩格斯文化理论是以人为主体的文化生成论。马克思恩格斯把文化看作人类实践活动中一种生成的、未完成的存在。他们把人类的实践活动看作是一切认识活动和文化得以产生和发展的前提,看作是第一个历史活动,并认为这是首先应当确立的前提。马克思恩格斯认为人类改造世界和改造人本身的活动是文化的源泉和基础。物质资料的生产是人类生存和发展的基本条件,也是文化产生和存在的基本的、初始的条件。在物质资料的再生产中,也再生产着文化本身。马克思指出:"在再生产的行为本身中,不但客观条件改变着,而且生产者也改变着,炼出新的品质,……通过生产而发展和改造着自身,造成新的力量和新的观念,造成新的交往方式新的需要和新的语言。"② 因此,人的文化发展及其形态的变更是随着人类生产实践的发展而不断处于生成变化之中。这就直接彰显了人通过自身的活动来创造文化以及文化的不断生成过程。

唯物史观的创始人完全懂得并且深刻理解文化发展问题的全部复杂性。他们对文化发展采取一种视野开阔的历史唯物主义的综合观点,即在确认文化发展最终根源和现实基础的同时,又阐发了文化自身发展的内在逻辑。

精神文化一旦"摆脱世界而去构造'纯粹的'理论、神学、哲学、道德等等"③,就具有了自己鲜明的性质和特征、自己的存在方式和发展规律,亦即自身发展的内在逻辑,即恩格斯所说的:"历史思想家在每一科学领域中都有一定的材料,这些材料是从以前的各代人的思维中独立形成的,并且在这些世代相继的人们的头脑中经过了自己的独立的发展道路。"④ 在马克思恩格斯看来,这种内在逻辑的

---

① 《马克思恩格斯选集》第1卷,人民出版社1995年版,第73页。
② 《马克思恩格斯全集》第46卷,人民出版社1979年版,第494页。
③ 《马克思恩格斯选集》第1卷,人民出版社1995年版,第82页。
④ 《马克思恩格斯选集》第4卷,人民出版社1995年版,第727页。

重要特征就在于文化并不是人们随心所欲的创造，而是在直接碰到的、既定的、从过去承继下来的条件下创造，并以由它的先驱者传给它而它便由此出发的特定的思想资料作为前提。这些特定的思想资料既是过去的精神文化生产活动的结果，又是每一代人进行精神文化生产活动时所面临的无法选择且不可摆脱的直接历史前提，是联结精神文化生产活动的过去和未来的现实环节和历史环节。每一代的思想资料在世代相继的人们的头脑中都经历了一个意识整合过程，亦即在思维中表现为综合的过程，这就形成观念地把握存在的过程中特定的历史联系，使精神文化生产活动表现出自身发展的历史外观。正是由于精神文化自身发展的内在逻辑，引发了经济上落后的国家在哲学上仍然能够演奏第一提琴的历史事实。

第三，马克思恩格斯文化理论是阐释文化阶级性的理论。在马克思恩格斯看来，意识形态是阶级社会中的主流文化，是以社会分裂出对立的阶级作为前提的。由于阶级社会地位的不平等，不同阶级在阶级实践中产生的阶级意识在社会现实中也不是平等的。马克思恩格斯指出："统治阶级的思想在每一时代都是占统治地位的思想。这就是说，一个阶级是社会上占统治地位的物质力量，同时也是社会上占统治地位的精神力量。支配着物质生产资料的阶级，同时也支配着精神生产的资料，因此，那些没有精神生产资料的人的思想，一般是隶属于这个阶级的。"[①] 由此可以看出：一定社会历史时期的精神生产的产物——意识形态就其本质和主要倾向而言，总是表征着统治阶级的思想。占统治地位的思想不过是占统治地位的物质关系在观念上的表现。统治阶级不仅是物质生产的支配者，作为思维着的人，他们还是精神生产的控制者，调节着自己时代思想的生产和分配。因此，在阶级社会中，主流文化只能是统治阶级的阶级意识。

正是由于意识形态只能是统治阶级的阶级意识，因而在阶级社会中，意识形态是作为"阶级社会的维护意识"而存在的，即统治阶级不仅将体现自身利益和要求的政治和法律的思想、哲学、道德、宗

[①]《马克思恩格斯选集》第 1 卷，人民出版社 1995 年版，第 98 页。

教以及艺术等意识形态作为思想文化灌输给全体社会成员,而且该社会的积极成员抑或意识形态的制造者自己本身也对自己的意识形态确信不疑,并将其作为维护自身利益的基础。统治阶级思想家在考察历史进程时,把统治阶级的思想和统治阶级本身分割开来,撇开作为思想基础的个人和历史环境,为了达到本阶级的目的不得不把自己的利益说成是社会全体成员的利益,在观念上的表达就是赋予自己的思想以普遍性的外观,并把它们描绘成唯一合理的、有普遍意义的思想,进而再把这种思想实体化为物质世界的本质。马克思恩格斯写道:"以观念形式表现在法律、道德等等中的统治阶级的存在条件,统治阶级的思想家或多或少有意识地从理论上把它们变成某种独立自在的东西,在统治阶级的个人意识中把它们设想为使命等等;统治阶级为了反对被压迫阶级的个人,把它们提出来作为生活准则,一则是作为对自己统治的粉饰或意识,一则是作为这种统治的道德手段。"① 这里提出了它具有两种基本的作为阶级社会维护意识的实践功能:其一,意识形态作为统治阶级的自我意识把整个阶级组织起来,从而成为一个有足够自觉能力进行统治的阶级。意识形态的粉饰是为了掩盖阶级实践最终的动因——物质利益,论证是为统治秩序披上合理性、必然性的外衣。其次,统治阶级把自己的意识形态以普遍性的名义灌输给其他阶级和广大的社会成员,在现象的层面上取得了社会全体成员普遍意识的角色,使其成为全社会的共同意志或共同的信念,从而担当起维护阶级社会的责任。

第四,马克思恩格斯文化理论是在社会整体性视域下高度重视文化作用的理论。马克思在《〈政治经济学批判〉序言》中指出:"人们在自己生活的社会生产中发生一定的、必然的、不以他们的意志为转移的关系,即同他们的物质生产力的一定发展阶段相适合的生产关系。这些生产关系的总和构成社会的经济结构,即有法律的和政治的上层建筑竖立其上并有一定的社会意识形式与之相适应的现实基

---

① 《马克思恩格斯全集》第3卷,人民出版社1960年版,第492页。

础。"① 这里，马克思虽然没有使用文化的概念，但实际上把整个社会系统在结构上剖析为三个相互关联的结构，即社会的经济结构、法律的和政治的上层建筑与作为社会意识形式或意识形态的文化结构，从而确立了揭示社会运动的内部机制。社会意识形态的产生和发展便会使社会历史过程在像自然历史过程一样清楚明了的人类历史的进步机制的阐释中得到合理的说明。

恩格斯指出："经济状况是基础，但是对历史斗争的进程发生影响并且在许多情况下主要决定着这一斗争的形式的，还有上层建筑的各种因素……这里表现出这一切因素间的相互作用"②。从社会发展的总体趋势上看，经济因素具有根源性和最终性，是社会历史进程中最根本的决定性因素，但决不是唯一的决定性因素。经济、政治、文化等要素之间交互作用，共同对社会发展进程起着决定作用，政治、文化等诸要素在其中起着重要作用，有时甚至都影响到最终结果的实现程度。

二 农村文化建设存在的问题及其成因

加强农村文化建设，繁荣农村文化事业，丰富农民文化生活，是社会主义新农村建设的基本要求。在新农村建设的过程中，农村文化建设取得了长足的进步。主要表现在：农民群众在新农村建设实践中不但增长了知识和才干，而且在破除世代传承的旧思想观念的过程中逐步生成了与时代相适应的思想意识、思维方式、价值观念；农村文化事业有了较快的发展，农民的科学意识与水平明显增强；在经济发达地区，农村文化建设的基础设施比较健全，现代文化生活日益丰富；一些经济欠发达地区，文化建设的物质基础和农民群众的精神生活也有很大的改观。但是，我们更应注意到：农村文化建设的成绩还是初步的，文化的转换与更新是一个渐进的过程。从总体上看，仍然

---

① 《马克思恩格斯选集》第 2 卷，人民出版社 1995 年版，第 32 页。
② 《马克思恩格斯选集》第 4 卷，人民出版社 1995 年版，第 696 页。

存在着一些问题，主要表现在：

第一，从整体上看，物质投入总量不足，农村文化建设的基础设施落后。社会主义文化事业的发展需要一定的物质保障，没有足够的物质保障，文化建设的许多任务就难以完成。物质投入不足已成为经济基础相对薄弱的农村文化事业发展的突出问题。由于农村文化事业经费不足，导致一些地区尤其是经济欠发达地区基层文化基础设施严重匮乏，现有的设施也陈旧落后，形同虚设；许多文化场所被迫出租、拍卖或挪为他用，根本无法满足农民群众日益增长的文化需要。

第二，根深蒂固的传统文化、农村不良习俗和低俗文化深深地影响着农村文化建设。在文化全球化与社会主义市场经济体制选择的双重境遇下，一方面，传统文化与固有的习惯性思维以惰性存在的方式依然深刻地影响着农村文化建设，部分农民市场意识淡漠，创新观念缺失，无论是思想上抑或行动上都滞后于社会行进的步伐；另一方面，乡村的优秀传统文化存在的合法性正面临着前所未有的挑战，农村文化资源正日渐式微。农村传统的文化价值体系和文化记忆已成明日黄花，一些优秀的传统文化和民间艺术在现代多元文化的冲击下生存空间日益萎缩，一些民间艺人由于市场经济价值观念的冲击与生存压力等原因相继完成角色转换，民间艺术也难以激发农村青年参与的热情。

第三，农村文化建设的"工具主义"色彩浓厚。在社会主义农村文化建设中，各级行政部门一直是主导力量。在计划经济时代，政府统筹规划，强调文化的意识形态属性，注重其社会效益和宣传教化功能，电影、广播、群众性的演出等成为农村有效的文化景观并长期保持着。在社会主义市场经济建设的过程中，部分农村文化建设的领导者与组织者无视文化本身的本体价值，把人们的物质生活需要与精神生活需要等同起来，把文化看作是经济的"婢女"，在"文化搭台，经济唱戏"的"工具主义"观念影响下，由政府支持的文化阵地不断萎缩，文化基础设施建设成为应付上级检查的门面型工程。在文化基础设施建成后，也缺乏专门人员有效的管理。

第四，农村基层文化队伍素质偏低，尚不能适应当代农村文化建设的需要。农村文化工作的成效，农村文化建设队伍至关重要。当下，农村文化建设的基层队伍既存在着原有的老化、知识结构不合理等问题，也存在着文化经济政策的缺失导致的优秀人才的流失与低素质人员大量涌入的问题。由于文化队伍素质偏低，政策水平不高，必然导致文化监管流于形式，优秀的电影、图书、戏曲等健康有益的文化难以落实到农村，相反，以电子游戏、麻将为主的赌博风盛行，以淫秽、暴力凶杀为主要内容的书刊和音像制品大行其道，甚至一些人以"文化下乡"的名义把文化垃圾输送到农村文化市场。

导致农村文化建设出现问题的原因是多方面的，这些原因又是交互作用、互为因果的，共同构成了问题的整体性存在。概括起来，主要有以下几个方面：

1. 部分地方领导对加强农村文化建设的重要性认识不足，缺乏应有的重视。作为农村文化建设的主要实施者，地方各级领导及基层文化干部对农村文化建设重要性的认知直接关涉农村文化建设的发展。长期以来，地方各级领导致力于农村经济建设，对农民物质生活的提高着力颇多，在一定程度上忽视了农村文化建设，致使农村文化建设始终是薄弱环节。由于单纯经济发展观的影响，在干部评价机制上的重经济、轻文化的现象必然导致一些地区的主管干部对农村文化建设重要性认识不足，产生了在经济建设与文化建设的内在关系上的种种错误认识。例如，先抓物质文明建设后抓精神文明建设的次序论；以经济建设代替文化建设的重点论；市场经济发展必然要以文化建设的牺牲为代价的代价论；在经济发达地区，还存在着"只要花钱就是重视"的认识偏差等。这些认识上的误区必然会严重地阻滞农村文化的发展，成为农村文化建设的根本症结之一。

2. 农民文化素质较低是一个不容忽视的根本原因。农民是社会主义新农村的主体，提高农民文化素质是农村文化建设的客观需要。在我国4.9亿农村劳动力中，高中以上文化程度的仅占13%，小学以下文化程度的占36.7%，接受过系统农业职业技术教育的不足5%，相对偏低的农民素质已经成为农村文化建设的"瓶颈"性问题。这种低素质的文化状况，增加了农村文化建设的难度，是各种反文化现象得以滋生的有利条件，也是农村文化建设中"帕雷托无效"的重要原因之一。因此，高度重视乡镇文化服务中心的建设，大力建设农民文化书屋，开展丰富多彩、健康有益的农民文化生活，切实提高农民的文化素质就成了农村文化建设的一个重要因素。

3. 农村文化建设中农民文化主体意识匮乏。马克思说：意识要"从现实的、有生命的个人本身出发"，① 他认为，人的主体性是在实践中后天生成的本质力量，文化就是人的这种本质力量的确认，文化只能是人的文化，人是文化的主体。农民无疑是农村文化建设的主体，但是当代农民与农村文化建设主体要求相去甚远。主要表现为：在心态上，在长期农耕文化的浸染下，农民形成了封闭保守的观念和消极怠惰、安贫乐贫、不思进取的落后心态，对农村文化建设缺乏积极、主动的精神；在主体意识上，在传统官本位文化的作用下，文化建设的主人意识、自主意识欠缺，依附观念浓厚，总是消极、被动地等待主管部门来进行文化建设；在传统等级文化的影响下，顺从观念严重，公民意识没有真正生成，缺乏文化建设的自觉性与创造性。

4. 农村文化建设中相关体制不完善。在组织体制上，不同的行政部门都分管农村文化建设。就县来说，文化局主管群众文化活动，宣传部主管文化宣传、政策传达等工作，广播电视局主管以广播电视为媒介的文化传播、传达工作，这种政出多门、边界不清，缺乏有效、统一的大局规划，必然导致农村文化建设缺乏可持续性。在评价体制上，评价标准往往看重文化娱乐场所的建筑面积的大小、藏书量多少、正式规章制度的有无等外在的显性指标，而对文化设施的使用率、藏书的内容是否具有针对性等隐性指标缺乏应有的关注。在干部业绩的评价上，更加看重经济方面，文化建设尤其是农村文化建设往往处于边缘地位，这在一定程度上助长了单纯的经济发展观蔓延，使文化建设与经济建设之间关系的错误认识长期得不到矫正。

---

① 《马克思恩格斯选集》第1卷，人民出版社1995年版，第73页。

三 马克思恩格斯文化理论的当代价值

我们所处的时代仍是马克思恩格斯理论所表达和把握的时代。马克思恩格斯理论中有着非常丰富的文化思想资源，时代不同和历史条件的变化时而把他们的这个文化思想推到前沿，时而使他们的另外一个思想成为时代精神的体现。从总体上看，丰富的思想资源使得马克思恩格斯文化理论一直是我们在当代境遇下进行农村文化建设的理论宝库，依然具有极其重要的理论和现实意义。

第一，要从社会整体性视野来认识和构建农村文化建设，切实解决"重经济、轻文化"的问题，从社会整体的经济、政治、文化交互作用的战略高度全方位推进社会主义新农村建设。马克思认为，人类社会是由"社会体系的各个环节"构成的"一切关系在其中同时存在而又互相依存的社会机体"。① 作为人类社会生活整体的一个缩影，农村建设也同样蕴含着经济、政治、文化等各个领域，各个领域的要素交互作用共同构成了一个有机的整体。和谐农村文化的构建，就是要正确地理解和把握新农村建设中经济、政治、文化三者之间的互动关系，在新农村建设的整体布局中有效地推进农村文化建设，既要抵制单纯的经济发展观，也要走出"就农村文化谈农村文化"的理论思辨的狭隘视野，从而以"三农"的大视野来认知农村文化建设重要性；在实践中理顺经济、政治、文化、社会四者的相互关系，在新农村建设的整体系统中推进农村文化建设，在经济建设与政治觉悟、公民意识的提高中推进农村文化建设，在农村文化产业的发展中推进经济建设与农民自身政治素养的提高。

第二，转变传统的"文化灌输"理念，增强广大农民的文化建设主体意识，实现农民群众的文化自觉。马克思恩格斯认为，人是自己观念和思想的生产者，文化是人通过自己的实践活动创造的。对于农村文化建设而言，农民群众无疑是农村文化建设的主体。加

---

① 《马克思恩格斯选集》第1卷，人民出版社1995年版，第143页。

强农民教育培训，提高农民素质，形成良好的农村文化建设氛围是新农村建设的客观要求。理论需要灌输，用先进的理论武装农民，加强农民群众的理论素养，是无可厚非的。但无视农民文化建设的主体性，无视农村文化建设是一场群众性的实践活动的传统"文化灌输"理念却不一定可取。这种"文化灌输"理念更多地体现了通过各有关单位传达政府主体"教育"农民的意向，在内容上缺乏针对性，在形式上往往也是"我讲你听"的简单模式，很难有实际意义上的成效。在新农村建设中，对农民群众的教育培养应强调几个方面：一是思想政治素质培养，弘扬社会主义核心价值体系，提高农民明辨是非的能力；二是注重农民文化素质的提高，促进其思想现代化；三是加强科技能力培训，使其提高发展能力。在这个过程中，真正地使广大农民受益，充分发挥其积极性与主动性，真正具有文化建设的主体意识。只有培养广大农民的文化主体意识，打造文化素质过硬、政策水平高的农村文化建设队伍，通过挖掘整理丰富的农村文化资源，以典型示范的方式使农民达到文化自觉和自强，实现由"输血"到"造血"的转变，才能从根本上解决农村文化"贫血"的问题。

  第三，努力建设先进文化，形成"一元引导多样"的局面，促进农村文化良性发展。马克思恩格斯认为，阶级社会的主流文化只能是统治阶级的阶级意识，是作为阶级维护意识而存在的，负有维护阶级社会统治秩序的职责。当前，中国特色社会主义文化是我国社会的主流文化，也是我们进行现代化建设的先进文化。在全球化的境遇下，我国的文化正日益被纳入世界文化体系之中，我国的农村文化格局也日益呈现出多元化和多样化的特点。各种形式的文化之间交互作用，在我国广大的农村构成了一定的文化张力，形成了当前农村文化多样共存的文化景观。我们要切实推进农村文化建设，就必须以实事求是的态度面对现实：一方面要重视主导文化自身的科学性、先进性建设，努力增强社会主义核心价值体系及核心价值观的主导力和凝聚力，通过现实的行动及其影响来发挥主导作用；另一方面要正视农村文化尽管是多元并存的，但在日常生活中发挥主要作用的农村文化是与农耕生产方式相适应的文化而具有相对滞后性。我们要以客观务实的态度清醒应对，努力扩大先进文化的普遍性和包容性，积极引导农村多样性文化的良性发展，促进农村先进文化的生成，真正形成用"一元引导多样"的局面。

第四，以求真务实的态度多做调查研究，切实加强农村文化建设的实效性。马克思恩格斯的文化理论是建立在坚实的唯物主义基础之上的。在马克思恩格斯看来，意识形态没有历史，文化是人们意识到了的"人们的实际生活过程"，"'思想'一旦离开'利益'，就一定会使自己出丑"。[①] 当下，一些地区的文化设施与农民群众的现实需要不一致，各种文化活动在内容上缺乏应有的针对性，在形式上脱离了农民接受的实际，这必然导致文化供给相对过剩而出现文化资源配置上的"帕雷托无效"。这就要求我们要多做调查研究，切实从农村的实际出发，从农民的实际文化需要出发，摒弃"假大空"等一切形式主义的东西，以寻常百姓所喜闻乐见的形式进行文化宣传教育，才能真正唤起广大农民文化建设的热情，农村文化建设才能取得应有的实效。只有以求真务实的态度，才能根据农村文化建设的现存问题探寻到暗匿于其后的成因，从而有针对性地解决上述存在的问题。

---

① 《马克思恩格斯全集》第2卷，人民出版社1957年版，第103页。

参考文献

1. 中共中央马克思恩格斯列宁斯大林著作编译局编译：《马克思恩格斯选集》第1—4卷，人民出版社1995年版。

2. 中共中央马克思恩格斯列宁斯大林著作编译局编译：《马克思恩格斯文集》第1—10卷，人民出版社2009年版。

3. 中共中央马克思恩格斯列宁斯大林著作编译局编译：《列宁选集》第1—4卷，人民出版社1995年版。

4. 中共中央马克思恩格斯列宁斯大林著作编译局编译：《列宁专题文集》第1—5卷，人民出版社2009年版。

5. 中共中央文献编辑委员会编：《毛泽东选集》第1—4卷，人民出版社1991年版。

6. 中共中央文献研究室编：《毛泽东文集》第1—8卷，人民出版社1993—1999年版。

7. 中共中央文献研究室、中共湖南省委《毛泽东早期文稿》编辑组编：《毛泽东早期文稿》，湖南人民出版社2008年版。

8. 中共中央文献研究室编：《建国以来毛泽东文稿》第1—13册，中央文献出版社1987—1998年版。

9. 中共中央文献研究室编：《毛泽东年谱（1893—1949）》上、中、下卷（修订版），人民出版社2013年版。

10. 中共中央文献研究室编：《毛泽东年谱（1949—1976）》第1—6卷，人民出版社2013年版。

11. 人民教育出版社编：《毛泽东论教育》，人民教育出版社2008年版。

12. 中共中央文献研究室编：《毛泽东农村调查文集》，人民出版社 1982 年版。

13. 中共中央文献研究室编：《毛泽东文艺论集》，中央文献出版社 2002 年版。

14. 中共中央文献研究室编：《毛泽东著作专题摘编》（上、下册），中央文献出版社 2003 年版。

15. 中共中央宣传部、中共中央文献研究室编：《论文化建设——重要论述摘编》，学习出版社、中央文献出版社 2012 年版。

16. 《邓小平文选》第 1—3 卷，人民出版社 1993—1994 年版。

17. 《江泽民文选》第 1—3 卷，人民出版社 2006 年版。

18. 中共中央政策研究室编：《江泽民论社会主义精神文明建设》，中央文献出版社 1999 年版。

19. 中共中央政策研究室编：《胡锦涛文选》第 1—3 卷，人民出版社 2016 年版。

20. 中共中央政策研究室编：《习近平关于中华民族伟大复兴的中国梦论述摘编》，中央文献出版社 2013 年版。

21. 习近平：《习近平谈治国理政》，外文出版社 2014 年版。

22. 中国李大钊研究会编注：《李大钊全集》（最新注释本）第 1—4 卷，人民出版社 2006 年版。

23. 任建树主编：《陈独秀著作选编》第 1—6 卷，上海人民出版社 2009 年版。

24. 中共中央文献编辑委员会编：《刘少奇选集》第 1—2 卷，人民出版社 1985 年版。

25. 中共中央文献编辑委员会编：《周恩来选集》第 1—2 卷，人民出版社 1984 年版。

26. 胡乔木：《胡乔木文集》第 1—3 卷，人民出版社 2012 年版。

27. 本书编写组：《十六大报告辅导读本》，人民出版社 2002 年版。

28. 本书编写组：《十七大报告辅导读本》，人民出版社 2007 年版。

29. 本书编写组：《十八大报告辅导读本》，人民出版社 2012

年版。

30. 中央档案馆编：《中共中央文件选集》第1—20卷，中共中央党校出版社1987年版。

31. 中共中央组织部、中共中央文献研究室编：《知识分子文献选编》，人民出版社1983年版。

32. 中共中央文献研究室编：《三中全会以来重要文献选编》（上、下册），人民出版社1982年版。

33. 中共中央文献研究室编：《改革开放三十年重要文献选编》（上、下册），中央文献出版社2008年版。

34. 中山大学历史系孙中山研究室、广东省社会科学院历史研究室、中国社会科学院近代史研究所中华民国史研究室合编：《孙中山全集》第1—11卷，中华书局2006年版。

35. 鲁迅：《鲁迅全集》第1—18卷，人民文学出版社2005年版。

36. 艾思奇：《艾思奇全集》第1—8卷，人民出版社2006年版。

37. 胡乔木：《胡乔木文集》第1—3卷，人民出版社1992年版。

38. 胡绳：《胡绳全书》第1—7卷，人民出版社1998—2003年版。

39. 白寿彝主编：《中国通史》第1—12卷，上海人民出版社2004年版。

40. 中国社会科学院近代史研究所编，张海鹏主编：《中国近代通史》第1—10卷，江苏人民出版社2006年版。

41. 中共中央党史研究室：《中国共产党的九十年》，中共党史出版社、党建读物出版社2016年版。

42. 中共中央党史研究室：《中国共产党历史》第一卷（上、下册），中共党史出版社2002年版。

43. 金冲及：《20世纪中国史纲》第1—4卷，社会科学文献出版社2009年版。

44. 当代中国研究所：《中华人民共和国史稿》全5卷，人民出版社、当代中国出版社2012年版。

45. 郑谦主编：《中华人民共和国史》全 6 卷，人民出版社 2010 年版。

46. 郑师渠主编：《中国共产党思想文化史研究》，中共中央党校出版社 2007 年版。

47. 张岱年、敏泽主编：《回读百年：20 世纪中国社会人文论争》，大象出版社 1999 年版。

48. 刘辉：《中国共产党人的文化自觉》，中共党史出版社 2008 年版。

49. 邓剑秋：《马克思主义中国化思想》，人民出版社 2009 年版。

50. 何萍、李维武：《马克思主义中国化探论》，人民出版社 2002 年版。

51. 胡秋原：《古代中国文化与中国知识分子》（上、下册），中华书局 2010 年版。

52. 金冲及主编：《毛泽东传》（1893—1949），中央文献出版社 1996 年版。

53. 逢先知、金冲及主编：《毛泽东传》（1949—1976），中央文献出版社 2003 年版。

54. 张海鹏：《中国近现代史基本问题研究》，中国社会科学出版社 3013 年版。

55. 陈晋：《文人毛泽东》，上海人民出版社 1997 年版。

56. 许纪霖主编：《公共空间中的知识分子》，江苏人民出版社 2007 年版。

57. 陆南泉等主编：《苏联兴亡史论》（修订版），人民出版社 2004 年版。

58. 周尚文等：《苏联兴亡史》，上海人民出版社 2002 年版。

59. 陈晋、王均伟：《毛泽东邓小平江泽民与中国先进文化》，广东教育出版社 2003 年版。

60. 许纪霖编：《20 世纪中国思想史论》（上、下册），东方出版中心 2000 年版。

61. 邵汉明主编：《中国文化研究三十年》（上、中、下卷），人民出版社 2009 年版。

62. 葛兆光：《中国思想史》第 1—3 卷，复旦大学出版社 2001 年版。

63. 汪晖：《现代中国思想的兴起》（上、下卷），生活·读书·新知三联书店 2004 年版。

64. 冯天瑜：《中国元典文化十六讲》，上海古籍出版社 2004 年版。

65. 余英时：《中国知识人之史的考察》，广西师范大学出版社 2004 年版。

66. 余英时：《士与中国文化》，上海人民出版社 2003 年版。

67. 雷颐：《孤寂百年：中国现代知识分子十二论》，广西师范大学出版社 2015 年版。

68. 罗宗强：《玄学与魏晋士人心态》，天津教育出版社 2005 年版。

69. 陈平原：《当代中国文人观察》，人民文学出版社 2004 年版。

70. 林甘泉主编：《孔子与 20 世纪中国》，中国社会科学出版社 2008 年版。

71. 何兹全：《中国文化六讲》，北京大学出版社 2008 年版。

72. 陈安：《美国知识分子——影响美国社会发展的思想家》，当代中国出版社 2010 年版。

73. 张建华：《俄国知识分子思想史论》，商务印书馆 2008 年版。

74. 李小桃：《俄罗斯知识分子问题研究》，黑龙江人民出版社 2009 年版。

75. 李泽厚：《中国现代思想史论》，东方出版社 1987 年版。

76. 梁漱溟：《梁漱溟全集》第 1—8 卷，山东人民出版社 2005 年版。

77. 杜维明：《道·学·政：儒家公共知识分子的三个面向》，生活·读书·新知三联书店 2013 年版。

78. 俞吾金：《意识形态论》（修订版），人民出版社 2009 年版。

79. 周兵：《新文化史：历史学的文化转向》，复旦大学出版社

2012 年版。

80. 乐黛云：《中国知识分子的形与神》，昆仑出版社 2006 年版。

81. 许纪霖：《中国知识分子十论》，复旦大学出版社 2004 年版。

82. 崔卫平编：《知识分子二十讲》，天津人民出版社 2009 年版。

83. 张建华：《苏联知识分子群体转型研究（1917—1936）》，北京师范大学出版社 2012 年版。

84. 王长金：《传统家训思想通论》，吉林人民出版社 2004 年版。

85. 李勇华：《"两个先锋队"思想与党建理论创新》，新华出版社 2004 年版。

86. 高君：《中国农民发展理论研究》，人民出版社 2016 年版。

87. ［美］弗朗西斯·福山：《政治秩序与政治衰败：从工业革命到民主全球化》，毛俊杰译，广西师范大学出版社 2015 年版。

88. ［美］弗朗西斯·福山：《政治秩序的起源：从前人类时代到法国大革命》，毛俊杰译，广西师范大学出版社 2012 年版。

89. ［美］弗朗西斯·福山：《历史的终结及最后之人》，黄胜强等译，中国社会科学出版社 2004 年版。

90. ［美］费正清编：《剑桥中华人民共和国史》（上、下卷），俞金尧等译，中国社会科学出版社 1992 年版。

91. ［德］马克斯·韦伯：《学术与政治》，冯克利译，生活·读书·新知三联书店 2005 年版。

92. ［美］塞缪尔·亨廷顿：《文明的冲突与世界秩序的重建》，周琪等译，新华出版社 2002 年版。

93. ［美］丹尼尔·贝尔：《资本主义的文化矛盾》，严蓓雯译，江苏人民出版社 2007 年版。

94. ［英］马凌诺斯基：《文化论》，费孝通译，华夏出版社 2002 年版。

95. ［英］彼德·沃森：《20 世纪思想史》，朱进东等译，上海译文出版社 2006 年版。

96. ［美］薇思瓦纳珊编：《权利、政治与文化：萨义德访谈录》，单德兴译，生活·读书·新知三联书店 2006 年版。

97. [德] 哈拉尔德·米勒：《文明的共存》，郦红等译，新华出版社 2002 年版。

98. [美] 亨廷顿、哈里森主编：《文化的重要作用——价值观如何影响人类进步》，程克雄译，新华出版社 2002 年版。

99. [法] 米歇尔·莱马里等主编：《西方当代知识分子史》，顾元芬译，江苏教育出版社 2007 年版。

100. [美] 林·亨特编：《新文化史》，姜进译，华东师范大学出版社 2011 年版。

101. [美] 林·亨特编：《法国大革命中的政治、文化和阶级》，汪珍珠译，华东师范大学出版社 2011 年版。

102. [美] 保罗·约翰逊：《知识分子》，杨正润等译，江苏人民出版社 2003 年版。

103. [法] 米歇尔·维诺克：《法国知识分子的世纪》，孙桂荣等译，江苏教育出版社 2006 年版。

104. [法] 托克维尔：《旧制度与大革命》，陈玮译，中央编译出版社 2013 年版。

105. [美] 亨利·基辛格：《论中国》，胡利平等译，中信出版社 2012 年版。

106. [美] 托马斯·索维尔：《知识分子与社会》，张亚月、梁兴国译，中信出版社 2013 年版。

107. [法] 孟德拉斯：《农民的终结》，李培林译，社会科学文献出版社 2005 年版。

108. [美] 英格尔斯：《人的现代化》，殷陆君译，四川人民出版社 1985 年版。

109. [美] 米格代尔：《农民、政治与革命：第三世界政治与社会变动的压力》，李玉琪等译，中央编译出版社 1996 年版。

110. [美] 舒衡哲：《中国启蒙运动——知识分子与"五四"遗产》，刘京建译，新星出版社 2007 年版。

111. 胡乔木：《高高举起社会主义文学的旗帜》，《文艺理论与批评》1999 年第 5 期。

112. 郑谦：《延伸与准备：1949 年至 1978 年马克思主义中国化的曲折进程与原因》，《中共党史研究》2007 年第 4 期。

113. 胡绳：《党的十一届三中全会的历史意义：谈党史研究的若干问题》，《求是》1995 年第 4 期。

114. 龚育之：《十三年：奋斗历程和基本经验》，《中共党史研究》2002 年第 6 期。

115. 金冲及：《中国人从此站立起来了》，《人民日报》1999 年 8 月 26 日。

116. 沙健孙：《毛泽东论新民主主义文化》，《北京大学学报》（哲学社会科学版）2002 年第 5 期。

117. 李文海：《延安精神的时代价值》，《思想理论教育导刊》2003 年第 6 期。

118. 石仲泉：《毛泽东与科学发展观和社会主义和谐社会》，《湘潭大学学报》2006 年第 5 期。

119. 龚书铎：《中国近代史研究的几点思考》，《云南大学学报》（社会科学版）2002 年第 3 期。

120. 龚书铎：《关于传统文化的继承问题》，《高校理论战线》2007 年第 7 期。

121. 郑德荣：《马克思主义中国化的伟大旗手与奠基人——毛泽东》，《东北师大学报》1999 年第 2 期。

122. 李君如：《和谐社会问题研究笔记八篇》，《中共中央党校学报》2005 年第 1、第 9 期。

123. 张静如、石国亮：《马克思主义中国化的最新成果与毛泽东思想》，《中共党史研究》2004 年第 1 期。

124. 苏双碧：《对传统文化要有批判地继承》，《前线》2003 年第 1 期。

125. 李君如：《"马克思主义中国化"的科学命题和伟大实践》，《中共中央党校学报》2008 年第 1 期。

126. 梁柱：《毛泽东在社会主义时期的两大探索》，《高校理论战线》2004 年第 2 期。

127. 梁柱：《毛泽东确立的"百花齐放、百家争鸣"方针与民主政治建设》，《党的文献》2003 年第 1 期。

128. 李捷：《当前毛泽东思想研究的几个问题》，《思想理论教育导刊》2000 年第 8 期。

129. 孙正聿：《解放思想与变革世界观》，《中国社会科学》2008 年第 6 期。

130. 费孝通：《文化自觉的思想来源与现实意义》，《文史哲》2003 年第 3 期。

131. 费孝通：《关于"文化自觉"的一些自白》，《群言》2003 年第 4 期。

132. 陶德麟：《对马克思主义中国化研究中两个问题的理解》，《中国社会科学》2009 年第 1 期。

133. 刘克明：《苏联共产党与苏联知识分子》，《东欧中亚研究》2002 年第 5 期。

134. 陈晋：《毛泽东与文化的社会主义转变》，《中共党史研究》2002 年第 2 期。

135. 邹诗鹏：《三十年来中国社会文化思潮的走向及其历史效应》，《马克思主义与现实》2009 年第 1 期。

136. 王富仁：《新国学论纲》，《社会科学战线》2005 年第 1、2、3 期。

137. 王铁仙：《两种中国文化传统：区分、辩证与融通》，《中国社会科学》2010 年第 5 期。

138. 李慎明：《苏联亡党亡国 20 年祭》（上、下），《马克思主义研究》2012 年第 3、4 期。

139. 张奎良：《人的本质：马克思对哲学最高问题的回应》，《北京大学学报》（哲学社会科学版）2015 年第 9 期。

140. 姜义华：《中华文化变革逻辑探讨——纪念新文化运动 100 周年：中华文化共同体的百年裂变与重建》，《人民论坛》2015 年第 19 期。

后 记

在整理完成这本书稿后,有几个相关问题需要在此做些说明。

关于乡村知识分子和乡村文化问题的思考和研究,从我个人的思想情感和学术历程来说,可谓复杂而曲折。我母亲是典型而优秀的乡村教师,父亲是新中国培养的第一代合格的电工(我称之为乡村里的"准知识分子"),从小就接触到很多乡村知识分子。我还有很多初中和高中的同学从事着乡村知识分子的工作,至今仍保持着各种联系。乡村知识分子的生活和事业、贡献和局限、喜怒和哀乐,在我的内心深处有着长久的积淀。原想若干年后,静下心来,从多个层面好好写一本关于乡村知识分子的书。现在所写的,只是宏观的历史文化背景部分,对于一些重要和具体问题的深入研究、一些典型人物和生动故事的记述及调查都还没有系统展开。

我对于乡村及其文化问题的关注,早在 20 世纪 90 年代初期就开始了。1996 年 9 月至 1997 年 7 月,在北京大学师从萧超然教授做访问学者时,确定的研究任务就是乡村和农民发展问题,并搜集了一系列的研究资料(也正是在这一年,我把思考的重心转向知识分子问题)。访学结束后,发表了多篇关于农民和农村问题的论文,接下来这方面的研究就停下了,开始集中力量做知识分子与先进文化的研究。2006 年至 2007 年,在社会主义新农村建设的新高潮中,我又写了相关的论文,然后开始完成"高校马克思中国化教育基本问题研究"的任务,同时又集中精力写作《中国近现代革命文化基本问题研究》(博士论文)、《知识分子与革命文化关系论纲》(及《中国革命文化通论》)两本书。在从事知识分子与革命文化这一"沉重"的研究任务的同时,2012 年我校成立中国农民发展研究中心,鼓励和要求教师参与研究工作，于是我又"旧事重提"，分出一部分时间，开始这方面的调查和思考，但切入点确定在乡村知识分子与乡村文化建设，目的是保持与知识分子与先进文化和革命文化的内在联系，因为自知没有能力拓展出一个完全新的领域，也不敢做跨学科的研究。

本书的研究和写作，从调查讨论和多篇文章内容来说，都是国家社会科学基金项目"农村文化礼堂在培育社会主义核心价值观中的重要作用研究"（项目编号：15BKS044）的成果之一，许多新近的认识和感受来自本课题的调查走访和集体讨论，课题组不仅在浙江多个市县进行了深入系统的调研，还到黑龙江、四川、广西、河北等地走访调查。同时，本书的出版得到浙江省提升地方高校办学水平专项——农民发展研究创新团队"乡村治理研究项目群"的经费支持，需要特致谢意。

本书虽然从总体上说，保持了逻辑上的相对统一，保持了学术专著的思想体系，但并不是按照严格的章节顺序展开分析论证的，因为书中的内容大多是已经公开发表的论文，我们重新进行了修改和补充，每篇文章都是在单独讨论某个专门的问题。在此，我将这些文章的出处及修改情况略予说明。

1.《关于新时期中国乡村知识分子问题的几点思考》，第一作者，《中共南宁市委党校学报》2015 年第 2 期，略有修改；

2.《二十世纪中国乡村文化中坚力量变迁问题论纲》，独立作者，《文化学刊》2015 年第 2 期，略作修改；

3.《关于新时期中国乡村文化建设问题的几点思考》，第一作者，《江汉大学学报》2015 年第 2 期，《新华文摘》2015 年第 15 期论点摘编，略有修改；

4.《新时期中国乡村文化建设的历史进程》，独立撰写一章，《改革开放 35 年中国农民发展报告》，中国农业出版社 2013 年版，第 6 章第 221—271 页，有较大修改；

5.《当代中国乡村文化建设十大关系论纲》，独立作者，《中华文化论坛》2017 年第 6 期，略有修改；

6.《关于新时期乡村知识分子与乡村文化建设的关系》,独立作者,《中华文化论坛》2015年第7期,有部分修改;

7.《乡村知识分子与社会主义新农村建设问题论纲》,第一作者,《江汉论坛》2007年第9期,略有修改;

8.《习近平农村文化建设思想论析》,独立作者,在投稿中;

9.《关于尊重劳动与实现中国梦的几点思考》,独立作者,《中南大学学报》2016年第1期,略有修改,原题目为《关于尊重劳动与中国梦的实现》;

10.《文化自信:历史、理论与逻辑》,独立作者,《理论学刊》,2016年第6期,略有修改;

11.《建设文化礼堂构筑农民群众精神家园——浙江临安市村级文化礼堂建设的实践与思考》,这是由作者执笔完成,提供给课题组修改讨论的调研报告初稿,有大家前期调研讨论的集体思考,为保持当时的原貌,以为历史性材料,故未作修改,作为课题成果,该文稿的修改压缩本已提交给临安市委宣传部;

12.《农村文化礼堂在乡村治理中的地位和作用——以慈溪市农村文化礼堂建设为重心的调查与思考》,这是与高君教授反复讨论并由笔者完成初稿,经修改压缩,作为课题成果,已提交给慈溪市委宣传部;

13.《"四自":从经验到目标——以浙江临安村级文化礼堂建设为重心的调查与思考》,独立作者,《中华文化论坛》2015年第12期,略有修改;

14.《"送文化""种文化"与"孵文化"——从浙江农村文化建设历史和现实中引发的思考》,第一作者,《北华大学学报》2015年第2期,有部分修改,补充了人文乡村建设部分;

15.《马克思恩格斯文化理论对当代农村文化建设的启示》,第二作者,《延边大学学报》2010年第6期,这是东北师范大学马克思主义学院胡海波教授执笔撰写的论文,因本文对相关研究有思想引领意义,故附于最后。

本书的研究,得到李勇华教授和高君教授诸多的指导和帮助,从程珂、付庆芬、张金凤、张国泉副教授,从洪千里、丁峰和陆华东博士那里获得许多思想启迪,从慈溪市委宣传部的陈迪博士、叶建青科长和陈国平副教授以及浙江省委宣传部梁贵同志那里获得很多颇具前沿性的思想认识(书中的许多事例和材料,来自于和慈溪市委宣传部合作的实际调研,以及慈溪市委宣传部提供的大量工作材料和统计数据)。在此一并表示感谢!还有我爱人曹华茹副教授,经常为我提供很多新材料新信息,在北京大学中文系读硕士博士的女儿雷鸣,多年来不断地为我从北京大学复印和收集资料,并经常为我提供北京大学的一些新的研究观点和信息。家庭的支持也是我能够静心读书思考的重要条件。我们感到,人文社会科学的研究,不仅需要长期的积累,还需要众多"同志"的通力合作。

2017 年 3 月 30 日